ECON Ratgeber

Buch und Autoren:

Mit neurolinguistischem Programmieren knacken Sie jeden Kommunikationscode. Finden Sie heraus, welchen Sinneskanal Sie und Ihr jeweiliges Gegenüber bevorzugen und stellen Sie sich aufeinander ein. Die Autoren Cora Besser-Siegmund und Harry Siegmund, beide Psychologen und Leiter des LUNA-LEARNING-Institutes in Hamburg, haben ein übersichtliches Trainingsprogramm entworfen, das Sie Schritt für Schritt in die Methode des Selbstmanagements einführt und seine vielfältigen Anwendungsmöglichkeiten in den verschiedensten Alltagssituationen schildert.

Cora Besser-Siegmund
Harry Siegmund

# Denk dich
## *nach vorn*

Das NLP-Persönlichkeits-Programm

ECON Taschenbuch Verlag

Veröffentlicht im ECON Taschenbuch Verlag, 1997

Der ECON Taschenbuch Verlag
ist ein Unternehmen der ECON & List Verlagsgesellschaft

Originalausgabe
Neuausgabe 1997
© 1993 by ECON Verlag GmbH, Düsseldorf und München

Umschlaggestaltung: Init GmbH, Bielefeld
Titelabbildung: IFA, Düsseldorf

Die Ratschläge in diesem Buch sind von Autor und Verlag sorgfältig erwogen und geprüft; dennoch kann eine Garantie nicht übernommen werden. Eine Haftung des Autors bzw. des Verlages und seiner Beauftragten für Personen-, Sach- und Vermögensschäden ist ausgeschlossen.

Druck und Bindearbeiten: Ebner Ulm
Printed in Germany
ISBN 3-612-20600-1

*Dank an unsere Tochter Lola, an Pit,*
*an Henning und Conny*
*und an die vielen Menschen,*
*mit denen wir bisher arbeiten durften.*

# Inhaltsverzeichnis

11

# Vorwort

Vor einem Jahr veröffentlichten wird das Buch »**Coach Yourself – Persönlichkeitsstruktur für Führungskräfte**«. Der amerikanische Begriff »Coach« stammt eigentlich aus dem Leistungssport. Ursprünglich ist der Coach der individuelle Trainer von Spitzensportlern und Erfolgsmannschaften. Dabei ist er nicht nur für das reine Leistungstraining, sondern auch für die menschlich-mentale Verfassung seiner Schützlinge zuständig. Für Sportfans ist es schon zur Selbstverständlichkeit geworden: wenn Steffi Graf siegt oder Toni Schumacher einen Elfmeter hält, müssen nicht nur Kondition und Technik, sondern auch die innere Verfassung stimmen. Das gleiche gilt natürlich auch für Manager, die – genau wie ein Spitzensportler – ständig und immer wieder Erfolge erzielen müssen. Inzwischen bezeichnete das Wort »Coaching« auch in Wirtschaftskreisen ein gezieltes Persönlichkeits- und Mentaltraining. Gute Mentalstrategien im Spitzenleistungsbereich bedeuten auch Talenttraining: ein erfahrener Coach fördert die Stärken seines Schützlings und hält trotz vorhandener Schwächen unbeirrbar an seinem Urteil über ihn fest, denn er glaubt an sein Talent und weiß, was »in ihm steckt«. In unserem Buch »**Coach Yourself**« schilderten wir interessierten Managern, wie sie es lernen können, für sich selbst ein guter »Mental-Coach« zu werden.

Zu unserer Überraschung erreichten uns nach der Veröffentlichung im letzten Jahr Anfragen vieler Leser, die weder Manager sind, noch welche werden möchten. Eltern wollten wissen, ob man diese Methode der Selbstorganisation auch Kindern beibringen kann, Studenten interessierten sich für Möglichkeiten, ihren Prüfungsstreß in den Griff zu bekommen. Andere berichten, daß ihnen das Gedankengut aus dem »Coach Yourself«-Buch – unabhängig vom beruflichen Karrieredenken – wertvolle Informationen für ihre Persönlichkeitsentfaltung gab. »Warum denn Mentaltraining nur für Manager, Spitzensportler und Astronauten?« fragte eine Leserin. »Dieses Selbstmanagement sollte für jeden Menschen, der seine Möglichkeiten ganz ausschöpfen möchte, zugänglich gemacht werden.«

Als Ergebnis dieser Anfragen legen wir Ihnen das Buch »Denk dich nach vorn« vor. Es enthält die wesentlichen Passagen aus »Coach Yourself« und schildert darüber hinaus vielfältige Anwendungsmöglichkeiten in den verschiedensten Alltagssituationen. Das »Denk dich nach vorn«-Training ist eine Methode des Selbstmanagements. Manager im Beruf kann, soll und will nicht jeder werden. Jeder Mensch sollte aber die Chance bekommen, sich zum Manager des eigenen Lebens, der eigenen Persönlichkeit und Gesundheit zu entfalten. Dieses Training aktiviert Ihre persönlichen und beruflichen Kraftquellen zur Realisierung Ihrer Lebensziele.

Wir haben das Buch so konzipiert, daß es Ihnen ein nutzbringender Begleiter bei neuen privaten, beruflichen und gesundheitlichen Lebensthemen ist. Ein Buch, mit dem Sie sich selbst trainieren können. Anhand verschiedener Übungen stellt es die markanten Merkmale des »Denk dich nach vorn«-Trainings vor. Sie können in jedes Kapitel nach der Lektüre wieder »quer« einsteigen. Alle Übungen, die erfahrungsgemäß häufig genutzt werden, sind durch Hervorhebung im Inhaltsverzeichnis schnell zu finden.

Wir hoffen, mit diesem Angebot Ihr zukünftiges Zusammenleben mit sich selbst und mit anderen in einem Rahmen von Harmonie und Lebensfreude zu bereichern.

Dipl.-Psych. Cora Besser-Siegmund
Dipl.-Psych. Harry Siegmund
Hamburg, im Herbst 1992

# Einführung: Wo ist denn vorn – und was ist Erfolg?

Es gibt tatsächlich Menschen, die nicht wissen, wo vorn und hinten ist. Sie spüren vage, daß mit ihrem Leben etwas nicht in Ordnung zu sein scheint, können aber nicht sagen, wie sie sich ein erfülltes Leben überhaupt vorstellen – geschweige denn, wie man dorthin kommt. Für jeden von uns gibt es einen Weg, *den keiner zurückgehen kann*: es ist der Lebensweg. Auf diesem Weg bewegen wir uns ständig nach vorn – ob wir wollen oder nicht. Wir können nur frei darüber entscheiden, ob wir diesen Weg aufrecht und aktiv selbst gehen möchten oder ob das Schicksal uns passiv stoßen, kullern oder schieben soll. Viele passive Menschen sind immer wieder von den Orten und Ereignissen, die ihr Schicksal ihnen beschert, enttäuscht. So hatten sie sich das nicht vorgestellt, hier wollten sie eigentlich gar nicht hin. Diese Enttäuschung widerfährt meist auch den Menschen, die sich *nach hinten denken*: sie gehen ihren Lebensweg rückwärts und beobachten dabei ständig die Vergangenheit: »Hätte ich doch nicht, . . . wäre doch nicht . . . warum mußte das ausgerechnet mir passieren . . . wie war es doch damals schön . . . das gibt's nur einmal, das kommt nie wieder . . .« usw. Egal, ob man die Vergangenheit glorifiziert oder verteufelt – der ständige Blick nach hinten verführt zum Rückwärtsgehen und ist schuld daran, wenn jemand vorwärts nur stolpert. Selbstverständlich ist ein gelegentlicher Blick über die Schulter auf den bereits zurückgelegten Weg wichtig, um das eigene Vorwärtskommen oder den momentanen Standpunkt richtig einzuschätzen – wenn Sie sich insgesamt weiter vorwärts orientieren.

Versetzen Sie sich dabei in die Pläne eine begeisterten Wanderers. Um sich in einer für ihn unbekannten Landschaft nicht zu verirren, orientiert er sich an einer Karte, die ihm zeigt, wo sich vielleicht ein besonders schöner Ort befindet. Hat er keine Karte, verfügt er zumindest über einen Kompaß, der ihm ständig seine Richtung und seinen Standpunkt in der Landschaft anzeigt. Auf der Karte wird ein idyllischer See mit einem blauen Farbtupfer und nicht etwa einem Wassertropfen beschrieben. Ist er dann am Ziel, findet der Wanderer jedoch keine blaue Farbe vor, sondern richtiges klares und nasses Wasser. Auch ist die Wasserfläche um ein Vielfaches größer als der Farbfleck auf dem Wanderkarten-Papier. Trotz dieser gravierenden Unterschiede hat der Farbfleck den Wanderer zum See gebracht. Vielleicht hätte der Wanderer den See ohne Karte niemals gefunden.

Für unseren Lebensweg benötigen wir auch eine Karte, um die wirklich guten Stationen zu erreichen. Tatsächlich steht jedem Menschen eine außerordentlich effektive Kartensammlung zur Verfügung: das Gehirn. Dieses wichtige Organ, das sowohl unsere Probleme als auch unsere Erfolge organisiert, braucht sorgfältige, deutliche und farbige Informationen über unsere Ziele, damit es eine gute Karte und ein zuverlässiger Wegweiser für einen wirklich erfüllten Lebensweg werden kann. Außerdem hat es die Fähigkeit, über das Sehen, Hören, Fühlen, Riechen und Schmecken ständig unsere äußere Position mit der inneren Karte zu vergleichen. Bei diesen Voraussetzungen gibt es uns und unserem Körper dann sogar die Impulse, dem Ziel immer mehr entgegenzusteuern. Je deutlicher das Ziel in unserem Gehirn ausgeprägt ist, desto größer sind die Chancen, dieses Ziel auch äußerlich zu erreichen.

Um unser Gehirn auf dem Weg nach vorn einzustimmen bzw. um es auf Lebenserfolg zu »programmieren«, bedarf es ab und zu einer Phase des Verweilens in der Gegenwart. Der Wanderer macht auch ab und zu eine Pause, um die Karte zu studieren, das Wetter, die Vorräte und eventuelles Material zu prüfen, und um Energie zu tanken. Er vergleicht die Umgebung mit der Karte, um seine Position richtig einzuschätzen. Viele Menschen versäumen auf ihrem Lebensweg diese Orientierungs- und Besinnungspausen. Ohne Unterlaß hetzen sie nach vorn. Es ist kein Wunder, wenn sie dabei meist zu spät merken, daß sie sich verlaufen haben. Das »Denk dich nach vorn«-Training ist auch eine Atempause in der Gegenwart. Entfalten Sie in Ruhe und sorgfältig Ihre Lebenspläne, und gewinnen Sie ein sicheres Gefühl für den bewußten Umgang mit Ihrer Energie. Der richtige Weg ergibt sich dann von allein.

In dem Wort »Erfolg« steckt des Wort »folgen«. Je konkreter und lebendiger Ihre Ziele sind, desto genauer wissen Sie auch, wie sich der Erfolg anfühlen, wie er aussehen und was für eine Stimmung er in Ihnen verbreiten wird. Eines ist sicher: *neue Lebenserfolge können niemals in der Vergangenheit, sondern nur »vorn« erreicht werden.* Egal, welcher Art Ihr Ziel ist: Ihr Gehirn »folgt« Ihrem Zielgefühl wie einer inneren Landkarte oder einem mentalen Kompaß, bis das Ziel so »erfolgt«, daß Sie es tatsächlich auf Ihrem Lebensweg erreichen. Erfolg-»reich« ist dann der Mensch, der sein Ziel durch die richtige Ver»folgung« erreicht hat. In der Vokabel »erreichen« finden wir das wichtige Erfolgs-Wort »reich«. Inneren und äußeren Reichtum haben Sie erst dann realisiert, wenn sich der Erfolg genauso schön anfühlt, wie Sie es sich auch gewünscht und ausgemalt haben – ein Grund mehr dafür, sich mental rechtzeitig und gezielt auf seine Erfolge einzustellen. Beim »Denk dich nach vorn«-Training entscheiden Sie ganz individuell für sich, mit welchem Lebensziel Sie erfolgreich sein wollen:

sei es Familie, Gesundheit oder Beruf. Das Training hilft Ihnen dann, Ihr Gehirn zum Erreichen Ihrer Ziele »richtig« einzusetzen. Das Wort »richtig« kommt schließlich von Richtung und will hier sagen, daß Sie durch unser gezieltes Mentaltraining Ihr Gehirn auf Ihre Erfolge hin »ausrichten« können: **Denk dich nach vorn!**

# Persönliche Ausstrahlung kann man lernen!

Egal, welches Lebensziel Sie anstreben – auf dem Weg dorthin haben Sie es immer wieder mit anderen Menschen zu tun. Oft sind Sie sogar darauf angewiesen, daß andere Sie auf dem Weg nach vorn zum Erfolg unterstützen, fördern und begleiten. Haben Sie die »richtige« Ausstrahlung, ergibt sich die positive Zuwendung Ihrer Mitmenschen oft wie von selbst – ohne Druck, kraftzehrende Überzeugungsarbeit oder gar für Sie entwürdigende Anbiederei.

Ausstrahlung, Aura, Charisma – diese magischen Worte begleiten Menschen, die allein aufgrund ihres persönlichen Auftretens intuitiv von anderen als sympathisch und wichtig angesehen werden. Magisch sind diese Begriffe, weil eine persönliche Ausstrahlung scheinbar nicht durch bloßes Wollen oder Handeln errungen werden kann. Man kann sie sich nicht so einfach aneignen wie eine Geste, eine Fremdsprache oder gar einen Anzug und eine Frisur. Und doch hängen die meisten Ihrer Lebenserfolge entscheidend damit zusammen, wie Sie auf andere Menschen wirken. Ein glückliches Familienleben ist nur vorstellbar, wenn Sie auf alle Familienmitglieder positive Ausstrahlung haben. Das fundierteste berufliche Können nützt Ihnen nichts, wenn Sie auf Kollegen, Vorgesetzte und Kunden unsympathisch wirken. Ein noch so gutes Auftreten bringt Ihnen keine wirklich tiefen Kontakte, wenn es nicht mit der Ausstrahlung menschlicher Wärme einhergeht.

Mit dem »**Denk dich nach vorn**«-Training können Sie gezielt lernen, sich Ausstrahlungskraft anzueignen. Denn die positive Aura eines Menschen ist unserer Erfahrung nach nicht etwas ein für allemal Festgelegtes wie etwa die Augenfarbe. Der Weg zum Charisma führt über die bewußte Aktivierung Ihrer Persönlichkeitsanteile. Auch für dieses Ziel können Sie Ihr Gehirn äußerst effektiv einsetzen.

Eine aktive und lebendige Persönlichkeit ist weder ein Held noch ein Genie. Sie verfügt auch nicht über eine einseitige Superintelligenz, sondern über ein ganzheitliches Denken mit Weitblick. Ganzheitliche Intelligenz verleiht dem Menschen eine optimale Sensibilität für die Belange anderer Menschen und die Umgebung, in der wir leben. Diese Sensibilität ist für den erfolgreichen und positiven Umfang mit Ihren Mitmenschen von entscheidender Bedeutung. Während beispielsweise Computer auch bei einem menschlich uninteressierten Anwender technisch optimal arbeiten können, reagieren Ihre Mitmenschen auf Ihre Ausstrahlung – ungeachtet Ihres Könnens – spontan mit Zuwendung oder Abweisung. Deshalb sind Sie auf dem Weg zum Erfolg darauf angewiesen, daß sich andere Menschen aufgrund Ihres Autretens und Ihrer Ausstrahlung spontan und gern für Sie öffnen. Dieses gelingt Ihnen, wenn Sie Ihre natürlichen Anlagen für eine ganzheitliche Intelligenz stärken und einsetzen lernen.

Als aktive Persönlichkeit bezeichnen wir einen Menschen, der einen sehr guten Zugang zu all seinen Fähigkeiten und inneren Kraftquellen besitzt. Selbst im Ruhe-, Erschöpfungs- oder gar Krankheitszustand verfügt er noch über die Fähigkeit, in einem guten Kontakt zu allen persönlichen Stärken zu stehen. Damit sind zum einen die körperlichen und geistigen Kraftquellen gemeint. Zu diesen gehören auch mentale Fähigkeiten wie Vorstellungskraft und positives Zieldenken. Zum andern sind auch alle ganzheitlichen Kräfte wie die kreative und die soziale Intelligenz von entscheidender Bedeutung: erst diese Potentiale bewirken die lebendige und aktive Ausstrahlung eines Menschen, die sich konstant durch seinen gesamten Lebensweg zieht.

Wir orientieren den Begriff der aktiven Persönlichkeit also nicht an so faszinierenden »Feuerwerks-Persönlichkeiten« wie etwa Elvis Presley oder manch populärem Spitzensportler, der für sein einzigartiges Können einen viel zu hohen Erfolgspreis zahlen muß. Unser Training verhilft Ihnen dazu, ein Erfolgskonzept nicht nur zu erwerben, sondern aufgrund Ihrer aktiven und ganzheitlichen Persönlichkeitsstruktur lebenslänglich ein Erfolgskonzept *zu sein*. Erfolg haben und Erfolg halten, das sind zwei Paar Schuhe. Als aktive Persönlichkeit können Sie die vielen verschiedenen Lebensziele, die ein Mensch im Laufe seines Lebens entwickelt, ganzheitlich immer wieder »unter einen Hut bringen«. Ziele werden nicht aufgrund innerer Kraftproben oder durch Selbstüberwindung erreicht, sondern durch die enorme Energie Ihres in sich stimmigen, reibungslos aufeinander abgestimmten Persönlichkeitssystems.

Im Zuge des modernen Erfolgsdenkens weisen jedoch schon die meisten Redewendungen für den Umgang mit sich selbst eher auf innere Kriegszustände hin als auf eine in sich geschlossene Persönlichkeit. Da geht man gegen sich an, besiegt sich selbst oder überwindet gar den vielzitierten »inneren Schweinehund«. Im wörtlichen Sinne bedeutet das: ein Mensch, der so über sich denkt, vermutet in sich eine Reihe von Impulsen, denen er mißtrauen oder derer er sich sogar entledigen muß. Mißtrauen gegen sich selbst ist aber das Gegenteil von Selbstvertrauen. Ein besiegter, überwundener oder erfolgreich bekämpfter Persönlichkeitsanteil kann natürlich keinen Beitrag mehr zu einer aktiven, lebendigen Persönlichkeit leisten. Doch wenn bei einem Menschen alle Persönlichkeitsanteile und inneren Kraftquellen aktiv sein dürfen, verstärkt das sein Selbstvertrauen und seine Ausstrahlung. Die Fachsprache der Psychologie spricht dann von der überzeugenden Kongruenz einer Persönlichkeit.

Die persönliche Übereinstimmung mit Ihrer »inneren Mannschaft« – das ist das Geheimnis einer überzeugenden positiven Ausstrahlung. Und diese lebenswichtige Übereinstimmung mit sich selbst ist kein Ergebnis der Magie, sondern der konsequenten und aktiven Entwicklung Ihrer lebendigen Persönlichkeit.

# Psychologische Methoden
# für Erfolge im Leben

Ein Achtjähriger ist schlecht in Mathematik. Trotzdem ist er von Computerspielen fasziniert und faßt sie weitaus schneller als die gleichaltrigen Freunde auf. Er lernt auch nur etwas mühevoll auswendig. Als er jedoch den Zeichentrickfilm »Dschungelbuch« sah, beherrschte er *nach einmaligem Sehen sämtliche Dialoge der Hauptpersonen nahezu auswendig.* Ein Spitzensportler bringt im Training Höchstleistungen – beim Wettkampf nie. Eine berufliche sehr versierte und erfahrene Sekretärin hat bei einem wichtigen Vorstellungsgespräch plötzlich einen »leeren Kopf«. Hinterher fällt ihr dann ein, was sie alles hätte sagen können. »Ich muß total unterbelichtet gewirkt haben«, kommentiert sie kopfschüttelnd.

Allen dreien konnte mit dem **»Denk dich nach vorn«**-Training geholfen werden. Ein Problem hatten sie alle gemeinsam: sie hatten eigentlich gar kein Problem. Denn von ihrem vorhandenen, »gespeicherten« Können her wären sie durchaus in der Lage, ihre Ziele zu erreichen. Nur – sie kommen in bestimmten Situationen an ihre eigentlichen Kraftquellen und intellektuellen Potentiale nicht heran. »Ich empfinde meinen Kopf dann wie einen Fernseher mit Wackelkontakt«, sagte einer unserer Klienten sehr drastisch, »die Sendung läuft eigentlich, doch auf dem Bildschirm kommt nichts an.« Einen Wackelkontakt kann man manchmal vorübergehend durch einen ermunternden Schlag auf das streikende Gerät »heilen«. Vielleicht ist das auch der Grund dafür, warum sich so viele Menschen an die eigener Stirn schlagen, wenn sie etwas vermeintlich falsch machen oder sich nicht richtig erinnern.

Fest steht, daß diese Stirnklapse – wenn überhaupt – eher wie Nackenschläge auf die Gehirnleistung wirken. Es wäre zwar sehr schön zeitsparend, wenn die Steigerung der Eigenleistung so »auf den Schlag« funktionieren würde. Tatsache ist jedoch, daß wir in der Psychologie schon lange wissen, daß in Schule, Studium und Berufsausbildung ein Fach fehlt: wir lernen es nicht, zu lernen! Unterfächer müßten dann sein: Aufnehmen, Behalten, spontanes Abrufen und gezielter Einsatz des Gelernten. Diese Fähigkeiten bilden sich – wie gesagt – nicht durch Einpauken des Lernstoffs, sondern durch ein gezieltes Training.

In den siebziger Jahren wunderte sich alle Welt über die erstaunlichen sportlichen Leistungen der Russen, die bei internationalen Wettkämpfen – einschließlich der Olympischen Spiele – plötzlich die entscheidenden Medaillen in großer Zahl »abräumten«. Nach und nach sprach sich das Geheimnis dieser Spitzenleistungen durch: Zum ersten Mal erwähnte man in der Öffentlichkeit das *mentale Training*. Noch heute gelten die Russen als Koryphäen auf den Gebieten der Gehirnforschung, Hypnose, mentalen Erfolgsstrategien und auch als Kenner von Grenzwissenschaften wie etwa Telepathie oder Geistheilung. Auf diesem Hintergrund wuchs das Interesse an Mentaltechniken in der westlichen Welt schnell. Für Sportfans ist es heute eine Selbstverständlichkeit: mangelnde Leistungen werden kaum mehr durch ungenügendes Körpertraining, sondern durch die »ungünstige mentale Verfassung« erklärt.

Heute gibt es äußerst effektive Techniken, um die eigene mentale Verfassung günstig zu beeinflussen. Das **»Denk dich nach vorn«**-Training geht dabei über das bloße Mentaltraining hinaus und vermittelt Ihnen *bewußte Selbstorganisation*, also die spontane und kreative Umsetzung Ihrer Fähigkeiten *zur richtigen Zeit in der richtigen Situation*.

Gute Mentalstrategien müssen zwei wesentliche Erfordernisse des Erfolgstrainings abdecken:

1. Erfolgsstrategien werden einstudiert und trainiert, bereits vorhandene Fähigkeiten werden gefestigt und ausgefeilt.
2. Über das Strategien- und Fähigkeitstraining hinaus sorgt das »**Denk dich nach vorn**«-Training dafür, das Sie Ihre Fähigkeiten und Talente auch real ausleben können. Denn Fähigkeiten haben und Fähigkeiten einsetzen können sind zweierlei. Hier setzt die gezielte Förderung der aktiven Persönlichkeit ein. Wir nennen diesen zweiten Bereich auch *Luna-Learning*. Dieser Begriff ist natürlich ein Gleichnis: wenn wir bloß die schmale Mondsichel sehen, so ist das nicht gleichbedeutetnd mit der Unvollständigkeit des Mondes. Wir können den ganzen Mond nur deshalb nicht wahrnehmen, weil sein größerer Teil nicht von der Sonne beschienen wird. Denken Sie an das schöne Abendgedicht von Matthias Claudius: »Der Mond ist aufgegangen«. In der letzten Strophe heißt es:

> *»Seht ihr den Mond dort stehen?*
> *Er ist nur halb zu sehen*
> *und ist doch rund und schön.*
> *So sind wohl manche Sachen,*
> *die wir getrost belachen,*
> *weil unsre Augen sie nicht sehn.«*
> MATTHIAS CLAUDIUS, 1773

Viele Menschen haben eine Reihe qualitativ guter Ausbildungen, Trainings und Schulungen der verschiedensten Fähigkeiten hinter sich. Sie verfügen über umfangreiche Lebenserfahrungen mit anderen Menschen und sich selbst. Obgleich sie diese Inhalte und Erfahrungsschätze geistig aufgenommen haben und so theoretisch von ihren Möglichkeiten her ausgewogen sind, gelingt ihnen die erfolgreiche Umsetzung in den Alltag und das Erreichen Ihrer Ziele noch lange nicht. Die meisten Menschen kennen noch nicht einmal ihre individuellen Talente. Viele zeigen also nur die »Sichel« ihrer persönlichen, kreativen und intellektuellen Potentiale – wie unsere Klienten aus den obigen Beispielen. Und wenn sie ihre Fähigkeiten an den Tag legen – dann oft noch im falschen Moment. Denken Sie an das Beispiel mit dem Schüler, der zwar im Kino, aber nicht in der Schule seine volle Erinnerungsleistung entwickelt. So wirkt Können und Auftreten bei vielen auch nicht so spontan und natürlich wie bei einem Menschen, der über seine voll(»mondige«) Ausstrahlung verfügt.

Bei brachliegenden oder falsch eingesetzten persönlichen Kraftquellen kann man im weitesten Sinne von *Erfolgsblockaden* sprechen. Stärkende Glaubenssätze und positives Denken allein können in solchen Fällen nicht viel helfen, da diese Methoden lediglich versuchen, gegen die Erfolgsblockaden anzudenken. Was aber hilft, ist *konstruktives Denken*. Auch eine negative Erfolgsblockade wird durch eine innere Energie aufrechterhalten. Diese Energie darf nicht bekämpft, sondern ihre Kraft muß freigesetzt und für den Erfolgsprozeß nutzbar gemacht werden! Mit Luna-Learning werden alle Teile der Persönlichkeit ins rechte Licht gerückt und zu »Verbündeten« unserer Lebenserfolge gemacht. Das nervenaufreibende Ankämpfen gegen sich selbst, das schon in so vielen Fällen zu gesundheitlichen Schäden und zur sowohl beruflichen als auch persönlichen Talfahrt geführt hat, entfällt.

In diesem Buch beschreiben und trainieren wir eine Reihe erlernbarer Techniken *bewußter Selbstorganisation*. Werden Sie mit sich selbst ein Team! Denn es gibt wohl kaum einen Menschen, mit dem Sie so viel Zeit des Tages verbringen wie *mit sich selbst.* Deshalb lernen Sie, Ihr *stärkster Verbündeter* zu werden. Nur so können Sie sicher sein, auch dann an Ihre Fähigkeiten heranzukommen und sie überzeugend einzusetzen, wenn Sie auf sich selbst gestellt sind. Im »Alltagsdschungel« ist jeder Mensch darauf angewiesen, sich selbst bewußt »steuern« zu können. Die aktive Persönlichkeit begleitet sich selbst als »innerer Trainer« und steuert eigenverantwortlich den Umgang mit den eigenen Kraft- und Energiequellen.

Alle Methoden *bewußter Selbstorganisation* basieren auf psychologischen Erkenntnisssen, auch das »**Denk dich nach vorn**«-Training. Immer mehr Menschen interessieren sich für diese Techniken, weil sie ihre persönlichen und beruflichen Erfolge nicht dem Zufall überlassen wollen. Leider ist nach wie vor die Meinung verbreitet, daß die Psychologie nur für Menschen gedacht ist, die unter massiven persönlichen Problemen oder gar psychiatrischen Erkrankungen wie etwa Depressionen leiden. Tatsache ist, daß *gerade auch der psychisch Gesunde* heutzutage von den psychologischen Erfolgstrainings Gebrauch macht, denken Sie dabei nur an die Sportler. So ist die bewußte psychologische Selbstorganisation nach altem Verständnis eigentlich ein *Psycho-Luxus*. Man kann auch ohne sie leben. Doch heben diese Methoden den Anwender eindeutig *über den Durchschnitt hinaus.*

Um mentale Probleme gar nicht erst entstehen zu lassen, empfiehlt es sich selbstverständlich, das »**Denk dich nach vorn**«-Training zu beherrschen. »Hätte ich diese Methoden schon früher kennengelernt«, sagte die Sekretärin aus unserem Beispiel, »hätte ich in meinem Leben bestimmt viel Zeit, Streß und Angst sparen können. Das gilt nicht nur für Vorstellungsgespräche, sondern auch für sämtliche Prüfungen und viele privaten Situationen. Außerdem bilde ich mir ein, daß andere Menschen von vornherein ganz anders auf mich reagieren: mit viel mehr Respekt und Entgegenkommen. Das macht alles wesentlich einfacher und entspannender.«

# Die Wirkung Ihrer Persönlichkeit
# auf andere Menschen

Gartenfreunde beobachten oft, daß Ungeziefer nur bestimmte Pflanzen angeht. In der Regel sind es die starken und gesunden Pflanzen, die verschont bleiben. »Es ist, als hätten diese Pflanzen einen geheimnisvollen Geruch an sich, bei dem das Ungeziefer denkt: Da versuche ich es gar nicht erst, ich gehe lieber zur nächsten«, erzählte uns ein Gärtner recht anschaulich.

Dieses anschauliche Beispiel deckt sich mit den zwischenmenschlichen Erlebnissen, von denen die oben zitierte Sekretärin und viele andere unser Klienten berichten, die das Training mit diesem Buch erlernt haben. Ein Mensch, der mit sich selbst ein starkes Team ist, strahlt nach unserer Erfahrung offensichtlich wesentlich mehr psychische Kraft aus als jemand, der sich in inneren Kämpfen aufreibt. Diese Ausstrahlung erreicht seine Mitmenschen auf einer ganz unbewußten Ebene, lange noch bevor die bewußte Kommunikation beginnt. Wir wollen nicht unterstellen, daß es unter den Menschen »Ungeziefer« gibt, doch es passiert immerhin, daß bestimmte Personen ihre inneren Spannungen oder ihre schlechte Laune an anderen auslassen müssen. Vielleicht ertappen Sie sich sogar selbst an einem schlechten Tag dabei, wie Sie unfreundlich oder ungerecht auf eine »unschuldige«

Verkäuferin reagieren. Sie werden erleben, daß man so etwas mit Ihnen als »Opfer« nach unserem Training viel weniger versuchen wird, da Sie – wie die Pflanze – eine wesentlich stärkere Ausstrahlung bekommen werden. Außerdem fällt es Menschen mit einer inneren Harmonie wesentlich leichter, sich anderen gegenüber aktiv zu behaupten. »Ich kann mich heute auf eine ganz gelassene und natürliche Art spontan wehren, ohne es mir groß vorzunehmen. Meine innere Harmonie ist mir jetzt wichtiger als ein verkrampftes Stillhalten nach außen. Für meine Familie ist das natürlich zunächst ungewohnt – aber sie freut sich auch über die Ruhe und Zufriedenheit, die ich jetzt ausstrahle«, beschreibt eine Hausfrau ihre positive Veränderung.

Zusätzlich werden Sie erleben, daß andere Menschen Ihnen offener und entgegenkommender begegnen werden als vorher. Dadurch bekommen Sie automatisch mehr Chancen in Ihrem Leben. Es ist ein Irrtum, daß der richtige Erfolg im Leben nur erkämpft werden kann. Die größten Erfolge im Leben spielen sich vor allem auf der zwischenmenschlichen Ebene ab. Ein überdurchschnittlich hoher Intelligenzquotient wird einen Menschen nicht weit bringen, wenn ihn einfach keiner mag. Und der, der trotzdem damit weit kommt, fühlt sich in der Regel innerlich nicht erfolgreich, sondern eher unter Spannung oder gar verbittert. Eine gute Hausfrau, die mit aller Kunst den Haushalt pflegt, betrügt sich selbst um ihr Familienglück, wenn sie durch ihre humorlose Emsigkeit psychisches Unbehagen bei ihren Lieben provoziert. Für einen »runden« Erfolg ist Ihre positive Ausstrahlung auf andere einfach wichtig. Dann werden Ihnen Ihre Chancen von anderen Menschen sogar zugespielt oder man läßt Sie zumindest respektvoll zu ihrem Ziel durch. So verwandeln Sie sich vom Lebenskämpfer zum Lebenskünstler.

Außerdem werden Sie automatisch durch Ihr Auftreten andere Menschen positiv motivieren. Im Beruf erreichen Sie dadurch einen aktiven Einfluß auf eine gute Arbeitsatmosphäre. Eine Kindergärtnerin berichtete: »Seit ich innerlich ausbalancierter und dadurch kraftvoller bin, sind auch die Kinder ganz anders. Ich kann meine Gruppe viel spielerischer und streßfreier leiten, weil die Kinder jetzt wesentlich entspannter auf meine Nähe reagieren.« Sehr wichtig ist auch Ihr Einfluß auf die Familie und Ihren Freundeskreis. Es ist für die anderen äußerst wohltuend und entspannend, eine ausbalancierte Persönlichkeit um sich zu haben. So haben Sie einen stärkeren Einfluß als durch jede verbale Überzeugungsarbeit oder anklagende Forderungen.

Beginnen müssen Sie also Ihren Weg zum Erfolg *bei der Beziehung zu sich selbst.* Wenn Sie beispielsweise lernen, sich selbst optimal zu motivieren, werden Sie andere Menschen automatisch mitreißen können. Sie können Ihren Kindern am effektivsten durch die Schulzeit und hin zu ihrem eigenen Lebensweg helfen, wenn Sie ihnen ein *überzeugendes Modell* von individuellem Lebenserfolg vorleben – sei es privat oder beruflich. Die Kraft des guten Modells liegt in der **Ansteckung mit Erfolg.** Sie wirkt nachhaltiger als jede Anleitung zum Fleißigsein. Sie können schließlich nicht die Probleme Ihrer Kinder oder Freunde mit einem Denken lösen, das die Probleme erst hervorgebracht hat. Mit sich selbst unzufriedene Eltern erzeugen unzufriedene Kinder; ein schlecht motivierter Chef bewirkt Streß im gesamten Unternehmen. Warum wohl interessiert sich die Öffentlichkeit stets für Menschen, die augenscheinlich im Leben Erfolg haben? Die Medien sind voll mit Berichten über die Persönlichkeitsprofile von Stars, Politikern, Spitzensportlern, Künstlern und Topmanagern. Geht beispielsweise das Werk eines Künstlers in die Geschichte ein, folgen garantiert Biographien zum Thema: »Was war bzw. ist er für ein Mensch?« Ist das Werk eines Menschen interessant, will man möglichst alles über seine Person und seinen Lebensweg erfahren. Dieses Interesse entspringt mit Sicherheit unserem natürlichen Bedürfnis, uns an vorbildhaften Persönlichkeiten zu orientieren, Menschen mit Erfolg innerlich nahe zu kommen.

Eigenmotivation, bewußte Selbstorganisation sowie die Fähigkeit zur inneren Harmonisierung der einzelnen Lebensbereiche, die auf Sie als Person selbst einwirken – das sind wichtige persönliche Aufgaben, um als Mensch auf andere überzeugend zu wirken. Eigentlich müßten diese wichtigen Dinge zu unserer »Aussteuer« dazugehören, wenn wir mit anderen Menschen Beziehungen eingehen, Ehen schließen und Familien gründen. Für die simpelste Tätigkeit benötigt man heutzutage eine Ausbildung oder eine Schulung – wenn Menschen jedoch Eltern werden, schaut niemand nach, ob sie irgendwelche psychologischen Methoden von Selbstorganisation für sich und ihre Kinder trainiert und verinnerlicht haben. Bestimmte Berufsausbildungen und Studiengänge, die als Abschluß eigentlich den Umgang mit Menschen als wichtigstes Ziel haben, bieten so gut wie keine psychologischen Selbstorganisations- oder Kommunikations-Trainings an: denken Sie an Erzieher, Lehrer, Ärzte, Beamte im Publikumsverkehr, sämtliche Führungspositionen in Unternehmen usw. Über den Zusammenhang zwischen seelischer und körperlicher Gesundheit gibt es in letzter Zeit zunehmend wissenschaftliche Erkenntnisse. Bestimmte Krankheitsbilder wie Herz-Kreislauf-Beschwerden, chronische Schmerzen, Hautprobleme, Asthma, Störungen des Magen-Darm-Trakts, ja sogar Krebs scheinen durch psychische Komponenten mitgeprägt zu sein. Die Behandlungskosten dieser Krankheiten liegen in Milliardenhöhe. Sie schränken die Lebensqualität vieler Menschen erheblich ein. Durch das »**Denk dich nach vorn**«-Training stärken Sie auch Ihre psychische Abwehr und somit automatisch Ihre gesamtgesundheitliche Verfassung. Für Menschen, die Ihnen nahestehen, werden Sie dadurch zu einem Vorbild, das mit Erfolg *und Gesundheit* ansteckt. Für uns gehören diese beiden Lebensqualitäten unbedingt zusammen.

Wir setzen bei unserem »Denk dich nach vorn«-Training voraus, daß jeder Mensch eine reiche Persönlichkeitswelt hat, die allerdings nur unbewußt oder diffus wahrgenommen wird. Das hat den Nachteil, daß die Kreativitäts- und Fähigkeits-Potentiale, die in jedem Menschen schlummern, bei vielen ungenutzt bleiben. Ihre Aktivierung und Entwicklung kann erlernt werden und zu konkreten Erfolgserlebnissen und Gesundheit für jede Persönlichkeit und ihre Umwelt führen.

**Je stärker und aktiver die Persönlichkeit, desto positiver ist die Auswirkung auf sein zwischenmenschliches Umfeld und desto wahrscheinlicher werden die Lebenserfolge.**

# Der Stellenwert von psychologischen Persönlichkeitstrainings für die Gesellschaft der Zukunft

Wir konnten im Laufe der letzten zehn Jahre beobachten, daß immer mehr Menschen einen Psychologen konsultieren, um ihr *Leben bewußter und erfolgreicher organisieren zu lernen*. Daher ist die Aussage, daß immer mehr Menschen einen Psychologen brauchen, nur bedingt richtig. Es ist korrekter festzustellen, daß mehr und mehr Menschen *auf die Idee kommen, Lebensmanagement zu lernen*. Sie finden es normal und mit ihrer Würde vereinbar, mental gut vorbereitet in anspruchsvolle und wichtige Lebenssituationen zu gehen. Schließlich ist es auch keinem Piloten peinlich, sorgfältig seine Flugstunden absolviert zu haben, bevor er das erste Mal eine Boeing fliegen durfte. Wenn Sie sich als Pilot der eigenen Persönlichkeit in Ihrem Leben keinen »Absturz« leisten wollen, bedarf es eines wesentlich anspruchsvolleren Trainings als das zum Steuern eines Flugzeuges. Für erfolgreiche Menschen wird in Zukunft diese Einsicht selbstverständlich sein.

So wurde neulich eine unserer Klientinnen in eine bekannte deutsche Fernseh-Talk-Show eingeladen. Wenn Sie selbst diese Sendungen kennen, wissen Sie, wie schnell und überraschend die eingeladenen Gäste von den Moderatoren und den »Mitstreitern« auf Glatteis geführt oder gar provoziert werden. »Darauf möchte ich mental vorbereitet sein«, erklärte die Klientin, »ich gehe auf Nummer Sicher und habe überhaupt keinen falschen Ehrgeiz, diese Situation allein meistern zu wollen.« Der Erfolg beim Fernsehauftritt gab ihr recht.

Geht der Auftritt in einer Fernseh-Talk-Show schief, ist es danach für den Besuch beim Psychologen zu spät. Er kann nur mit fachmännischem Verständnis über den Mißerfolg hinwegtrösten, aber die Sendung ist gelaufen. Sie ahnen gar nicht, wie viele Menschen heutzutage den Psychologen nach dem »mißlungenen Auftritt« konsultieren. Es ist, als würde ein Zahnarzt tagtäglich nur schwer kariöse und entzündete Zähne sehen. Heute findet die zahnärztliche Vorsorge sogar schon im Kindergarten, spätestens in der Grundschule statt. In maximal zwanzig Jahren wird an allen Schulen auch psychologische Selbstorganisation gelehrt werden.

Zahlreiche Untersuchungen haben gezeigt, daß die Bürger der westlichen Industrienationen eine steigende Lebenserwartung haben werden. Wir benötigen jedoch in unserer Gesellschaft keine »Einwegmenschen«, die kurzfristig viel leisten und dann lange Jahre ihres Lebens ausgebrannt, depressiv oder gar körperlich krank sind. Wir alle müssen lernen, unsere Lebenserfolge *langfristig und effektiv* zu gestalten. Daher lehrt das »**Denk dich nach vorn**«-Training, statt der schwächenden inneren Kämpfe mit den Erfolgsblockaden konstruktiv umzugehen, sie durch ganzheitliches Denken aufzulösen und somit die blockierte Energie in Zielenergie umzuwandeln. Lebenserfolg ist keine einsame und isolierte Spitzenleistung mehr, sondern ein fortwährender Prozeß, der den Menschen bis ins Alter begleitet.

Heutzutage orientieren sich bei uns immer weniger Menschen an überlieferten »Erfolgskonzepten« wie Religion, Tradition oder Wohlstandsphilosophien. Das mag daran liegen, daß viele mit diesen eher von außen kommenden Daseins-Gerüsten nicht das versprochene und ersehnte Lebensglück finden. Wir alle wünschen uns, mehr auf unsere »inneren Stimmen« zu hören und zu vertrauen, wir wollen unser *eigener*

*Sachverständiger* werden. Richtigen Erfolg erkennen Sie daran, daß er ganz einfach *glücklich* macht, und ob Sie glücklich sind, empfinden *Sie ganz allein*. Da kann keiner mit den Argumenten: »Du kannst doch froh sein, du hast doch dies und das ...« kommen. Ihr Körper kennt beispielsweise genau seine ideale Temperatur von etwa 37 °C. Abweichungen davon signalisiert er Ihnen unbewußt und automatisch durch Schwitzen oder Frieren. Genauso hat Ihre Psyche eine präzise mentale Vorstellung von dem Glücks- und Erfolgsgefühl, das für Ihr Leben wichtig ist. Abweichungen davon werden Sie immer zu spüren bekommen – egal wie perfekt nach außen alles wirken mag. Die Psyche wird so lange »rumoren«, bis Ihre persönliche Glücksqualität bestmöglich erreicht ist. Daher ist es kraft- und zeitsparender, die Sprache der eigenen Psyche verstehen zu lernen, anstatt permanent an sich selbst vorbeizuwirtschaften.

Nachdem auch die Wohlstandsgesellschaft eine nur »magere Erfolgsbilanz« hinsichtlich der ganzheitlichen Gesundheit und des allgemeinen Lebensglücks der Menschen vorweisen kann, werden immer mehr Menschen *sich selbst* als hauptverantwortliche Kraft für die Realisierung des eigenen Lebenserfolgs entdecken. Die Kommunikation unter den Menschen wird immer weniger durch äußere Regeln und Pflichten, sondern immer mehr durch die *vorhandene zwischenmenschliche Wellenlänge* bestimmt werden. Schon heute haben es im traditionellen Sinne autoritär geführte Unternehmen schwer, den Nachwuchs zu halten. Erwachsene Kinder trennen sich heute von den Eltern, wenn nach der Erziehungsphase keine positive Atmosphäre zwischen den Generationen besteht. Pflichterfüllung wird zunehmend durch die Lebensqualität *Sinnerfüllung* abgelöst.

Wenn äußere »Daseins-Gerüste« die Beziehungen der Menschen nicht mehr definieren, müssen sie von *innen heraus* für funktionierende Beziehungen sorgen lernen. Das ist für die

Bereiche Beruf, Familie, Freundeskreis und die gewinnbringende Harmonie zwischen den Generationen in Zukunft gleichermaßen wichtig. Dieser Weg geht nur über die *bewußte Selbstorganisation* mit mental-psychologischem »Handwerkszeug«.

# Die Schritte des »Denk dich nach vorn«-Trainings

Es ist erforderlich, die erfolgreiche Umsetzung persönlicher Ziele von mindestens zwei Seiten her anzugehen. Zu jedem angestrebten Erfolg gehören zwei Fragen. Erstens: »Kann ich Erfolg haben?« und zweitens: »Darf ich Erfolg haben?« Die erste Frage zielt auf die erforderlichen persönlichen Erfolgsstrategien wie berufliches, sportliches oder gesundheitliches Können, positive Vorstellungskraft und konstruktives Zieldenken ab. Die zweite Frage zielt direkt auf unbewußte Erfolgsblockaden. Gibt das Unbewußte grünes Licht für den gewünschten Erfolg? Sollen sich die persönlichen Potentiale überhaupt entfalten?

Man kann diesen Sachverhalt mit der Situation eines siebzehnjährigen jungen Mannes vergleichen, dessen größtes Erfolgserlebnis es wäre, endlich auch mit einem Auto über die Autobahn zu preschen. Zunächst hat er es hier mit einem ursächlichen Problem zu tun – er kann noch nicht Auto fahren. Erst die Fahrschule ermöglicht eine positive Antwort auf die Frage »Kann ich Erfolg haben?« Aber selbst wenn er nach bestandener Fahrprüfung Auto fahren kann, muß die Frage »Darf ich Erfolg haben?« verneint werden, solange er noch nicht achtzehn Jahre alt ist. In diesem Beispiel läßt sich das Unbewußte im Menschen mit dem Gesetzgeber vergleichen, der durch die Altersgrenze dem Erfolgshungrigen eine

Grenze setzt, ihn noch nicht als reif genug für die Ausübung seiner Fähigkeiten erachtet. Andererseits kann natürlich noch nicht jeder automatisch mit dem Erreichen des achtzehnten Lebensjahres Auto fahren. Hier fehlen zur vorhandenen persönlichen Reife die erfolgversprechenden Fähigkeiten.

Das »Denk dich nach vorn«-Training wird in diesem Buch in vier Schritten vorgestellt, wobei schon jeder einzelne Schritt helfen kann, Ziele zu realisieren.

## Schritt 1: Erfolg haben will gelernt sein

Dieser Schritt beschäftigt sich mit erfolgsorientiertem Mentaltraining wie Entspannungstechniken, dem ziel- statt problemorientierten Denken und der Übung in aktiver Vorstellungskraft.

## Schritt 2: Die Kraft des Unbewußten nutzen

Hier steht der Umgang mit den persönlichen Erfolgsblockaden im Vordergrund. Es wird gezeigt, wie man die Blockadenenergie durch »geistiges Judo« und eigene Kreativität zum zielgerichteten »Lokomotiveffekt« umwandeln kann.

## Schritt 3: Denk dich nach vorn!

Dieser Schritt zeigt, wie das erarbeitete mentale Handwerkszeug unseres Trainings als automatisch-selbstverständliches Denkmuster in Ihr aktives Leben, also in Fleisch und Blut übergeht.

## Schritt 4: »Denk dich nach vorn« in der Beziehung zu anderen Menschen

Hier lernen Sie, das bereits Erarbeitete in der lebendigen Begegnung mit Ihren Mitmenschen effektiv zu nutzen.

Alle Elemente basieren auf der Methode des **neurolinguistischen Programmierens (NLP)**, einer relativ neuen psychologischen Methode aus den USA. Im nächsten Kapitel stellen wir Ihnen das NLP vor, das inzwischen bei uns sowohl im Gesundheitswesen als auch in der Wirtschaft immer mehr Beachtung findet.

# Eine Gebrauchsanweisung für das Gehirn: Neurolinguistische Selbstorganisation

Sie möchten mit Hilfe dieses Buches *bewußte Selbstorganisation* lernen. Jede positive Veränderung eines Menschen *beginnt im Kopf*, genauer gesagt: im Gehirn. Unser Gehirn entscheidet auch darüber, wie reich oder arm Ihnen die Welt vorkommt, wie folgendes bekannte Beispiel verdeutlicht: Ein Mensch guckt deprimiert in ein Glas und sagt: »Schade, es ist halb leer.« Der nächste kommt und freut sich: »Toll, das ist ja halb voll!« Auch die Fähigkeit, Reichtum und Erfolg in vollen Zügen genießen zu können, ist demnach eine Frage der *inneren Welt*, also des Gehirns. Wann immer psychologische Methoden bei einem Menschen eine Veränderung in Denken, Befindlichkeit und Gesundheit bewirken, hat die Methode zuvor das Gehirn des Betroffenen zum Verbündeten gewonnen. Das Gehirn ist der eigentliche Sitz der Psyche.

Nun wünschen heute immer mehr Menschen für ihre Selbstentfaltung ein effektives Mentaltraining ohne den üblichen »psychotherapeutischen Ballast«, der einen jahrelang auf die Couch drückt. Unsere Klienten und Seminarteilnehmer schätzen schon seit einigen Jahren die Methode des neurolinguistischen Programmierens – abgekürzt NLP – zur Lösung von individuellen Problemen ohne überflüssiges »Seelenstriptease«.

Das »**Denk dich nach vorn**«-Training haben wir auf der

Grundlage des **neurolinguistischen Programmierens** entwickelt. **NLP** beschreibt den Zusammenhang zwischen der Erfahrung und Bewußtwerdung der inneren Welt eines Menschen und der Entwicklung seiner Fähigkeiten. Als ein neues psychologisches Erlebnismodell lehrt uns NLP, die Sprache unseres Nervensystems zu verstehen, umzusetzen und unser Leben erfolgreich zu »programmieren«.

Die Kommunikation, also die »Sprachberührung« zweier Menschen – in der Psychotherapie, in der Familie und im Beruf beispielsweise –, bewirkt die Veränderung im Denken und in der Befindlichkeit. Dies geschieht nicht nur zwischen zwei oder mehreren Menschen, sondern auch in der Kommunikation eines Menschen mit sich selbst: bei der Eigenmotivation, der Entwicklung und Umsetzung individueller Lebensziele, bei der Selbstorganisation.

Für solche Veränderungen ist wie gesagt das Gehirn verantwortlich. Es verarbeitet das Gesagte oder Gedachte und stellt sich daraufhin auf die Veränderung ein. Unser Gehirn steuert alle wichtigen Körperfunktionen wie Atmung, Muskelspannung, Durchblutung, Stoffwechsel – und es organisiert die Art und Weise zu denken. Das menschliche Gehirn besteht bei einem Gewicht von etwa drei Pfund aus ungefähr zehn Milliarden Nervenzellen. Einige Experten vermuten sogar die weitaus größere Zahl von hundert Milliarden Zellen. Jede einzelne Gehirnzelle steht über ihre verzweigten Nervenenden wiederum in Verbindung mit jeweils zehntausend anderen. So wird der vielzitierte Vergleich mit einem Computer dem menschlichen Gehirn mit seinen unzähligen Möglichkeiten keineswegs gerecht. Die Gehirnforscher tendieren vielmehr dazu, einzelne Gehirnzellen mit einem Computer zu vergleichen.

Diese äußerst komplexe »Verkabelung« auf elektrochemischer Basis mit Hilfe sogenannter »Nervenboten-Stoffe« ergibt diesen enorm leistungsfähigen Informationsspeicher. Er stellt unvorstellbare Kapazitäten für die Informationsverarbeitung und Zusammenarbeit der verschiedenen Körpersysteme untereinander bereit. Aus diesem Grund bezeichnen wir den entsprechenden Bereich in unserem Kopf auch gern als »Gehirnwelt«. Jeder Mensch ist eine eigene Welt, und in dieser »Seelenwelt« lebt eine große »innere Gesellschaft«. Und das Innere, die Persönlichkeit, kann wie eine echte Gesellschaft eine erfolgsfördernde oder -behindernde Atmosphäre haben. Die innere »Mannschaft« muß wie eine äußere zu einem optimalen Training und Zusammenspiel kultiviert werden.

So wie eine Landkarte mit den eingezeichneten Straßen, Flüssen und Landschaften hilft, uns auf einer Reise durch die Welt zurechzufinden, so hilft auch das Denken in Form der Sprache, in Worten, Sätzen und Bildern, uns in unserer Gehirnwelt zurechtzufinden. Diese Zusammenhänge sind in dem Namen **NLP** ausgedrückt.

**Neuro** bedeutet, daß jedes menschliche Verhalten und jeder Körperzustand im Gehirn durch neuronale Verknüpfungen repräsentiert ist. Das sind chemisch-biologische Verbindungen zwischen den Gehirnzellen, die sich neugestalten, wenn gelernt wird. **Linguistisch** meint, wir können über diese Verknüpfungen mit Hilfe unserer Sprache kommunizieren. **Programmieren** bezeichnet den Vorgang, mit Hilfe der Sprache Gedanken zu entwickeln, die dann rückwirkend wiederum die neuralen Verknüpfungen in eine gewünschte Richtung positiv verändern.

NLP wurde in den 70er Jahren von dem Sprachwissenschaftler und Pädagogen John Grinder und dem Mathematiker und Psychologen Richard Bandler ins Leben gerufen. Sie hatten über Jahre die sogenannten »Zauberer« unter den Therapeuten der verschiedenen großen Psychotherapieschulen Amerikas in ihrem erfolgreichen Umgang mit Menschen beobachtet. Zu ihnen gehörte zum Beispiel der bekannte Hypnose-

# Eine einzelne Gehirnzelle

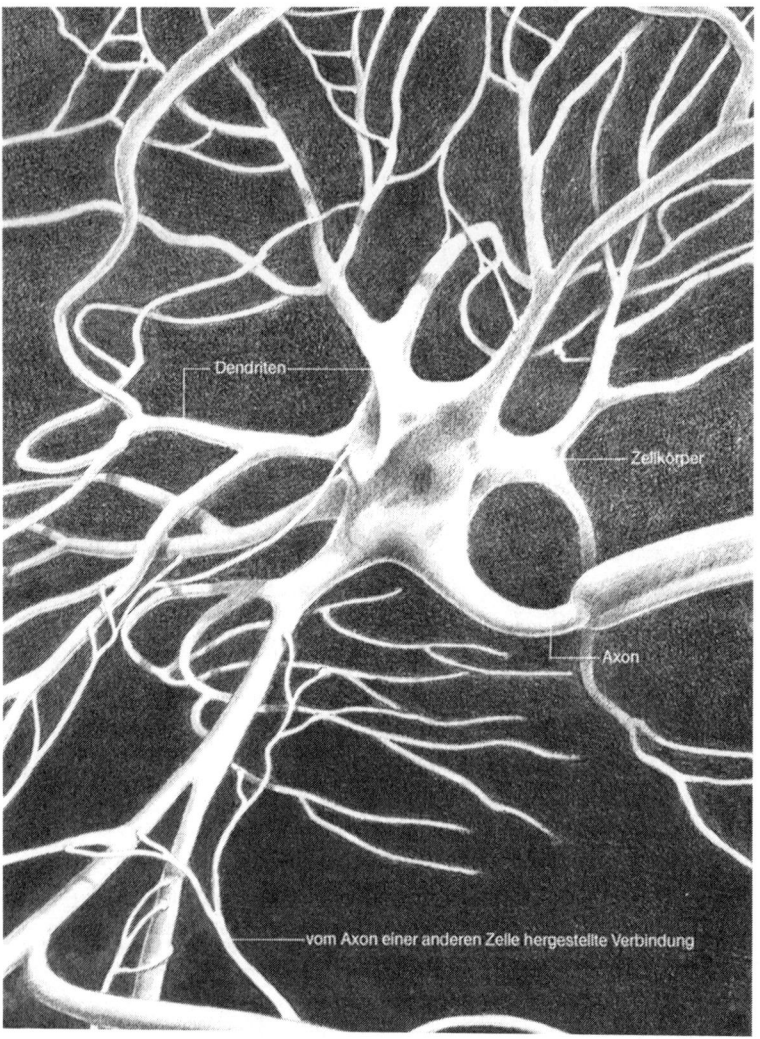

Quelle: Robert Ornstein, Richard F. Thompson: Unser Gehirn – das lebendige Labyrinth. Rowohlt 1986.

# Neuronale Verknüpfung

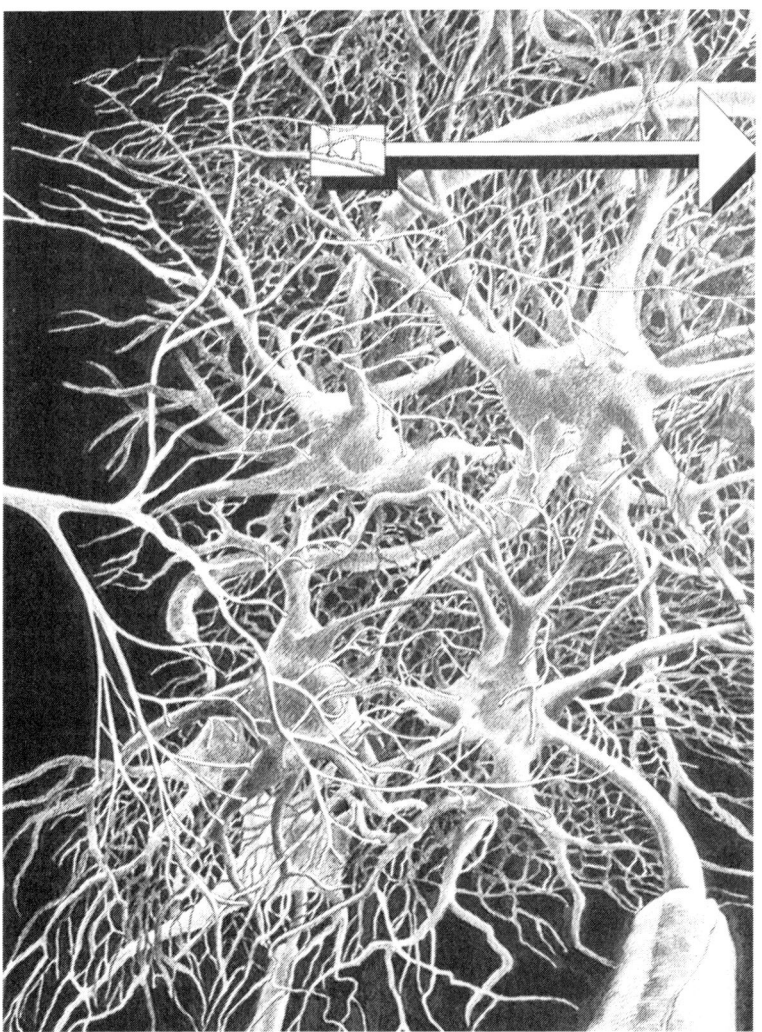

Quelle: Robert Ornstein, Richard F. Thompson: Unser Gehirn – das lebendige Labyrinth. Rowohlt 1986.

spezialist Milton Erickson. Bandler und Grinder war aufgefallen, daß diese »Zaubertherapeuten« oft gar nicht richtig beschreiben konnten, warum sich Menschen gerade durch ihre therapeutische Arbeitsweise so beeindruckend positiv veränderten. So stellten sich die beiden eine interessante Frage: Geben diese großen Therapeuten in ihren Seminaren und Büchern vielleicht nur Strategien weiter, von denen sie nur glauben, daß sie erfolgreich sind? Liegt das eigentliche Geheimnis ihres Erfolges in Kommunikationsmustern, deren Beherrschung und Vermittlung ihnen gar nicht bewußt ist?

Bandler und Grinder fanden folgende Antwort: Die scheinbar magischen Fähigkeiten dieser Therapeuten sind in Wahrheit aus nachvollziehbaren und erlernbaren Strukturen zusammengesetzt. Alle diese »Zauberer« beachten im Umgang mit den Menschen, die zu ihnen kommen, *unabhängig vom therapeutischen Ansatz* intuitiv ganz bestimmte Verhaltensstrukturen. Die Sammlung dieser Strukturen ist die Grundlage dessen, was NLP ausmacht: ein zielorientierter und auf die menschlichen Kraftquellen zurückgreifender Prozeß, der maßgeschneidert auf jeden einzelnen Menschen mit seinen Wünschen und Bedürfnissen angewandt werden kann. NLP ist daher das optimale Handwerkszeug der aktiven Persönlichkeit.

In diesem Buch vermitteln wir Ihnen die Möglichkeit, das NLP für sich selbst – ohne zusätzliche Therapie von außen – zu erlernen und für die eigenen Lebenserfolge einzusetzen. Da viele Menschen das Wort »Programmieren« als wenig angemessen empfinden, werden wir bei unserem Training von **Neurolinguistischer Selbstorganisation** sprechen: lernen Sie, Ihr Gehirn zu benutzen!

# Geeignete Themen für ein »Denk dich nach vorn«-Training

Hier in Stichworten eine Liste von Lebensaufgaben, für die dieses Training eingesetzt werden kann.

## Umgang mit sich selbst

● Selbstorganisation Ihrer »Seelenlandschaft«

● Harmonisierung persönlicher, privater und beruflicher Interessen

● Bewußtmachung der eigenen Kreativität sowie Ihrer individuellen Talente

● Steigerung der Ausstrahlung und Ausgeglichenheit durch die Entwicklung der aktiven Persönlichkeit

● Eigenmotivation
   – »Durststrecken« überwinden
   – Lernen lernen

● Vorbereitung auf wichtige Termine
   – Prüfung

- Vorstellungsgespräch
- Auftritt
- usw.

● Aufbau von Erfolgsblockaden

● Klärung von Entscheidungen

● Kreativitätssteigerung
- »Ideen-Schule«

## Überwindung von störenden Eigenschaften und Verhaltensweisen

- Fingernägel-Kauen
- Unordentlichkeit
- Probleme mit dem rechtzeitigen Aufstehen
- usw.

## Umgang mit dem eigenen Körper

- Gesundheitssteigerung
- Streßabbau
- Entspannung
- Steigerung der körperlichen Abwehrkräfte
- positive Selbstbeeinflussung von Krankheitsverläufen
- Übergang zu gesundheitsfördernden Lebensgewohnheiten (z.B. durch Alkohol- oder Nikotinentzug, gesundes Abnehmen usw.)

## Umgang mit anderen Menschen

● Private Kontakte
- Familie
- Lebenspartner
- Kinder
- Freunde

● Berufliche Kontakte
- Kollegen
- Vorgesetzte
- Motivation von Mitarbeitern
- Verhandlungen mit Geschäftspartnern

**Achtung:** Bitte nehmen Sie sich *jetzt* etwas Zeit, und überlegen Sie, mit welchem eigenen Thema Sie beim ersten Durchlesen dieses Buches persönliche Erfahrungen machen wollen. So können Sie gleich in das »**Denk dich nach vorn**«-Training einsteigen! Vielleicht wählen Sie ein leichtes bis »mittelschweres« Problem aus dem persönlichen Bereich und gehen später mit der gewonnenen Erfahrung zu den »Knackpunkten« über. So ein eigenes Thema kann sein:

1. Ein **Verhalten,** das Sie an sich selbst nicht mögen: z.B. Rauchen, Hang zur Unordnung, häufiges »Meckern« usw.
2. Eine **Befindlichkeit,** die Sie an sich selbst stört: z.B. körperliches Unwohlsein (wie Verspannung, Müdigkeit, unbegründeter Pessimismus, Lustlosigkeit usw.)
3. Ein konkretes **Ziel,** von dem Sie eine innere Erfolgsblockade trennt

Notieren Sie sich Ihr Problem am besten als Überschrift auf ein Blatt Papier, das Sie immer im Buch liegen haben, damit

Sie sich Notizen zu Ihrem persönlichen »**Denk dich nach vorn**«-Training machen können.

Sie werden feststellen, daß einige Kapitel Sie besonders ansprechen werden, andere sprechen Sie vielleicht nicht so an. Bitte beachten Sie: Rosinenpicken ist erlaubt! **Suchen Sie durch Ausprobieren die Übungen heraus, die Sie am weitesten nach vorn bringen.**

## Schritt 1:
## Erfolg haben will gelernt sein

Es besteht nach wie vor in den meisten Lebensbereichen die weitverbreitete Meinung, zum Erreichen von Zielen sei das Wollen entscheidend. Stellt sich der Erfolg nicht ein, wird angenommen, man habe sich nicht genug angestrengt oder eben nicht stark genug gewollt. Aus unserer Erfahrung heraus können wir aber versichern, daß es überaus viele Menschen gibt, die einen beruflichen oder persönlichen Erfolg wirklich wollen – jedoch nur über ungünstige und unerfektive Methoden der »Selbstorganisation« verfügen. Nicht am richtigen Wollen mangelt es, sondern am richtigen Können.

Wenn Sie sich selbst beispielsweise auf eine ungünstige Art und Weise motivieren, nützt es nichts, diesen Motivationsstil durch Wollen oder Anstrengung noch zu verstärken, sondern er muß analysiert und verändert werden. Wenn Sie nicht wissen, in welcher körperlichen Verfassung Sie am optimalsten Ihre »Gedanken beisammenhaben«, können Sie diesen erforderlichen Körperzustand auch nicht willentlich einsetzen. Innere Bilder, mit denen Sie sich ein Ziel sprichwörtlich »ausmalen«, müssen auf eine bestimmte Art und Weise aufgebaut sein, damit das Gehirn das Ziel überhaupt erfolgreich denken kann. Die lebende Kommunikation mit Ihrem Lebenspartner, mit Freunden, Kollegen, Kunden usw. unterliegt einer sekundenschnell wechselnden Dynamik, die Sie bewußt erkennen und mitgestalten könnten.

Diese Beispiele beschreiben Fähigkeiten der Selbststeuerung, die nur durch Lernprozesse aufgenommen, verstanden und so gesichert werden können, daß sie als selbstverständlich in Fleisch und Blut übergehen. Im Gehirn werden sich dann diese »Programme« in Form von neuen Verknüpfungen zwischen den Gehirnzellen als Gedächtnisspuren, die auch **Engramme** genannt werden, stabilisieren. Die richtige Bildung und Konkretisierung von solchen neuronalen Engrammen ist das Trainingsziel von Schritt 1.

# Was ist »gehirngerechtes Denken« – oder »Wer fährt eigentlich den Bus?«

Die Frage nach dem Busfahrer stellt Richard Bandler in seinem Buch: **»Benutze dein Gehirn, um dich zu verändern«** (**Using Your Brain for a Change**).[*]
Der PS-starke Bus steht als Bild für unser Gehirn mit seinen enormen Kapazitäten. Den Menschen vergleicht Bandler mit dem Busbesitzer. Im Unterschied zu einem Bus paßt jedoch zum Gehirn tatsächlich der Werbeslogan: » . . . und läuft und läuft und läuft . . .« Unser Gehirn arbeitet also ununterbrochen, es ist nicht auszuschalten. Doch oft scheint es, als würden die meisten Busbesitzer nicht am Steuer, sondern auf der Rückbank des Busses sitzen und sich darüber wundern, in welche Richtung der führerlose Bus sie fährt. Fassungslos schauen sie aus dem Fenster und klagen: »Aber hier wollte ich doch gar nicht hin!«
Das Gehirn, das Tag und Nacht arbeitet, kann ja nur immer wieder die Programme zuverlässig aktivieren, die es irgendwann einmal einprogrammiert bekommen hat. Statt über diese Programme zu jammern, können wir sie durch eigenverantwortliche Programmierung steuern, gestalten und erweitern. Wenn das Gehirn auf diese Art und Weise dann unseren heutigen Wünschen entsprechend »aktualisiert«, also mit

[*] Deutscher Titel: »Veränderung des subjektiven Erlebens«

neuen Programmen gefüttert ist, wird es diese genauso zuverlässig ablaufen lassen, wie vorher die alten und unerwünschten. Mentale Steuerung durch »gehirngerechtes« Denken bedeutet also nicht, **gegen** bereits vorhandene Programme anzudenken, sondern neue und zeitgemäße zu entwickeln.

Es ist ohnehin eine falsche Annahme, eine vorteilhafte persönliche Veränderung müsse damit beginnen, etwas bereits Vorhandenes in uns abzuschaffen oder – wie es heute schon heißt – zu »entlernen«. Diese Wort klingt fast wie entsorgen und erinnert so an unliebsamen Müll. Echtes Selbstvertrauen wird nicht durch die Vorstellung von gefährlichem Abfall im eigenen Kopf genährt. In der Tat können wir nie wissen, für welchen Lebens- oder Problembereich schon einmal vorhandene Programme künftig wieder sinnvoll sein könnten. Das Gehirn hat keine Fehler, sondern ermöglicht nur Fähigkeiten. Fehler und persönliche Nachteile können höchstens darin bestehen, daß die Fähigkeiten nicht im richtigen Zusammenhang auftreten oder sich nicht richtig entfalten. Rein organisch ist unser Gehirn mit seinen außergewöhnlichen Kapazitäten in der Lage, bis ans Lebensende unendlich viele neue Fähigkeiten zu speichern, ohne daß es jemals zu »Platzproblemen« kommt, die die »Entsorgungstheorien« erst rechtfertigen würden. Wir brauchen uns also nicht ständig »Sachen aus dem Kopf zu schlagen«, sondern wir sollten lieber zusehen, möglichst viel hineinzubekommen.

Denken Sie einmal an einen kleinen Jungen, der zum Geburtstag seine ersten Legosteine geschenkt bekommen hat. Er kann mit dieser Grundausstattung schon eine Garage für seine Matchboxautos bauen. Eines Tages träumt er davon, einen großen Legoflughafen zu bauen, wobei er natürlich mit dem vorhandenen Material nicht auskommen wird. Normalerweise wird er nicht denken: »Mit meinen Legosteinen kann ich nicht mal einen Flughafen bauen. Sie taugen nichts, also werfe ich sie in den Müll.« Selbstverständlich läßt er seine Grundausstattung unbeschadet und kümmert sich bei seinen Eltern um Nachschub. In der materiellen Logik denken Menschen viel sinnvoller als in der Logik psychischer Prozesse – als in der »Psycho-Logik« also.

So kann die Lösung der Frage »Wer fährt eigentlich den Bus?« nur heißen, sich endlich an das Steuer des eigenen Busses zu setzen, anstatt auszusteigen, weil einem die Fahrt mißfällt. Das »**Denk dich nach vorn**«-Training gibt Ihnen das Knowhow an die Hand, Ihren Bus tatsächlich an Ihr Ziel zu bringen und Ihre Probleme zu überholen.

**Wer fährt eigentlich den Bus?**

Quelle: Richard Bandler: Veränderung des subjektiven Erlebens –
Fortgeschrittene Methoden des NLP.
Junfermann Verlag, Paderborn 1990.

# Die Sinneskanäle: Fünf Filter
# für die äußere und innere Welt

Unsere Umwelt nehmen wir über unsere fünf Sinne wahr: Wir sehen, hören, fühlen, riechen und schmecken. Dabei nehmen unsere Sinne viel mehr auf, als wir bewußt verarbeiten. So können Sie Ihre Schuhe oder Ihre Kleidung in diesem Augenblick fühlen, haben aber vielleicht kurz zuvor nicht bewußt an diese Empfindungen gedacht. Ebenso können wir uns mit einem Menschen unterhalten, und fünf Minuten später wissen wir oft nicht mehr, welche Kleidung er trug. Unser Gehirn wählt für uns aus, welche Wahrnehmungen wir bewußt bemerken und welche nicht.

Wir nutzen unsere fünf Sinne nicht nur zur Wahrnehmung der Dinge in der Außenwelt, sondern auch zur inneren Organisation unserer Gedanken. Sie können in diesem Moment die Buchstaben auf dem Papier sehen (außen-gerichtete Wahrnehmung). Sie hören außen das Geräusch des Umblätterns dieser Seiten und sind gleichzeitig in der Lage, innerlich eine ganz bestimmte Melodie – z.B. Hänschen-Klein zu hören. Genauso verhält es sich mit dem Fühlen, Riechen und Schmecken. Die Organisation unserer Sinneskanäle benötigen wir für geistige Leistungen wie Erinnerung, Ideen und Zukunftsplanung. Denken Sie kurz darüber nach, wie Sie sich an eine Ihnen bekannte Telefonnummer erinnern. Einige Menschen sehen die Nummer vor ihrem geistigen Auge geschrieben, vielleicht sogar farbig. Andere hören die Nummer vor ihrem geistigen Ohr. Viele verwandeln die Nummer sogar in eine innere Melodie, zumindest in einen Rhythmus: hm hm hm ° ... hm hm ° hm ° hm (mit ° gekennzeichnete Laute sind hohe, die anderen niedrige Töne).

Vor allem benutzen wir sinnesspezifische Formulierungen in unserer Sprache, um uns mit anderen Menschen über innere Prozesse zu verständigen. »Es ist schwer« meint nicht unbedingt, daß tatsächlich schwere Lasten wie etwa Mehlsäcke getragen werden. Die Formulierung »Ist das klar?« fordert die Kinder nicht dazu auf, sich die Brille zu putzen, sondern etwaige Verständnisfragen zu stellen.

Über die fünf Sinneskanäle gelangen Informationen aus der Außenwelt an unser Gehirn. In unserer inneren Welt, der Gehirnwelt, benutzen wir Sinneswahrnehmungen zur Orientierung. Daher werden auch im »**Denk dich nach vorn**«-Training immer wieder die Sinneswahrnehmungen in verschiedenen Variationen konkret angesprochen und für die Selbstorganisation genutzt. Sehen Sie hier noch einmal die fünf Sinneskanäle und ihre Bezeichnung im NLP:

| Benennung | Sinneswahr-nehmung | Abkürzung |
|---|---|---|
| Visueller Kanal: | Sehen | V |
| Auditiver Kanal: | Hören | A |
| Kinästhetischer Kanal: | Fühlen (Körper) | K |
| Olfaktorischer Kanal: | Riechen | O |
| Gustatorischer Kanal: | Schmecken | G |

## Außen-gerichtete »Sinneskanäle«:

Wahrnehmung der äußeren Welt (Umwelt, andere Menschen).

## Innen-gerichtete »Sinneskanäle«:

Wahrnehmung der innere Welt (Gedanken, Ideen, Phantasie).

Bandler und Grinder haben festgestellt, daß unsere Augenbewegungen darauf hinweisen, ob wir innerlich gerade in Bildern, Tönen oder Gefühlen denken. Es gibt sogar Hinweise darauf, ob wir uns an einen Sinneseindruck gerade konkret *erinnern* – wie etwa der letzte Urlaub – oder ob wir eine Sinneswahrnehmung konstruieren – wie eine Idee. Wir haben für Sie in der folgenden Abbildung die Augenbewegungen festgehalten, die auf einen Rechtshänder zutreffen. Bei verschiedenen Menschen können die Muster auch individuell unterschiedlich sein. Unser Blick richtet sich nach oben, wenn wir in Bildern denken. Denken Sie hierzu an die Heiligendarstellung in den Kirchen! Die Heiligen schauen fast immer nach oben, weil sie offensichtlich eine Vision haben. Im Auditiven bewegen sich die Augen im waagerechten Bereich, im kinästhetischen, körperlichen Denken sind Sie eher nach unten gerichtet. Für das **»Denk dich nach vorn«**-Training ist es nicht erforderlich, diese Augenbewegungen bei anderen Menschen exakt definieren zu können. Als Hinweis für Ihre Beobachtungsgabe im Umgang mit anderen Menschen ist dies jedoch eine interessante und beachtenswerte Information.

Vielleicht haben Sie schon davon gehört, daß einige Menschen besser in *Bildern* (visueller Typ) und andere leichter in inneren *Tönen* denken. Es gibt diese Ausrichtungen, doch handelt es sich dabei eher um *Wahrnehmungsvorlieben* als um festgeschriebene und unveränderbare Eigenschaften. Man darf auch nicht behaupten, daß einige Sinneskanäle optimaler oder besser für den Menschen sind als andere. Genauso unsinnig wäre das Nachdenken darüber, ob die Arme oder die Beine dem Menschen nützlicher sind. Man könnte zum Beispiel bei der heutigen »Psycho-Literatur« meinen, daß das »Imaginieren« (Denken in Bildern) etwas Besonders sei. Doch die Übertreibung kann auf einem anderen Sinneskanal einen Mangel hervorrufen, wie folgendes Beispiel zeigt. In Hamburg stellten Turnlehrer bei etlichen Grundschülern im Sportunterricht die Unfähigkeit zum orientierten Rückwärtsgehen fest. Der vermutete Grund ist folgender: durch zuviel Fernsehen und Computerspielen ist der visuelle Kanal stärker entwickelt als der körperlich-kinästhetische. Und letzterer wird eben für ein motorisch stimmiges Rückwärtsgehen benötigt.

Sollten Ihre Kinder Rechtschreibschwächen aufweisen, kann es auch daran liegen, daß sie einen ungünstigen »Kanal« benutzen. Vor dem Schreiben-Lernen müssen sich alle Kinder Worte *auditiv*, also mit dem geistigen Ohr, merken. In der Schule ist dann plötzlich der *visuelle Kanal* gefragt: die einzelnen Buchstaben müssen quasi von dem Wortbild, das erinnert vor dem geistigen Auge erscheint, richtig abgeschrieben werden. Einige Kinder schaffen das »Kanal-Wechseln« nicht von allein. Ihnen kann oft schon geholfen werden, wenn sie lernen, sich die Buchstaben des geschriebenen Wortes bildlich in großer, bunter Schrift vorzustellen.

Oft kommt es zwischen verschiedenen »Sinnes-Typen« zu regelrechten Verständigungsproblemen. Wie bereits beschrieben, hält sich der Blick beim *auditiven Wahrnehmen* eher waagerecht nach links oder rechts. So wird also ein stark auditiver Mensch zur Seite sehen, wenn er sich auf ein Gespräch konzentriert und innerlich Antworten überlegt. Mit einem visuell orientierten Gesprächspartner bekommt er dann schnell Schwierigkeiten. Denn dieser deutet den »auditiven Blick« als Desinteresse. Der Visuelle braucht den steten Blickkontakt des Gesprächspartners, um das Gefühl zu haben, daß der ihm zuhört. Das Tragische an dieser Situation ist: je mehr sich der Auditive auf die Unterhaltung und somit den Gesprächspartner konzentriert, desto mehr schaut er zur Seite. Sagt der Partner: »Du hörst mir ja gar nicht zu«, fühlt er sich entsetzlich ungerecht behandelt. Er hört ja schließlich zu. Sind Sie selbst also eher ein auditiver Typ, schauen Sie den Gesprächspartner ab und zu *absichtlich* an, damit er Ihr Zuhören glauben kann. Sind Sie ein visueller Kommunikationspartner, verdächtigen Sie den Auditiven nicht gleich mit einer bösen Absicht. Eigentlich sind seine zur Seite gerichteten Augen ein Ausdruck höchsten Interesses an Ihren Worten.

Es gibt visuell orientierte Menschen, die sofort fühlen, was ihre Blicke sagen. Kennen Sie das schmerzliche Empfinden, das beim Vortrag eines falsch spielenden Orchesters entsteht? Das gleiche erlebt der Visuelle, wenn ein Bild schief an der Wand hängt. Er *muß* es gerade rücken, um sich wohl zu fühlen. Leider wird diesen Menschen oft großes Unrecht zugefügt, wenn die anderen Sie als Pedanten oder zwanghaft ordentlich etikettieren. Das stimmt oft deshalb nicht, weil es viele Visuelle nicht genauso berührt, wie der Inhalt geschlossener Schubladen aussieht. In Wirklichkeit sind sie einfach *visuelle Genußmenschen*. Sie tanken einen großen Teil ihrer Energie über *Augenweiden*. Das kann der eher körperorientierte Genußmensch überhaupt nicht nachvollziehen. Er mißversteht die ästhetischen Aktivitäten des Visuellen als ungemütliches Herumräumen. Er hält mehr von langen Vollbädern oder stundenlangem Im-Bett-Kuscheln. Bandler und Grinder schlagen diesen Menschen vor, sich das kuschlige Bett einmal voller pieksiger Brotkrumen vorzustellen. Und schon kann man »dolmetschen«, daß der Visuelle das gleiche Pieksen beim Anblick schiefer Bilder oder Sofakissen empfindet.

Auch in der Selbstorganisation ist dieses Sinnesbewußtsein für Sie wertvoll. Sollten Sie sich auf eine Prüfung vorbereiten oder aus einem anderen Anlaß Lernstoff aufnehmen wollen, kann dieses Wissen Ihnen helfen. Einige Menschen verbessern ihre Erinnerungsleistung allein schon dadurch, daß sie sich das Buch oder die Vokabeln beim Lesen oben links hinhalten. So ist das Gehirn schon beim Präsentieren des Lernstoffes automatisch in der Aktivierung »Konkretes Erinnern« angesprochen.

Für eine erste persönliche Erfahrung mit der bewußten Nutzung Ihrer Sinneskanäle lernen Sie im nächsten Kapitel eine Entspannungsübung. Zuvor können Sie mit folgender Übung das Thema »Augenbewegungen« noch vertiefen.

## Übung: Augen können sprechen

Wenn Sie die Augenbewegungen testen wollen, bitten Sie jemanden, sich als Übungspartner zur Verfügung zu stellen. Es kann sein, daß Ihr Partner vom vorgegebenen Schema abweicht. Es gibt Personen, bei denen das Schema genau spiegelverkehrt vorliegt. Weiterhin können sich pro Sinneskanal die Seiten von **konstruiert** (ausgedacht) und **erinnert** vertauschen. Deshalb ist es wichtig, sich hinsichtlich der Augenbewegungen auf jeden Menschen individuell einzustellen. Die Beispielsätze zeigen Ihnen, wie Ihre Fragen formuliert sein könnten.

**Visuell erinnern:**

● Welche Farbe hat dein Auto?
● Was hat deine Frau gestern angehabt?

# Zugangshinweise zu den Sinneskanälen über die Augenbewegungen

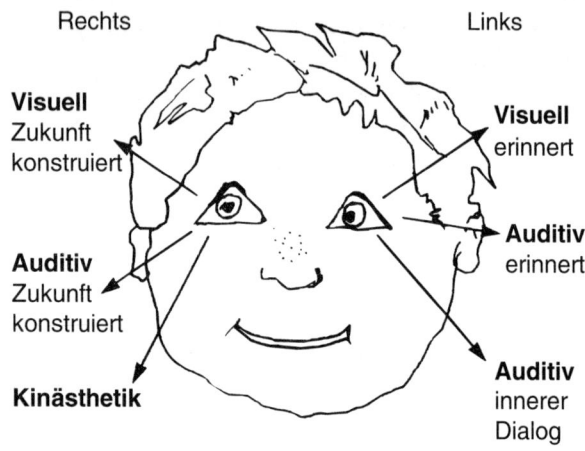

Rechts                                          Links

**Visuell**
Zukunft
konstruiert

**Visuell**
erinnert

**Auditiv**
Zukunft
konstruiert

**Auditiv**
erinnert

**Kinästhetik**

**Auditiv**
innerer
Dialog

Augen starr ohne Zielpunt ins Weite:
Hinweis auf Trancezustand

Bewegungen der Nasenflügel – olfaktorisch
Bewegungen der Zunge, Lippen – gustatorisch

Quelle: Richard Bandler, John Grinder: Neue Wege der Kurzzeit-Therapie –
Neurolinguistische Programme. Junfermann Verlag, Paderborn 1991.

## Visuell konstruieren:

● Wie stellst du dir Person X mit roten Haaren vor?
● Wie sieht dein Auto in zehn Jahren aus?

## Auditiv erinnern:

● Höre vor deinem inneren Ohr das Lied »Hänschen-Klein«!

## Auditiv konstruieren:

● Wie hört sich wohl die Musik von Marsmenschen an?

## Auditiver Dialog:

● Wie sprichst du zu dir selbst, wenn du dich über dich selbst ärgerst?

## Kinästhetische innere Wahrnehmung:

● Wie fühlt sich dein Lieblingskleidungsstück an?
● Fühlt sich für dich ein warmes Bad oder eine Dusche angenehmer an?

# Trance, Entspannung und Schlaf zur Gehirnaktivierung

In unserer Gesellschaft herrscht die falsche Auffassung, tagträumende oder schlafende Menschen würden nichts Sinnvolles und Produktives leisten. Tatsächlich aber gibt es in der Gehirnforschung Hinweise dafür, daß unser Gehirn in diesen natürlichen Trance- und Schlafzuständen seine Aktivität gegenüber dem Wachbewußtsein steigert, denn in solchen bewußtseinsabwesenden Phasen erhöht sich der Kalorienverbrauch dieses wichtigen Organs erheblich. Das Gehirn benötigt Schlaf und Trance zur Verarbeitung unserer alltäglichen Sinneseindrücke und auch zur Lösung unserer Konflikte. Den Satz: »Schlaf erst einmal darüber – morgen sieht die Welt ganz anders aus« kann man in diesem Sinne wörtlich nehmen. Nicht nur Schlaf und gezielte Entspannung, sondern auch spontane Trancezustände wie Tagträume fördern die Gehirnaktivierung. Wir alle kennen Situationen, in denen andere Menschen uns laut ansprechen und wir die gehörte Information inhaltlich gar nicht aufnehmen. »Entschuldigung, ich war eben ganz woanders« oder »ganz in Gedanken«, ist dann die umgangssprachliche Antwort. Kaum einer würde in so einem Fall von gelungener Selbsthypnose sprechen. Leider herrscht bei uns die Unsitte, den Träumenden aus seinen Gedanken zu reißen. Mit einem schlechten Gewissen entschuldigt sich der Tagträumer für seine geistige Abwesenheit.

Eine Studentin in den Prüfungsvorbereitungen ärgerte sich darüber, daß ihre Gedanken während des Lernens so oft »abschweiften«. Andererseits wollten sie gegen die Prüfungsangst und die allgemeine Nervosität eine Entspannungsübung erlernen. In dieser angespannten Zeit rieten wir ihr davon ab, zusätzlich zum Lernstoff auch noch eine bestimmte Entspannungsmethode zu erlernen. Wir erklärten ihr nur, daß ihr Gehirn beim gelegentlichen Tagträumen ohnehin schon den Impuls zur Erholung gibt. Als sie so »verführt« wurde, das Abschweifende freundlich zu betrachten, hatte sie plötzlich nur noch positive Erlebnisse mit diesem Phänomen. Nachdem es keinen »inneren Kampf« mehr gab, hörten die Tagtraumphasen automatisch nach spätestens fünf Minuten von allein auf, undsie konnte merklich erfrischt und konzentrierter weiterarbeiten. Wir baten sie, diese spontanen »Traumreisen« voller Genuß mitzuerleben. Bald erkannte sie sogar das scheinbare Abschweifen als eine innere »Eselsbrücke« an Gedanken, die sich jeweils aus dem aufgenommenen Lernstoff ergaben. Das ist ein deutliches Zeichen für eine unbewußte Speichertätigkeit des Gehirns. Schon nach einer Woche fühlte diese Studentin sich insgesamt ruhiger und konzentrierter.

Wenn Sie selbst Kinder haben, können Sie bestätigen, daß Kinder öfter als Erwachsene vor sich hinträumen. Geht ein Kind das erste Mal auf den Jahrmarkt, läuft es nicht gleich auf alle bunten Stände los. Nein, es bleibt stehen und durchläuft eine spontane Trance. Das Gehirn muß diese vielen Eindrücke nach der Aufnahme erst einmal verarbeiten. Hören Sie auf, Ihr Kind stets aus diesen natürlichen und intensiven Verarbeitungs- und Lernphasen mit Geschnipse oder sonstigem Gezappel herauszuholen. Es muß Dinge, die Sie schon tausendmal erlebten, vielleicht gerade das erste Mal in sich aufnehmen. Schützen Sie diesen Prozeß.

Trance, Entspannung und Schlaf machen uns äußerst lernfähig und offen für neue Wege. Nicht von ungefähr kombiniert das Superlearning Entspannungszustände mit Informationsspeicherung. Deshalb sollten Sie spontane Trancen gezielt zulassen. Nutzen Sie beispielsweise lieber die Viertelstunde Bus oder Bahn, um Ihre Gedanken schweifen zu lassen, anstatt mit der Tageszeitung zu knistern. Vielleicht lösen Sie in dieser Viertelstunde unerwartet ein Problem. Über eine gezielte »Lebenskünstler-Methode« durch die Nutzung von natürlichen Trancezuständen berichten wir mehr in Schritt 3.

Die wichtigsten Trainingseinheiten des »**Denk dich nach vorn**«-Trainings werden im Zustand nach innen gerichteter Gedanken der Kommunikation mit sich selbst erarbeitet. Für die optimale Nutzung der Inhalte empfiehlt sich die Beherrschung einer Kurzentspannungstechnik. Vielleicht haben Sie persönlich schon mit einer Entspannungstechnik wie dem autogenen Training gute Erfahrungen gemacht. Wenn Sie möchten, bleiben Sie natürlich bei Ihrer bewährten Methode. Versuchen Sie auch festzustellen, ob Sie mehr oder weniger unbewußt schon ganz intuitive Alltagstrancen einsetzen. Möglicherweise lassen Sie sehr gut beim Autofahren Ihre Gedanken schweifen, oder Ihnen hilft der Blick aus dem Fenster bei der Konzentration auf Ihr Inneres.

Eine Hausfrau fand im Seminar zum Thema Entspannung endlich heraus, warum sie so liebend gern stundenlang jätet. Das konnten die anderen gar nicht nachempfinden. Diese mechanische Tätigkeit ermöglicht ihr aufs beste, in Trance nachzudenken und Ideen zu entwickeln. Dieses Beispiel veranschaulicht, wie wichtig eine wirklich individuelle Form der Entspannung ist. Für Vielbeschäftigte – und wer ist das nicht – bietet es sich an, Entspannungsübungen über den Tag zu verteilen, anstatt eine halbe Stunde täglich am Stück zu reservieren. Schon Phasen von fünf oder gar nur einer Minute zwischendurch »durchweben« den Alltag mit Erholung und sind überall einzusetzen: auf Fahrten, beim Warten, bei einer kleinen Pause unter der Dusche usw.

Allerdings garantiert das Liegen mit der Möglichkeit zur Hochlagerung der Beine den intensivsten und schnellsten Entspannungseffekt. Leider verfügen die oben genannten Alltagssituationen nicht immer über diesen Komfort. Doch wenn die Liegeposition vielleicht hundertprozentig ideal ist, ist es die weniger gemütliche Alltagsmöglichkeit garantiert immer noch zu siebzig Prozent. Sie sind also nicht vom Entspannungsgenuß ausgeschlossen, wenn Sie Ihr persönliches »Ruhestündchen« nicht einrichten können.

Wir möchten Ihnen im folgenden eine Entspannungsmethode vorstellen, die Ihre fünf Sinneskanäle für positive Wahrnehmungen aktiviert. Möglicherweise entdecken Sie dabei Ihren »Lieblingsinnenkanal«; vielleicht reagieren Sie besonders intensiv auf Farben, Töne oder Körperwahrnehmungen. Auch ein Lieblingsgeruch oder -geschmack kann Kraftquellen aktivieren. So fand einer unserer Klienten heraus, daß er vor allem den Geschmack von Himbeeren mit einem positiven Gelassenheitsgefühl verbindet. Diese Entdeckung half ihm auch dabei, seine Angst vorm Fliegen erfolgreich zu überwinden. Einfache Himbeerbonbons vertreiben heute im Flugzeug seine furchtsamen Gedanken.

Gehen Sie die folgende Übung jetzt Schritt für Schritt durch. »Rosinenpicken« ist erlaubt. Sollten Sie beim Ausprobieren feststellen, daß Ihnen ein Übungselement besonders bei der Entspannung hilft, so nutzen Sie diesen Teil intensiver als die anderen.

## *Übung: Eine Kurzentspannung – Die Sinneskanäle als Kraftquellen*

① Setzen oder legen Sie sich bequem hin.

② Schauen Sie sich mit den Augen in der Umgebung um: Welchen Gegenstand, welche Farbe mögen Sie jetzt am liebsten ansehen? Beachten Sie auch selbstverständliche Kleinigkeiten wie vielleicht eine türkisblaue Büroklammer, leuchtende Armaturen, Blumen auf einem Stoff. Verbinden Sie die Wahrnehmungen mit inneren Bildern: Das Türkisblaue erinnert beispielsweise ans Meer, an den Sommer, die Sonne; die leuchtenden Gegenstände an einen klaren Sternenhimmel oder die berühmten Lichter, die einem aufgehen.

③ Nehmen Sie nun bewußt alle Geräusche wie Stimmen, Musik oder Lärm wahr, die es gerade zu hören gibt: vorbeifahrende Autos, Stimmengemurmel im Hintergrund, Uhrenticken, ein Gong usw. Was hören Sie am liebsten? Welche Töne lösen angenehme innere Regungen aus? Vielleicht erinnert Sie der Gong im Flughafen an das geheimnisvolle Asien, das Stimmengewirr an einen sonnigen, unbeschwerten Ferientag im Freibad aus der Kindheit. Lassen Sie Ihrer Phantasie freien Lauf!

④ Denken Sie bewußt an Ihren Körper. Welcher Körperteil fühlt sich jetzt gerade am gesündesten und wohlsten an? Lassen Sie sich auch auf normalerweise ganz Unbemerktes ein, wie der große Zeh, der Stoff auf den Oberarmen oder gar die Nasenspitze, das Lederband der Uhr am Handgelenk. Warum empfinden Sie diesen Bereich als wohl und gesund? Ist es eine bestimmte Temperatur, eine angenehme Schwere oder Leichtigkeit, ein gesundes Ruhe- oder auch Kribbelempfinden? An welche schönen Bilder oder Orte erinnern Sie diese Gefühle?

⑤ Machen Sie nun eine Reise durch die Geruchs- und Geschmackswelt. Auch wenn Sie jetzt nichts Besonderes schmecken, riechen und schmecken Sie innerlich. Denken Sie nicht nur an kommerzielle Wohlgerüche wie Parfüm, sondern auch an Dinge wie ofenfrisches Brot oder gemähtes Gras. Entdecken Sie Ihre Vorlieben: verschiedene Früchte, Getränke und Aromen wie Pfefferminz, Vanille usw.

## Hinweise zur Übung:

● Versuchen Sie nicht, unangenehme Wahrnehmungen krampfhaft abzuschalten. Nutzen Sie gezielt Assoziationen, um sich weg von der störenden Wahrnehmung und hin zu schönen und entspannenden Gedanken zu bewegen. Vielleicht befindet sich unter all den Autos, deren Lärm Sie als störend empfinden, eine Familie, die schon morgen einen wunderbaren Urlaubsort erreicht. Wie sieht es dort aus? So wird die vormals störende Wahrnehmung mit zum Bestandteil für die kraftspendende Phantasie.

● Diese Übung läßt sich nicht nur in der entspannten Liege-position durchführen, sondern auch in den Berufsalltag integrieren. Sie können Sie unbemerkt während einer langen Besprechung einsetzen, ohne daß man raten kann, was Sie da gerade treiben. Selbst beim Autofahren können Sie die Übungsschritte während einer Reise ablaufen lassen, anstatt Radio zu hören oder mit dem Beifahrer zu sprechen.

● Sollte diese Entspannungsmethode Ihre erste sein, üben Sie zunächst nur zwei Minuten am Stück, dann drei, vier Minuten und später so lange es Ihnen guttut.

# Ziele und Körper:
# Der Körper bringt uns nach vorn!

Wenn wir erfolgreich an einem Ziel angekommen sind, versetzt uns dieses Erlebnis in einen äußerst positiven mentalen Zustand, der sehr treffend mit den Äußerungen »Ich könnte die ganze Welt umarmen« oder zumindest doch »Bäume ausreißen« charakterisiert wird. Diese Sätze beschreiben den außerordentlich kraftvollen sowohl psychischen als auch körperlichen Zustand nach Erreichen eines Erfolges. Machen Sie sich zum Vergleich den immensen Unterschied zu folgendem Bild bewußt: »Die Arbeit wächst mir über den Kopf.« Im Gegenteil zum Weltumarmer werden Sie mit diesem Satz mental zum kleinen Wicht. Da sacken rein körperlich Schultern und Kopf beim bloßen Gedanken schon nach unten. Denn es gibt keinen psychischen Zustand, der nicht mit einem körperlichen, also einem physiologischen Zustand einhergänge.

Physiologische »Programme« unseres Körpers sind beispielsweise die Durchblutung, der Herzschlag, die Körperhaltung, die Muskelspannung und der Stoffwechsel. So kann das seelische Erleben des Weltumarmens automatisch mit einem tiefen Atemzug einhergehen. Es gelangt mehr Sauerstoff in die Lungen und letztendlich ins Gehirn. Kreatives und innovatives Denken wird erleichtert.

Die Spiegelung seelischer Befindlichkeit im Körperlichen

nennt man psychophysiologische Zustände, der Einfachheit halber hier »**Physiologie**« genannt. In der Sprache der NLP heißt der körperlich-seelische Erfolgszustand eines Menschen die Zielphysiologie. Wir bringen Führungskräften bei, sich schon bei der Zielplanung intensiv mental und körperlich in den Zielzustand zu versetzen. Denn in der **Zielphysiologie** ist das Gehirn von seinen organischen Möglichkeiten her in der Lage, die dem Ziel im Wege stehenden Probleme zu lösen. Mental-psychische Zustände stehen in enger Verbindung mit dem Stoffwechsel des Gehirns. Zur Reizleitung zwischen den Gehirnzellen sind bestimmte im Körper produzierte chemische »Nervenbotenstoffe« erforderlich. Ihre jeweilige Zusammensetzung entscheidet über die momentane Denkfähigkeit des Menschen. Die optimale Denkfähigkeit zum Erreichen von persönlichen und beruflichen Zielen ist schon von der ersten Zielplanungsphase an erforderlich – selbst wenn der Erfolg erst geraume Zeit später eintreten soll.

Den Zusammenhang zwischen körperlichem Erleben und den gedanklichen Kraftquellen zeigt Ihnen ein Beispiel aus dem Alltag. Könnten Sie jetzt spontan einen Witz erzählen? Vielleicht erinnern Sie sich an einen oder zwei, vielleicht auch an keinen. Sollten Sie demnächst in einer privaten Runde erleben, wie irgend jemand anfängt, einen guten Witz zu erzählen, werden Sie und die anderen Anwesenden beim Lachen sich an Witze erinnern. Vielleicht werden Sie dann zehn Witze erzählen, von denen Sie jetzt beim Lesen dieser Zeilen gar nicht ahnen, daß Sie diese noch auswendig können. Erst wenn Sie und andere Menschen sich in der »Witzphysiologie« (Spaßen, Lachen, Atmen) befinden, öffnet das Gehirn die Schleusen des »Witzfundus«. Die »Lesephysiologie« (Sitzen, Liegen, ruhiges Atmen, ernsthaft-aufmerksame Gedanken) regt das Gehirn schon rein organisch nicht zur Erinnerung von Witzen an.

Die Zielphysiologie muß nicht in jedem Fall ein freudiges

Erlebnis sein. So hatte eine Klientin den Wunsch, wirklich überzeugend auch einmal nein sagen zu können, wenn andere zuviel von ihr verlangten. Als sie sich mental in den Zustand der Abgrenzung versetzte, machte sie auch äußerlich einen sehr unnahbaren, respektvollen Eindruck. Die Zielphysiologie entwickelt sich also jeweils passend zum persönlich angestrebten Erfolg. Zielorganisation steht im Vordergrund der »Denk dich nach vorn«-Methode. Gutes »Persönlichkeitsmanagement« durch andere oder sich selbst bedeutet das intensive Mentaltraining der Zielphysiologie. Durch die mentalen Impulse wird der Körper in eine optimale Aktivierung gebracht. Der Körper führt schließlich unsere Erfolge real aus, sei es durch Kommunikation, Gehirn- oder Körperleistung (z.B. beim Sport). Hierzu ist der Einsatz des Denkens und der Sprache erforderlich, wie die folgenden Kapitel zeigen werden.

# Auf dem Weg nach vorn:
# Probleme überholen lernen

In der Theorie und in der Anwendung von »**Denk dich nach vorn**« ist die Zielorientierung wichtigstes Merkmal. Den Schwerpunkt auf das Zieldenken zu setzen, heißt nicht, den gegenwärtigen problematischen Zustand, den Jetzt-Zustand, zu tilgen oder zu ignorieren. Jeder Weg zum Ziel beginnt natürlich an einem Ausgangspunkt. Für ein zügiges »Auf-den-Weg-Machen« ist jedoch die erste Voraussetzung, ein Ziel oder den »Wunsch-Zustand« definiert zu haben. Dies gilt nicht nur für berufliche Erfolge, sondern auch für individuelle und persönliche Ziele, die Sie erreichen möchten. Um eine Zielbefindlichkeit zu erreichen, müssen Sie sich schon im Jetzt-Zustand mental in den Zielerfolg versetzen können. Nur wer sich erfolgreich fühlt, kann einen Erfolg auch denken.

Die klare Zieldefinition ist für das Gehirn der geeignete Kompaß auf dem Weg zur Veränderung. Machen wir uns noch einmal bewußt: Sie wollen sich mit diesem Training durch gezielte »Gehirnbenutzung« selbst an das Steuer Ihres Persönlichkeitsbusses setzen. Dazu müssen Sie die Gehirnfunktionen der Wahrnehmungsverarbeitung kennen und nutzen lernen. Für die Zieldefinition ist es wichtig zu wissen, daß das Gehirn spontan eine Negation wie die Worte »Nein« oder »Nicht« ganz anders als erwünscht bearbeitet. Machen Sie den Test: Denken Sie jetzt bitte **nicht** an einen großen Elefanten. Und spontan präsentiert Ihnen Ihr Gehirn dieses große graue Tier. Auf diese Art und Weise machen Sie Probleme zu Elefanten, die unverrückbar auf dem Erfolgsweg stehen und die freie Sicht auf das Ziel verhindern. Überprüfen Sie im Alltag, wie oft Sie Ihren Mitmenschen ein Ziel mit Negation beschreiben: »Ich möchte auf keinen Fall, daß nachher dies und jenes eintrifft« oder »Mach doch nicht immer das und das . . .«.

Psychologen und Pädagogen weisen schon lange darauf hin, wie ungünstig es ist, zu einem Kind zu sagen: »Paß auf, du fällst gleich hin. Stolpere nicht!« In dem Moment, wo das Wort »stolpern« fällt, muß das Kind erst einmal begreifen, was Stolpern eigentlich ist. Das Gehirn aktiviert nun alles Wissen, das es zum Thema »Stolpern« programmiert hat. »Aha, da muß man also die Füße so nachlässig über den Boden schleifen, damit sie an einem Stein hängenbleiben!« Und da das Denken an eine Körperreaktion und deren tatsächliche Auslösung von denselben Gehirnbereichen gesteuert wird – stolpert das Kind. Die Muskeltätigkeit ist sofort als Reaktion auf den Gedanken erschlafft, und das Kind hebt den Fuß nicht mehr ausreichend an. Wir haben es bei diesem Beispiel nicht mit einem Phänomen der Magie zu tun, sondern mit einer schlichten Falschprogrammierung des Gehirns. Es tritt das ein, wovor das Kind geschützt werden sollte. Versuchen Sie schon heute und in den nächsten Tagen, auf Ihre Sprache zu achten. Es bedarf einer Phase des Umgewöhnens, um seine Ziele auch sprachlich positiv auszudrücken. »Was soll ich denn meiner Tochter sagen, die ständig die Treppe herunterpoltert?« fragte eine Klientin genervt. »Versuche einmal, wie eine Feder die Stufen herunterzuschweben«, war dann unsere gemeinsame Idee. Die Frau traute ihren Ohren und Augen nicht, als sie die Tochter das nächste Mal ungewöhnlich anmutig und federnd (!) die Treppe beschreiten sah.

Schon im Restaurant verhalten wir uns da vernünftiger als in der eigenen Familie. »Herr Ober, bringen Sie mir bitte als Vorspeise keine Suppe. Dann hätte ich gern als Hauptgang um keinen Preis Schweinefleisch. Und zum Nachtisch sollte es wirklich nicht Schokoladenpudding sein. Noch eine Bitte: zum Trinken keine Cola. Es wäre nett, wenn Sie mir alles schnell servieren, denn ich bin sehr knapp mit der Zeit.« So würde ein Mensch, der es wirklich eilig hat, nie mit dem Kellner sprechen. Denn es ist sehr zweifelhaft, ob der Ärmste auf diesen »Nein-Katalog« Ihren Wünschen gerecht werden kann.

Unserem Gehirn muß ein Ziel zunächst einprogrammiert werden, bevor es das Erreichen des Zieles erfolgreich »servieren« kann. Die Programmierung sollte möglichst »gehirngerecht« und genau sein: Nicht nur innere Bilder generell, sondern auch die Qualität der inneren Bilder beeinflussen den Erfolg. Allerdings reichen Bilder noch lange nicht aus – auch das Körpergefühl und vor allem die Sätze und Formulierungen, die den Zielzustand bestimmen, müssen »richtig« vorprogrammiert werden.

Auf dem Weg zum Ziel befinden sich in der Regel Barrieren und Blockaden, die wir Probleme nennen. Daher gehört zur erfolgreichen Programmierung auch die Abwägung etwaiger negativer Folgen, die beim Erreichen des Ziels möglicherweise eintreten könnten. Eine zu starke Beschäftigung mit den Problemen birgt jedoch die Gefahr, sich mental so weit in die Problemwelt – die **Problemphysiologie** – zu steigern, daß das Gehirn nur noch an den Wust der Schwierigkeiten denkt. Das führt zum »Sackgassendenken«, denn das Gehirn ist auch rein organisch kaum noch in der Lage, Lösungen zielgerecht zu bearbeiten.

Vergleichen Sie den »Sackgassenzustand« am besten mit dem Zustand des Beleidigtseins bei sich oder anderen. Ist man gekränkt, gerät der Betroffene stets an den Punkt, wo er selbst sehr genau weiß, eigentlich hilft weder Schweigen noch Schmollen. Dennoch fällt der Ausweg aus der Physiologie des Beleidigtseins unendlich schwer. Selbst wenn man aufhören möchte, bleibt der Zustand bestehen. Eine ähnliche Magnetwirkung kann auch die Problemphysiologie auf das menschliche Denken und Handeln ausüben.

Zur Vermeidung diese »Zwickmühle« sollten Sie gleich zu Beginn eines Veränderungswunsches die Probleme vom zeitlichen Ablauf hier »überholen«. Fangen Sie bei allen Zielen immer mit der Frage an: »Was ist mein/unser Ziel?« Richten Sie Ihr inneres und äußeres Erleben auf den von Ihnen gewünschten Zielzustand. Schon nach kurzem Training werden Sie wahrnehmen, daß Sie sich dabei automatisch in dem kraftgebenden Zustand der Zielphysiologie befinden, der an sich schon ein besonderes Erlebnis darstellt und zudem eine gute Basis für eine effektive mentale Veränderungsarbeit ist. Erst wenn Ihr Ziel stark genug in Ihnen verankert ist, können Sie es allen Problemen zum Trotz erreichen. Vergleichen Sie das Zieltraining mit der Probefahrt vor dem Autokauf. Erst nach einer Probefahrt – der Beschäftigung mit dem Zielzustand – ist die Zielphysiologie so stabil in Ihnen, daß Sie entscheiden können, ob der Kaufpreis das Ziel – ein neues Auto – rechtfertigt oder nicht.

Wie Probleme mit dem Zieldenken wirklich überwunden werden, zeigt Ihnen ein anderes Beispiel. Einer unserer Klienten – ein »klassischer Büromensch« – wünschte sich schon seit Jahren, mehr für sein körperliches Wohlergehen zu tun. Sein Ziel war es, eine Kampfsportart zu erlernen sowie Muskeltraining zu betreiben. Auf seinem Weg zur Arbeit gab es ein gepflegtes Fitneßcenter mit Angeboten, die genau seinen Vorstellungen entsprachen. Er hatte schon mehrmals mit dem Training begonnen. Doch nach jedem schwungvollen Einstieg schmolz die Motivation dahin. Er war der Auffassung, an mangelndem Durchhaltevermögen zu leiden. Wir dagegen

meinten, daran könne es nicht liegen, da er in anderen Lebens-
zusammenhängen eine eher überdurchschnittliche Ausdauer
zeigte.

Mit Hilfe der klaren Zieldefinition versetzte er sich in die
Zielphysiologie des erfolgreich durchtrainierten Kampf-
sportlers. Mit diesem Zielbewußtsein tauchte plötzlich ein
ganz anderer Gedanke auf. Er erlebte das Trainingsergebnis
vorweg auch seelisch als einen sehr kraftvollen Zustand, in
dem er blitzschnell auf andere reagieren würde. Damit war
die Befürchtung verbunden, aus einem Überlegenheitsgefühl
heraus vorschnell bei Auseinandersetzungen am Arbeitsplatz
aggressiv zu werden. Nachdem wir in gemeinsamer Arbeit ein
gezieltes mentales »Vorsichtsprogramm« entwickelt hatten,
war seine Motivation plötzlich ungebrochen. Sein Motiva-
tionsproblem war die Angst vor unbewußten negativen Konsequenzen. Ohne die intensive Beschäftigung mit dem Ziel
hätte er sich vielleicht unnötigerweise zum Durchhalten ge-
zwungen, anstatt die Zielblockade zu überwinden.

Zielbewußtsein ist sowohl für Ihre erfolgreiche mentale
Selbstorganisation also äußerst wichtig. Sie haben sich zuvor
ein Ziel notiert, an dem Sie zunächst beim ersten Kontakt mit
diesem Training lernen wollen. Legen Sie sich diese Thema
zusammen mit einem Notizzettel für das nächste Kapitel bitte
bereit.

# Die klare Zieldefinition

Das persönliche Ziel genau zu erkennen, zu wissen, wie die Zielbefindlichkeit aussehen und sich anfühlen soll, ist für die mentale Selbstorganisation von entscheidender Bedeutung. Bei der inneren Formulierung Ihres Zieles sind einige für die gehirngesteuerte Wirksamkeit entscheidende Punkte zu beachten.

Die klare Zieldefinition soll
● **keine Vergleiche und keine Negationen enthalten.**

Sie soll
● **möglichst konkret Ihre gesamte Sinneswahrnehmung ansprechen.**

Das definierte Ziel soll
● **von Ihnen aufrechterhalten werden können, und seine Auswirkungen sollen nur von Ihnen und nicht von anderen aktiviert werden können.**

Es soll
● **auf eine bestimmte Situation hin zugeschnitten sein, in dem der Zielzustand auch wirklich angebracht ist.**

Wir wollen diese Kriterien einmal mit einem Beispiel deutlich machen. Sie können Ihr persönliches Ziel im folgenden schon einmal entsprechend mitdenken. Einer unserer Seminarteilnehmer formulierte als Problem: »Ich ärgere mich immer viel zu sehr – schon über Kleinigkeiten. Das macht mir schlechte Laune und überträgt sich natürlich auch auf die Familie und andere Menschen, die für mich wichtig sind.«

Hierzu einige Zieldefinitionen:

**»Mein Ziel ist, mich nicht mehr über jede Kleinigkeit zu ärgern.«**

Diese Formulierung enthält ein »nicht« – also eine Negation – und ist weder sinnesgenau noch situationsbezogen gestaltet.

**»Mein Ziel ist, daß ich mich viel, viel weniger ärgere.«**

Diese Formulierung ist eigentlich ein Vergleich. Das Gehirn denkt häufig weiter, als Sie bewußt ahnen. Der Vergleich ist unausgesprochen und heißt zu Ende gedacht:

**» . . . viel weniger ärgere, als ich es jetzt tue.«**

Diese Umschreibung bezieht sich wieder auf den ungeliebten Jetzt-Zustand, somit konzentriert sich das Gehirn wieder zu sehr auf das Problem selbst statt auf das Ziel.

**»Wenn ich mein Ziel erreicht habe, bemerke ich das daran, daß meine Frau viel freundlicher zu mir ist.«**

Hier wird das Ziel nicht bewußt selbst angestrebt und aufrechterhalten. Das Gehirn enthält keinen Hinweis darauf, was *in der Person selbst* ablaufen muß, um diese Reaktion der Frau oder der Familie zu erreichen.

**»Mein Ziel habe ich erreicht, wenn ich immer innerlich ruhig und gelassen bin. Die Ruhe würde als warmes, leichtes Gefühl vom Magen ausgehen und sich in Wellen ausdehnen. Die Gedanken in meinem Kopf bewegen sich wie ein langsamer innerer Walzer. Bildlich ausgedrückt, könnten helle Pastellfarben zu dieser Stimmung passen.«**

Dies ist eine individuelle, konkrete und sinnesgenaue Formulierung. Das Gehirn erhält dadurch eine optimale »Bestellung« zur effektiven Verwirklichung des Zieles. Nur ein Kriterium ist noch unerfüllt: Die genaue Situation ist nicht präzise bestimmt. Es ist durchaus fraglich, wie sinnvoll es ist, stets und immer ruhig zu sein. Stellen Sie sich vor, der Seminarteilnehmer würde beim Kauf einer Ware um sein Wechselgeld betrogen und könnte sich jetzt nicht mehr aufregen oder ärgern. Oder eines seiner Kinder »entführt« ihm ständig ungefragt Kamera, Kassette und dergleichen, weil es die immerwährende Ruhe des Vaters mit »Trotteligkeit« verwechselt – nach dem Motto: »Der sagt ja doch nichts«. Daher müßte diese Formulierung noch durch die genaue Situation ergänzt werden:

**»Ich möchte ruhig sein, wenn es angemessen ist. Besonders wichtig ist das, wenn ich mit meiner Familie einen Ausflug machen will oder in einer Streßsituation als Vorbild Ruhe ausstrahlen muß.«**

... und ...

**»Ich möchte die Fähigkeit, aufgeregt sein zu können, in bestimmten Situationen behalten: Wenn ich z.B. ungerecht behandelt werde oder wenn ich in eine Notsituation (z.B. Feuer bricht aus) gerate.«**

Immer wieder fragen uns Menschen, wie wichtig diese sorgfältige sprachliche Formulierung von persönlichen Zielen überhaupt ist. Wir verdeutlichen diese Frage abschließend anhand es weiteren Vergleichs: Stellen Sie sich vor, Sie geben einem Architekten einen Auftrag für Ihr Traumhaus. Der Architekt kann Ihr Ziel, das Eigenheim, nur sinnvoll umsetzen, wenn zum Schluß ein detaillierter Plan vorliegt. Hinweise wie »im Arbeitszimmer keinen grauen Teppich« würde Ihnen als Architekt in diesem Zusammenhang nicht ausreichen. Zudem kann man diesen Satz auch nicht als Bestelltext beim Raumausstatter aufgeben. Bedenken Sie, daß im übertragenen Sinne Ihr Gehirn der Architekt der Erfolge ist. Nutzen Sie es deshalb zu klaren Zieldefinitionen und griffigen sprachlichen Formulierungen Ihrer Gedanken. Den Erfolg dieses Vorgehens schilderte uns eine Klientin so: »Ich wußte gar nicht, wie bedeutsam dahingesagte Sätze sind. Wenn man ›grau in grau‹ sagt, so denkt man diese Farbe innerlich tatsächlich und fühlt sich körperlich auch entsprechend. Für mich war es beeindruckend, Selbstsicherheit nicht nur als Gedanken im Sinne eines Vorsatzes zu erleben, sondern auch als ein intensives Körpergefühl.

Ich empfinde ein sehr warmes, weites Gefühl in der Magengegend, das ich spontan mit der Farbe Sonnengelb in Verbindung bringe. Zur Erinnerung an diese Empfindung benutze ich gelbe selbstklebende Punkte, die wir üblicherweise für die Ordnung im Büro einsetzen. Ich klebe diese Punkte an alltägliche Blickfänge: Kalender, Badezimmer-Spiegel, Telefonhörer. So werde ich stets für Sekunden an das entscheidende Gefühl erinnert. Von diesen Punkten geht für mich eine richtige Kraft aus.«

Es ist wichtig, ganz individuelle Inhalte für Ihre Zieldefinition zu bestimmen. Besonders wirkungsvolle Inhalte können durchaus auch von der Norm abweichen. Es müssen nicht immer Sonne, Palmen und Meer positive Auslöser in der inneren Vorstellung sein. So hatten wir einen Seminarteilnehmer, der tatsächlich bei der Vorstellung der Farbe Grau aufblühte. Als kraftspendende Erinnerung dachte er an eine unvergeßlich erfolgreiche Geschäftsverhandlung, die er einst an einem trüben, regnerischen Tag führte. Beim Heimflug hatte er in die grauen Wolken geschaut und sich innerlich gefeiert. So wurde für ihn die Farbe Grau zum unbewußten Kraftspender. Nach dem Seminar setzte er diese Erkenntnis gezielt ein.

Bei der folgenden Übung werden Sie gebeten, einen Zielzustand sinnspezifisch zu beschreiben. Dabei kommt es auf die bildhafte und sinneskonkrete Umsetzung Ihres Ziels an. Künstler setzen ihr inneres Erleben mit Farben, Tönen und

Formen um. Jeder Mensch kann sein inneres Gefühlt auch mit einer Farbe, einem Bild, einem Ton oder einem Rhythmus beschreiben. Umgekehrt können Sie oft beim Anblick eines Bildes intuitiv erfassen, ob sich der Künstler während des Malens eher gut oder schlecht fühlte. Hören Sie im Nebenzimmer einen Fernseher laufen, so können Sie anhand der Stimmen, Geräusche und der Musikuntermalung gefühlsmäßig die Atmosphäre der Szene erraten: Liebes- oder Mordszene, Verfolgungsjagd oder wunderschöne Landschaft. So sollen Sie auch Ihr Innenleben mit Hilfe der folgenden Übung bestimmen lernen. Halten Sie bitte Ihre persönlichen Ergebnisse bezüglich Ihres individuellen Themas schriftlich fest.

## *Übung:*
## *Die »gehirngerechte« Formulierung eines persönlichen Zieles*

① Denken Sie bitte jetzt an das persönliche Ziel, welches Sie als erstes mit Hilfe des »**Denk dich nach vorn**«-Trainings für sich erreichen möchten.

② Wann will ich mich wo, wem gegenüber, wie verhalten, wie fühlen und sein?

Bedenken Sie:
● Keine Vergleiche: besser als, gesünder …
● Keine Negationen: nicht so nervös, nicht so müde usw.

Wo? _____

Wem gegenüber? _____

Wir verhalten? Wie sein (Befindlichkeit)? _____

③a Was werde ich innerlich sinnesgenau wahrnehmen, wenn ich mein Ziel erreicht habe?

Sehen (Farbe, Bild, Licht)_____

Hören (Stimmen, Klänge, Geräusche, Rhythmus) _____

Fühlen (Körperbereich, Temperatur, angenehm leichtes oder schweres Gefühl) _____

Riechen (Naturgeruch oder Parfüm) _____

Schmecken (Aroma oder Geschmack) _____

③b Wie genau werde ich die Einzelheiten wahrnehmen?
  – Assoziieren Sie, bauen Sie sich »Eselsbrücken« wie bereits in der Kurzentspannung. Finden Sie passende anschauliche Beschreibungen und Vergleiche für die Sinneswahrnehmungen.
  – Vielleicht denken Sie auch an **Referenzerfahrungen**? Das sind frühere Erlebnisse, in denen Sie das gewünschte Verhalten oder die Befindlichkeit schon einmal persönlich erlebt haben.

④ Suchen Sie sich bitte mindestens eine der eben erarbeiteten Wahrnehmungen heraus, die Sie dann als Erinnerungsanker für Ihr mentales Zieltraining nutzen können, z.B.:

Farbe: _____

Ton: _____

Gefühl: _____

Geruch: _____

Geschmack: _____

Vielleicht möchten Sie dieses Zielerlebnis mit einem Stichwort oder Erinnerungsbegriff benennen:

⑤ Bestimmen Sie für sich einen Erinnerungsanker, den Sie auch in der bestimmten Situation schnell und immer wieder wahrnehmen können: (Schmuckstück, Merkpunkte, Aufkleber, Poster, Parfüm, Talisman etc.).

## *Hinweise zur Übung:*

● Als einen Anker bezeichnen wir eine Sinneswahrnehmung, die uns an bestimmte Erlebnisse erinnert und in uns die Erlebnisbefindlichkeit wieder auslöst. So kann eine Farbe eine wichtige Bedeutung haben, ein spezielles Musikstück in uns ein positives Gefühl auslösen. Gegenstände wie beispielsweise Talismane haben für viele Menschen eine ganz bestimmte Bedeutung. Gerüche sind Anker, die vor allem unbewußt sehr stark wirken. Sollten Sie einen passenden Anker nicht besitzen, besorgen Sie sich einen! Ein wirkungsvoller Anker reicht für das Ziel völlig aus.
● Bitte benutzen Sie den gefundenen Anker ca. zwei Wochen lang bewußt. Es reicht, wenn Sie ihn drei- bis fünfmal täglich ab und zu **nur für eine Minute!** gezielt wahrnehmen. Gehen Sie in Gedanken in das sinnesgenaue Erfolgserlebnis hinein. Dann »vergessen« Sie die Sache wieder. So lernt Ihr Gehirn, das sinnesgenaue Erfolgserlebnis immer stabiler zu einem Erfolgsprogramm zu verknüpfen. Dann geht das Erfolgsprogramm in Fleisch und Blut über – wie das Einmaleins oder der aufrechte Gang.

# Zeit vergeht nicht - sie entsteht!

Wahrscheinlich sind wir Menschen die einzigen Lebewesen, die das Phänomen »Zeit« überhaupt denken können. Die innere Organisation unserer Gedankenwelt erlaubt uns, zwischen Erinnerungen und Zukunftsbildern zu unterscheiden. Wie können innerlich vergegenwärtigen, was vor drei Jahren war oder sich morgen ereignen wird. Der Gedanke »Zeit vergeht nicht – sie entsteht!« ist frei von dem Philosophen Martin Heidegger übernommen. Psychologisch gesehen, hat diese Auffassung von Zeit einen außergewöhnlichen Effekt auf die aktive Organisation persönlicher und beruflicher Ziele. Unser Lebensweg verläuft wie eine Linie der Zeit. Von der üblichen Sichtweise ausgehend, daß die Zeit vergeht, wir zuviel Zeit verloren haben, beschäftigen wir uns zwangsläufig mit der Vergangenheit und ungenutzten Gelegenheiten. In Heideggers Denken wird die Zeit mit dem Blick nach vorn zu einer unerschöpflichen Quelle. Bei einer unerschöpflichen Quelle kann auch gut und gerne etwas den Bach herunterfließen, und es ist trotzdem noch genug da. Das Handeln wird aufgrund dieser inneren Haltung gelassener und überlegter. Die Zukunft wird zu einem stabilen Ziel, das sorgfältig und aktiv gestaltet werden kann. Das bedeutet für den Lebensweg, daß wir den Blick tatsächlich in die Zukunft richten können und aufhören, ihn in die Vergangenheit zu wenden.

In unserem westlichen Kulturkreis gilt unausgesprochen die Übereinstimmung, der zeitliche Ablauf bewege sich linear von links nach rechts. Beim Lesen und Schreiben finden wir die Parallele zur Zeitrichtung. Die Menschen im Orient denken Zeit der Tendenz nach von rechts nach links und einige asiatische Völker gar von oben nach unten verlaufend. Bei diesem Zeitgedanken handelt es sich natürlich um einen gemeinschaftlichen Trend und nicht um eine für jeden Menschen des entsprechenden Kulturkreises feststehende Gesetzmäßigkeit. In jedem Fall sprechen wir von einer Zeitlinie, die jeder Mensch in seiner inneren Welt unbewußt oder bewußt als Lebensweg hat.

Erinnern Sie sich an ein nettes Erlebnis letzter Woche. Dann vergegenwärtigen Sie den heutigen Tag. Zuletzt denken Sie an ein schönes Erlebnis, das nächste Woche auf Sie wartet. Wenn Sie an alle drei Situationen gleichzeitig denken, müssen Sie diese innerlich ordnen. Die meisten Leser werden das so tun:

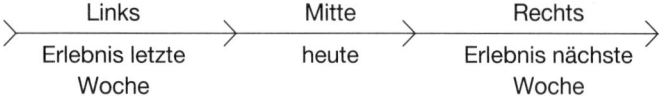

| Links | Mitte | Rechts |
|---|---|---|
| Erlebnis letzte Woche | heute | Erlebnis nächste Woche |

Wenn Sie selbst eine persönliche Veränderung anstreben, ist der auf die klare Zieldefinition folgende Schritt die innere Plazierung des Zielvorganges auf Ihrer Zeitlinie. Es ist wichtig, sich ein solches Ziel zunächst in einer zeitlichen Entfernung auf dem Lebensweg vorzustellen und es **dissoziiert,** d.h. von außen zu betrachten. Sie erleben dadurch die Freiheit, sich aus einem sicheren Abstand heraus frei auf die Veränderung einstellen zu können und die Zukunft positiv zu programmieren. Mit der Orientierung an der Zeitlinie wird die »mentale Probefahrt«, die »Zukunftsreise« möglich. Diese mentale Technik erlaubt Ihnen durch **Assoziation,** also dem

**gedanklichen Einswerden mit dem Ziel,** die veränderte Zukunft im voraus schon positiv zu durchleben. Sie können aktiv die Zukunftsatmosphäre gestalten, anstatt sich von ihr überraschen zu lassen, wie Ihnen die folgenden Beispiele zeigen.

Januar dieses Jahres wollte sich ein Schüler auf seine schriftliche Abiturprüfung im März vorbereiten, nachdem er im Dezember noch einen schönen Skiurlaub gemacht hatte. Die klare und gehirngerechte Zieldefinition war schnell gefunden: vor allem die rechte Hand sollte sich beim Schreiben ruhig und warm anfühlen. Im Denken sollten richtig freundlichbunte Bilder seine vielen guten Einfälle ermöglichen. Wichtig war auch eine beschwingte Marschmusik vor dem geistigen Ohr und als inneres Tempo.

Wir baten ihn, mental an seine innere Zeitlinie zu denken: Dezember links (Vergangenheit), Januar geradeaus (Gegenwart), die Prüfungstage im März rechts von sich. Er sollte sich im inneren Bewußtsein so weit von der Zeitlinie entfernen, daß er alle drei genannten Monate in ihrem Ablauf im Überblick hat. Dann beschrieb er, wie er an verschiedene Zeiten und Tage denkt. Die Tage im Dezemberurlaub sah er symbolisch in leuchtendem Blau, strahlendem Weiß und in freundlichem Licht. Den gesamten Zeitverlauf nahm er hügelig wahr. »Normale« Schultage erschienen auch farbig – jedoch nicht ganz so hell wie der Urlaub. Sie waren insgesamt recht flach. Bestimmte Tage hatten Spezialfarben: der Montag ist bei ihm eher mittelblau, während der Sonnabend hellgelb erscheint. Die Wochenenden zeichneten sich wiederum durch einen hügeligen Verlauf im Gegensatz zu den Wochentagen aus.

Als er weiter nach rechts zu den Prüfungsterminen im März denken sollte, war er selbst überrascht: er bemerkte innerhalb der sonst durchgängig farbigen Zeitlinie eine traurige Kette von dunkelgrau umnebelten, in einem felsigen Tal versunkenen Tagen, deren Anblick ihn schon beim mentalen Hinsehen bedrückten. »Willst du denn, daß diese wichtigen Tage so verlaufen?« fragten wir. »Natürlich nicht! Wenn ich mich so fühle, wie dieser graue Nebel aussieht, fasse ich keinen klaren Gedanken!« war die Antwort. Nach einer Viertelstunde Training hatte er die Prüfungszeit mit einem aufmunternden Türkis gefärbt. Die Fragen symbolisierte er mit kleinen bunten Konfettipunkten. So haben wir die Zeitlinienmarkierung mit seinem Wunschzustand aus der Zieldefinition in Übereinstimmung gebracht.

Kein Mensch hat es nötig, sich den Lebensweg in der Gegenwart schon grau und beschwerlich zu gestalten. *Sie können doch gar nicht wissen*, ob alles genau so furchtbar wird oder Sie sich so schlimm fühlen werden, wie Sie es sich für die Zukunft ausmalen. Wir können die Zukunft letztendlich erst bewerten, wenn sie bereits gelebte Vergangenheit ist. Vorweggenommene Schwierigkeiten machen das Leben im Jetzt unnötig mühselig. Vorweggenommene Erfolge jedoch geben uns schon im Jetzt die Kraft zum Durchhalten. Die Zeit der Zukunft ist die einzige Zeitsorte, die wir aktiv gestalten können! »Ich habe jetzt ein ganz anderes Gefühl zu der Prüfung entwickelt, seitdem die Tage türkis sind. Das bedrückende Gefühl hatte mich offensichtlich auch im Lernen blockiert. Beim Lernen denke ich jetzt automatisch an den Erfolgsmoment, wo ich beim Lesen der Prüfungsfragen denke: ›Alles klar, kann ich!‹ «

Nach der aktiven Zeitliniengestaltung durchlebte der Schüler auf unsere Bitte hin die türkisen Tage in einer mentalen Zukunftsreise **assoziiert,** er begab sich mit allen Sinnen in das Erlebnis direkt hinein. Danach konnte er voller Energie auf die Prüfung zurückarbeiten. Sein Kommentar: »Prüfungsangst ist jetzt ein Fremdwort für mich«. Die Abiturnote gibt ihm recht.

Vielleicht haben Sie für Ihr persönliches Ziel keinen vorgegebenen Termin wie dieser Schüler. Dennoch ist es wichtig, daß

Sie für das Erreichen des Erfolges auf Ihrer Zeitlinie eine angemessene Strecke reservieren. Mentale Veränderungsprozesse sind immer mit einem organischen und somit auch zeitlichen Aufwand verbunden: Neuronale Verknüpfungen müssen aufgelöst, neu gebildet, verstärkt oder vermindert werden. Es müssen sich also neue Gedächtnisspuren bilden. Insofern ist es sinnvoll, einer Veränderung einen angemessenen Zeitraum zuzubilligen. Es ist möglich, eine Veränderungsarbeit in der Gegenwart vollständig abzuschließen, obwohl sich das Ergebnis erst in der Zukunft einstellen wird. Wir nennen dieses Prinzip in Abwandlung vom Wort Thermostat den **Neurostat-Effekt**. Ich kann den Backofenregler, der ja auch ein Thermostat ist, mit einem schnellen und einmaligen Griff von 200 °C auf 100 °C Heiztemperatur herunterschalten. Somit ist die Veränderungsarbeit in Sekundenschnelle abgeschlossen. Dennoch muß ich einige Zeit warten, bis der eigentliche Abkühlungseffekt auch eintritt. Das unterliegt jedoch den materiellen Naturgesetzen und ist durch meine Veränderungskunst nicht mehr beeinflußbar. Aber es gilt: je früher ich schalte – auch mental –, desto schneller arbeiten mit die Naturgesetze entgegen!

In unseren Seminaren und den Einzelgesprächen bauen wir die Zeitlinien der Klienten oft regelrecht im Raum auf. Wir markieren auf dem Fußboden die Gegenwart sowie den Zeitpunkt des Zieles und bitten die Teilnehmer, die verschiedenen zeitlichen Standpunkte auch räumlich zu erledigen, indem sie sich auf das Ziel hinbewegen. So einfach diese Übung erscheint, so nachhaltigen Erfolg kann sie haben. Einer unserer Teilnehmer hatte als Topmanager das typische Zeitproblem. Er hatte einfach wesentlich mehr berufliche und persönliche Projekte, als ihm Zeit dafür zur Verfügung stand. Im Seminar wollte er als Thema sein ganz persönliches Ziel erarbeiten und baute die Zeitlinie entsprechend im Raum auf. Als er sich dann mit dem Ziel assoziierte und vom Zielpunkt aus auf die

Gegenwart zurücksah, machte er eine interessante Entdeckung: Vom Ziel aus gesehen wirkte die zurückgelegte Zeitstrecke wesentlich kürzer, als er sie subjektiv immer empfunden hatte. Mit dieser neuen Erfahrung ging er dann zum Ausgangspunkt Gegenwart zurück und blickte nach vorn. Als Ergebnis hob er die Zukunftsmarkierung vom Boden auf und verlegte sie mit einem überzeugten Gefühl um zwei Jahre weiter nach vorn in die Zukunft hinein. Jeder, der echte Zeitprobleme kennt, kann sich den enormen Gewinn ausmalen, den dieser Manager im Moment der Zielverlegung um zwei Jahre empfand.

Eine andere Seminarteilnehmerin erlebte mit der Arbeit auf der Zeitlinie eine große Überraschung. Sie war wegen eines bestimmten Themas in unser Seminar gekommen. Der Übung gemäß baute sie sich das Ziel in der Zukunft auf und begab sich guten Mutes in die »Zukunftsreise« hinein. Kaum hatte sie sich richtig mit dem Erfolg assoziiert, machte sie für alle

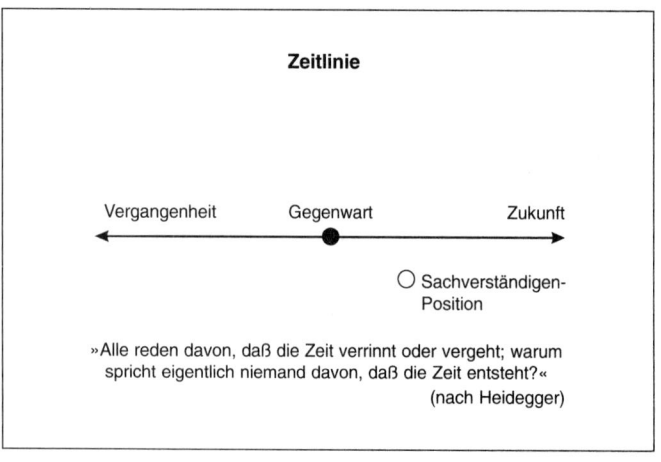

anderen wahrnehmbar ein recht enttäuschtes Gesicht. »Mir fehlt jetzt was«, stellte sie verblüfft fest. Die Auswertung ergab, daß sie bisher nie bewußt empfunden hatte, wie sehr sie den Zustand der Herausforderung braucht, um sich wohl zu fühlen. In der Psychologie spricht man hier von positivem Streß. Positiver Streß ist beispielsweise das folgende Phänomen: Exotische Tiere im Zirkus haben oft eine längere Lebenserwartung als ihre Verwandten im Zoo, obwohl letztere eine viel schönere Umgebung genießen. Anforderungen können auch gesundheitserhaltend und lebensverlängernd wirken. Ohne die räumlich-reale Beschäftigung mit der Zeitlinie wäre besagte Teilnehmerin vielleicht nicht – oder erst sehr viel später – zu dieser Selbsterkenntnis gelangt.

## *Übung:*
## *Die gut organisierte Zukunftsreise*

Wir empfehlen, die persönliche Zeitlinie im Raum mit Hilfe von Markierungspunkten zunächst wirklich aufzubauen.

① Bestimmen Sie Ihre Timeline im Raum, und »schneidern« Sie die angestrebten Zeitpunkte auf die Raummaße zurecht.
② Legen Sie entsprechend die Punkte für
   – die Gegenwart und
   – den Zeitpunkt des Zielerfolges fest.
   – Bestimmen Sie als Vergleich im Vergangenheitsbereich einen Punkt für ein schönes Erlebnis im letzten Monat.

Sie können diese Punkte mit Gegenständen sichtbar darstellen. Vor und hinter diesen Punkten lassen Sie bitte auch noch etwas Platz.

③ Sie stellen oder setzen sich dabei wie in der Abbildung dargestellt auf den »Sachverständigen-Punkt«. Gehen Sie mit der Aufmerksamkeit nach innen, am besten mit geschlossenen Augen. Symbolisieren Sie vor dem geistigen Auge mental Ihre Zeitlinie. Begeben Sie sich mental mit dem Sachverständigen-Punkt so weit fort, daß Sie den Zeitverlauf mit den Punkten gut im Überblick haben.

- Wie sieht das schöne Erlebnis im letzten Monat aus? z.B.: farbig, hell, Länge und Form der Tage usw.
- Wie stellt sich die Gegenwart dar?
- Wie symbolisieren Sie Tage und Zeitphasen allgemein? z.B. Wochentage, Wochenenden, Jahreszeiten, usw.
- Wie erleben Sie bildlich-symbolisch die Zeit, in der das Ziel erfolgreich in Erfüllung gehen soll?

④ Die Aufmerksamkeit bleibt im Ziel. Sieht es von seiner Darstellung her wie ein schöner Erfolg aus? Gibt die bildhafte Symbolik Kraft? Wie präsentiert sich der Weg zum Ziel? Stimmt die mentale Darstellung nicht mit Ihrer »gehirngerechten« Zielvorstellung positiv überein, dann organisieren Sie die Veränderung.

⑤ Für den Schritt der Veränderung können Sie sich Zeit nehmen. Hier Ideen für eine positive Umgestaltung der Tage:
- Farben
- Klarheit oder weiche Konturen
- Form der Tage: flach, hügelig, hoch (der berühmte Höhepunkt)

⑥ Wenn Ihnen die jetzige Ausmalung wirklich gefällt, begeben Sie sich auf die »Zukunftsreise«. Sie verlassen den Sachverständigen-Punkt und stellen sich richtig auf die Gegenwart – Blick nach vorn. Jetzt gehen Sie mit allen Sinnen – auch körperlich – in das Ziel hinein. Erleben Sie es wieder mit allen Sinnen. In Gedanken gehen Sie die verschiedenen Zusammenhänge, in die die Veränderung hineinwirken wird, durch.

⑦ Sie betrachten vom Zukunftspunkt die Gegenwart und vollziehen den Veränderungsprozeß aus dieser Sicht nach.

⑧ Sie gehen auf den Gegenwartspunkt zurück und werten Ihre »Zukunftsreise« aus.

⑨ Von hier aus können Sie gern noch verbessernde Veränderungen überlegen und neu ausprobieren. Vielleicht möchten Sie auch den Zielpunkt zeitlich anders bestimmen, z.B. näher oder weiter weg.

⑩ Durchlaufen Sie die mentale »Zukunftsreise« so oft, bis Sie auch auf dem Gegenwartspunkt die zukünftige Veränderung positiv wahrnehmen.

## Hinweise zur Übung:

● Selbstverständlich können Sie diese Übung auch ganz in Gedanken durchlaufen. Nach einer Übungsphase stellt sich ein Trainingseffekt ein, der auch einen raschen inneren Durchgang ermöglicht. Der Aufbau im Raum empfiehlt sich natürlich nur, wenn Sie bei diesem Mentraltraining ungestört sind.

● Nutzen Sie diese »Zukunftsreise« immer, wenn Sie wichtige Tage vor sich haben, an denen Ihnen unbedingt etwas gelingen soll: Prüfung, Vortrag, Sport-Wettkampf, ein Fest, ein wichtiges Treffen usw.

● Sie können natürlich auch Ihren Kalender mit Farben und Symbolen schmücken und markieren.

# Der »Erfolgsschalter«:
# Mein eigener Körper!

Es gibt Momente, da ist man »einfach gut in Form«, hat einen »guten Tag« oder »seine fünf Sinne beisammen«. Umgangssprachlich bezeichnen wir diesen Zustand als gute oder gar »bombige« Verfassung. Bei einem Menschen spiegelt sich jede Verfassung sowohl körperlich als auch physisch wider. Wie bereits beschrieben, sprechen wir bei diesem mental-körperlichen Zusammenspiel von psycho-physiologischen Zuständen, kurz **Physiologien** genannt. Eine positive Gesamtbefindlichkeit nennen wir **Kraftquellen-Physiologie**, womit der optimale Kontakt zu den inneren Energien gemeint ist. Unsere Kraftquellen fangen nicht nur zufällig oder nach innerlichen Gesetzmäßigkeiten an zu sprudeln. Sie können auch durch konkrete, bewußt eingesetzte Auslöser abgerufen werden. Sicher haben Sie es schon erlebt, daß anläßlich der Rückkehr an einen bestimmten Ort nach vielen Jahren in Ihnen plötzlich Erinnerungen auftauchen, an die Sie schon lange nicht mehr gedacht haben. Auch eine Melodie im Radio kann in Ihnen Bilder, Stimmungen und Gefühle aus der Vergangenheit aufleben lassen. Oder ein bestimmter Geruch oder Geschmack erinnert an einen schönen Urlaub.

Ein sehr netter uns bekannter Arzt im Ruhestand trifft sich seit langer Zeit alljährlich mit alten Kollegen, die in ganz Deutschland verstreut leben. Vor zehn Jahren kochte seine

Frau anläßlich dieses Treffens rote Grütze zum Nachtisch. Sie servierte sie in einer großen Schüssel. Jeder mußte sich mit einem riesigen alten Silberlöffel selbst auffüllen. Die Schüssel blieb während des langen und äußerst lustigen Abends auf dem Tisch und wurde nach und nach von der Herrenrunde vollständig geleert. Als das Treffen im darauffolgenden Jahr stattfand, fragten mehrere schon zuvor nach der besagten Grütze. Wieder stand die große Schüssel auf dem Tisch – doch leider ohne den riesigen Silberlöffel. Die Gastgeber mußten ihn aus einer hintersten Ecke hervorsuchen. Erst dann kam die richtige Stimmung auf. Im dritten Jahr fand es die Arztfrau einfach albern, schon wieder Grütze zu servieren. »Ihr hättet die langen Gesichter sehen sollen«, erzählte sie hinterher. Der beste Wein konnte nicht mit der Bombenstimmung konkurrieren, die eben für diese Herrenrunde nur mit roter Grütze in der großen Schüssel und mit dem besagten Silberlöffel funktioniert. Besagte Gastgeberin nahm an einer unserer NLP-Ausbildungen teil. »Jetzt weiß ich – diese Grütze ist eben ein Kraftquellen-Anker für die Runde«, fiel ihr dazu ein. Ihr war nämlich im Verlauf der Jahre durch zufällig geführte Gespräche und Beobachtungen aufgefallen, daß die einzelnen Männer sonst gar nicht auf diesem speziellen Nachtisch bestehen. Das muß nur bei diesem Treffen sein. »Wenn meine Grütze denn offensichtlich eine NLP-Technik ist, sollen sie sie auch haben«, sagte die Grützenköchin großzügig.

Ein bestimmtes Bild, ein Musikstück oder ein Gericht wie »rote Grütze« können wir in die meisten Situationen nicht als Anker, als Auslöser für eine gute Verfassung, miteinbeziehen. Daher ist es für Sie äußerst nützlich zu wissen, welchen natürlichen Anker Ihre **Kraftquellen-Physiologie** auslösen kann. Entscheidende Anker für eine exzellente Verfassung können individuelle Körperbewegungen sein. Hierbei ist besonders wichtig, daß diese Bewegungen nicht nur mit unserer **Kraftquellen-Physiologie** einhergehen, sondern diese wirklich auslösen, genau wie eine Melodie, ein Bild oder ein Geschmack dies zu tun vermag.

Nehmen Sie sich vor, zunächst andere Menschen in ihrem Auftreten zu beobachten. Es gibt Momente, in denen ist das Gegenüber »gut in Fahrt« oder wirkt besonders mitreißend und überzeugend. Immer geht der Körper spontan durch vielfältige Bewegungen mit. Sie können einstudierte Rednergesten leicht von den »natürlichen Programmen« unterscheiden: Sie wirken gestelzt und aufgesetzt im Gegensatz zu den ganz persönlichen Impulsen. Betrachten Sie Menschen auch gezielt in Fernsehsendungen wie Talk-Shows, Interviews und ähnlichen Situationen. Sie werden bei Ihren Beobachtungen entdecken, wie jeder Mensch ganz bestimmte Bewegungen zeigt, wenn er in Hochform ist. Diese Körpersprache kann zahlreiche Phänomene zeigen: eine bestimmte Art, den Kopf zu neigen, die linke oder rechte Schulter hochzuziehen, mit einer der beiden Hände zu gestikulieren, Fuß- und Beinwippen und vieles mehr. Bestimmte Bewegungen werden auch nur in einer bestimmten Verfassung aktiviert.

Machen Sie einen kleinen Test: Strecken Sie beide Arme hoch über dem Kopf aus, schauen Sie nach oben, und sagen Sie sich selbst: »Ich bin depressiv.« Sie werden feststellen, daß Sie nicht in der Lage sind, sich selbst diesen Satz als wahr abzukaufen. Satz und Körper passen nicht zusammen. Lassen Sie beim gleichen Satz Schultern und Kopf hängen. Selbst wenn Sie zur Zeit guter Laune sind, können Sie sich mit dieser Haltung spontan in eine Depression hineindenken. Unser Gehirn speichert Worte eben nicht nur hinsichtlich ihrer Bedeutung oder Schreibweise ab. Selbstverständlich speichert es, ob »depressiv« mit »f« oder »v« geschrieben wird. Aber es tut noch viel mehr: Das Wort wird unmittelbar zusammen mit einem Körpergefühl, ja sogar einer Körperhaltung abgespeichert. Wie sonst könnten Sie sofort wissen, daß Körper und Wort sich widersprechen? Genauso automatisch, zuverlässig und schnell bringt der Körper Bewegungen mit einem Kraftquellenzustand in Verbindung.

Nachdem Sie andere Menschen in den Körperbewegungen hinreichend beobachtet haben, richten Sie Ihr Interesse auf sich selbst. Wenn Sie in bester Stimmung sind, versuchen Sie gezielt Ihre unbewußten Bewegungen zu registrieren. Vielleicht bitten Sie auch Ihren Partner oder eine gute Freundin um ein Feedback. Es ist durchaus möglich, daß Sie in Ihrer Hochform stets mit dem rechten und selten mit dem linken Bein wippen. Testen Sie dann die beobachteten Bewegungen bewußt aus. Sie werden schnell merken, welche körpereigene Motorik Sie ganz spontan in den Kraftquellen-Zustand bringt.

Jeder unserer Klienten und Seminarteilnehmer entdeckt in seinem Kraftquellen-Zustand ganz individuelle Bewegungen. Deshalb meiden Sie Standardempfehlungen zur Körperhaltung wie: »Öffnen Sie Ihre Arme zum Gesprächspartner hin, das wirkt offen.« Diese Empfehlungen lenken von Ihren Kraftquellen ab und lassen Sie sehr schnell steif wirken. Das geht auf Kosten Ihrer Ausstrahlung.

Die tiefen Wurzeln persönlicher Kraftquellen veranschaulicht Ihnen das folgende Beispiel. Ein Seminarteilnehmer entdeckte bei sich selbst, daß er bei besonders erfolgreichen Auftritten gegenüber anderen Menschen Daumen, Zeige- und Mittelfinger der rechten Hand zusammenfügt. Mit diesen drei Fingern betont er dann durch rhythmische Handbewegungen den Verlauf seiner Sätze. Durch näheres Nachdenken tauchte in ihm eine Kindheitserinnerung auf. Im Gegensatz zu heute war er als Schuljunge ein engagierter und aktiver Katholik. Seine Tätigkeit als Meßdiener erlebte er als höchste Ehre. Ein ganz wichtiger heiliger Moment war einmal während des Gottesdienstes das Halten der heiligen Hostie zwischen den besagten drei Fingern der rechten Hand gewesen. Die Meßdienertätigkeit hatte er schon lange vergessen, doch noch fast vierzig Jahre später war diese spezielle Fingerhaltung ein unbewußter Anker für die Wichtigkeit seiner Person. Das macht plausibel, warum diese natürlichen, individuellen Bewegungsanker viel stärker wirken als von außen einstudierte Gesten. Sollten Sie es nicht so einfach finden, durch diese Beschreibungen Ihren körpereigenen Kraftquellen-Anker zu finden, lohnt sich in jedem Fall für diese effektive Möglichkeit der Selbstorganisation ein einmaliger Besuch beim erfahrenen NLP-Trainer. Die Kraftquellen-Bewegungen werden in der Regel sehr schnell analysiert.

Diese Hinweise können Ihnen wertvolle Kraftmomente im Alltag vermitteln. Eine unserer Seminarteilnehmerinnen führt beruflich oft wichtige Telefongespräche. Bei ihrem Kraftquellen-Zustand fiel allen sofort die ausdrucksstarke Gestik mit der linken Hand auf. Als sie sich auf den Beruf besann, fiel ihr auf, daß sie den Telefonhörer jedoch ebenfalls stets links hält. So ist die linke Hand in der Bewegungsfreiheit blockiert – und damit auch der körperlich-seelische Kraftquellen-Zustand. Seitdem sie den Hörer gezielt in die rechte Hand nimmt, ist sie im Telefongespräch deutlich erfolgreicher.

Die individuellen Anker Ihres Körpers eignen sich hervorragend zur erfolgreichen Abwicklung wichtiger Verhandlungen, Sitzungen, Vorträge oder Präsentationen – denn Ihren Körper haben Sie immer dabei. Sowie Sie befürchten oder bemerken, daß Sie in den Problemzustand rutschen, setzen Sie über den Verstand gesteuert ihre Kraftquellen-Bewegung ein. Die Bewegung veranlaßt den Körper, auf organischer Ebene für Sie günstige »Programme« wie etwa einen bestimmten für das schnelle Denken wichtigen Gehirnstoffwechsel in Gang zu bringen. Schon nach kurzer Zeit haben Sie die Situation wunschgemäß wieder im Griff.

Oft laufen Ihnen diverse Gesten-Vorschläge über den Weg. Nehmen Sie diese Tips nur an, wenn Sie sich damit nicht vergewaltigt fühlen. Bei einem Klienten stellten wir fest, daß er beide Hände lebhaft in Brusthöhe bewegt, wenn er in einer Top-Verfassung ist. Soll er die Hände ineinandergefaltet senken, erlischt jede positive Mimik in seinem Gesicht, und die Sprache wird stockend. Diese Geste jedoch wurde ihm auf einem Rhetorik-Seminar als ein absolutes »Muß« für den erfolgreichen Geschäftsmann verkauft. Sie steht in einem derartig krassen Gegensatz zu seinem eigentlichen Temperament, daß er sich damit unnatürlich und unglaubwürdig machte. Bevor Sie Tips von außen annehmen, lernen Sie immer zuvor Ihre ureigensten Kraftquellen-Gesten kennen. Dann können Sie sich immer noch für Vorschläge von außen entscheiden.

## Übung: »Ich könnt' die ganze Welt umarmen!«

① Suchen Sie sich für diese Übung einen Raum, in dem Sie mit sich ungestört sind. Arbeiten Sie möglichst vor einem Spiegel.

② Bestimmen Sie bitte eine Situation, in der Sie schon einmal in einer sehr guten Verfassung gewesen sind, wozu vielleicht sogar der Satz paßt: »Ich könnt' die ganze Welt umarmen!« Dieser Moment sollte so positiv für Sie gewesen sein, daß Sie sich wünschen, bei Bedarf jederzeit wieder so sein zu können.

③ Gehen Sie gedanklich in Ihren Kraftquellenzustand wieder hinein:
Was gibt es zu sehen?
Was gibt es zu hören?
Was fühlen Sie?
Erinnert Sie ein Geruch oder Geschmack?
Nehmen Sie bitte auch die entsprechende Körperhaltung wieder ein.

④ Erzählen Sie laut vor dem Spiegel dieses Erlebnis, versuchen Sie sich selbst regelrecht nachzuschauspielern.

⑤ Achten Sie darauf, welche typischen Bewegungen sich in dieser Zeit entwickeln. Diese könnten beispielsweise sein:
- Hand- und Fußmotorik
- Fingerbewegung
- Beinwippen
- Schulterhaltung, Schulterbewegung
- Kopfhaltung
- Mimik

⑥ Testen Sie, welcher körpereigene Bewegungs-Anker am schnellsten diesen positiven Zustand immer wieder auslöst. Dann versuchen Sie – falls erforderlich – die Übertragung Körperhaltung zu Körperhaltung. Es könnte nämlich sein, daß Sie sich selbst beim Kraftquellen-Moment stehend erinnert haben, jedoch den Anker auch dringend in sitzender Situationen benötigen.

## Hinweise zur Übung:

● Sie können diese Übung auch in einer passenden Situation durch Selbstbeobachtung erarbeiten.

● Sollten Sie »Verbündete« haben, können Sie die Schritte dieser Übung auch zu zweit durchlaufen. Lassen Sie sich vom Übungspartner ein Echo geben.

● Diese Übung muß nicht ständig wiederholt werden. Die einmalige Bestimmung Ihres körpereigenen Ankers reicht als Übungsziel völlig aus.

● Wenn Ihnen die Selbstbeobachtung zunächst fremd vorkommt, so machen Sie sich bewußt, wie sehr Sie selbst mit Ihrer eigenen Person das wichtigste »Handwerkszeug« Ihrer Ausstrahlung darstellen. Spitzensportler, die sich ebenfalls in entscheidenden Momenten auf ihre Körperprogramme verlassen müssen, checken sich in ihren Bewegungen auch professionell durch. Nach einer gewissen Übungsphase geht der Mentaltraining-Effekt dann wieder in ein unbewußtes Programm – vergleichbar dem Autofahren – über.

● Zunächst wird von unseren Klienten oft angenommen, die Kraftquellen-Bewegungen könnten auffallen. Das liegt nur an der bewußten Beschäftigung mit diesem Thema. Bedenken Sie, was Ihre Mitmenschen den ganzen Tag über mit ihren Händen, Füßen und Köpfen machen, ohne diese Tatsache bewußt zu registrieren. Ihre Kraftquellen-Bewegung müßte schon ein auffälliges Hüpfen sein, damit Sie Aufsehen erregen. In der Regel wirken alle Kraftquellenbewegungen auf die Umgebung dezent.

# Erfolg ist »Einstellungssache« –
# im wahrsten Sinne des Wortes!

Unsere Sprache verrät die Unterschiede zwischen der äußeren und unserer inneren Welt. Die innere Vergegenwärtigung unserer Gedanken, Ideen und Erinnerungen steht in einem engen Bezug zu den mental-körperlichen Zuständen, mit denen wir bestimmte Inhalte verbinden. Obgleich unsere Augen organisch völlig gesund sind, können wir uns beispielsweise an ein Ereignis aus der Vergangenheit innerlich nur noch verschwommen erinnern. Jeder weiß, daß mit dem Satz »Napoleon war ein großer Mann« etwas ganz anderes als die Körpergröße dieser historischen Persönlichkeit gemeint ist.

Das Wort »Einstellung« können wir in bezug auf die sinnesgenaue Wahrnehmung in unserer inneren Welt buchstäblich auffassen. Wie im Film die Kameraführung, so nähern auch wir uns Ereignissen und Themen aus unserer subjektiven Sicht, aus einer ganz bestimmten »Einstellung«. Probleme scheinen uns manchmal »über den Kopf zu wachsen«, und wir sind froh, wenn wir trotzdem wieder den »Überblick« bekommen. Aufgaben, die der eine wie »einen Berg vor sich sieht«, sind für den anderen vielleicht nur »Kleinigkeiten«. Der eine malt sich die Zukunft »in den buntesten Farben aus«, der andere sieht vielleicht »eher schwarz«. So kann man nach der Änderung seiner Einstellung ein Problem »von einer ganz anderen Seite sehen«, und aus dieser Perspektive »sieht die Sache dann schon ganz anders aus«.

Diese umgangssprachlichen Wendungen sind nur ein kleiner Ausschnitt aus den Sprachmustern, die unsere innere Welt abbilden. Offensichtlich verfügt das menschliche Gehirn über die Fähigkeit, wie eine Kamera durch entsprechende »Einstellungen« Bilder auf der »inneren Leinwand« zu erzeugen, die den Zusammenhang zwischen einem Problem und der Gefühlswelt widerspiegeln. Sensationell ist folgende Erkenntnis von Richard Bandler: Durch ein entsprechendes Training kann auch der Umkehrprozeß erzielt werden, und wir sind imstande, unserem Gehirn bewußt Anweisungen über Qualität und Aufbereitung unserer inneren »Einstellungen« zu geben.

Es ist vielen unserer Klienten heute möglich, Probleme durch einen »**inneren Zoom**« regelrecht zu verkleinern und dadurch den Überblick wiederzugewinnen. Verbannen Sie das visuelle Vorstellungsbild unangenehmer Telefon-Gesprächspartner in einen kleinen »Mental-Fernseher«. Das Bild bekommt einen Rahmen, der Mensch wird optisch wieder stark. »Rasende Gedanken« können durch Zeitlupe zur Ordnung gebracht werden. Für viele Menschen wirkt diese Verlangsamung wohltuend bei Kopfschmerzen und Streß. Bedrückende oder ärgerliche Zusammenkünfte mit anderen Menschen werden durch ein inneres »Charlie-Chaplin-Tempo« erträglich gestaltet. Eine Sekretärin hat einen cholerischen Chef, der typischerweise beim aufgeregten Reden wie wild gestikuliert. »Seitdem ich ihn in diesem alten Film-Schwarzbraun mit der entsprechenden Chaplin-Klaviermusik ›verfilme‹, breitet sich bei seinem Anblick eine wohltuende Gelassenheit in mir aus«, berichtete sie.

Das innere Umschalten von farbig zu schwarzweiß und umgekehrt verhilft ebenfalls zum prompten und wirkungsvollen Zuwachs mentaler Kräfte. »Bunter Ärger« ist oft gar kein

Ärger mehr, ein schwarzweißes Eis wirkt gänzlich unattraktiv und dämpft so den Appetit. Wunder wirken auch die inneren Farbfilter, wie etwa die berühmte rosarote Brille. Probieren Sie einmal verschiedene Farben aus. Wer abends grübelt und deswegen nicht einschlafen kann, sollte einmal die »Grübelfilme« in violett umdenken. Das macht die meisten Menschen furchtbar müde, und das Grübeln muß ausfallen. Für einen unserer Klienten werden unangenehme Erinnerungen plötzlich neutral, wenn er sie konsequent durch den Blaufilter an sich vorbeiziehen läßt.

Einen positiven Effekt kann auch die bewußte Auswahl von Erlebnissen haben. Einer unserer Klienten war Vorstandsmitglied eines großen Konzerns. Er litt entsetzlich unter den offensichtlich endlosen Vorstandssitzungen, die seiner Meinung nach noch nicht einmal zu Ergebnissen führten. Da er kurz vor einem beruflichen Wechsel stand, wollte er seine Kraft nicht mehr in die Veränderung der Sitzungen stecken. Bereits andere Kollegen waren mit ähnlichen Anstrengungen gescheitert. Statt dessen suchte er nach einer Strategie zum Durchhalten. Wir empfahlen ihm, die Sitzungen durch die »Loriot-Brille« zu betrachten. Er sollte möglichst viel Drehbuchstoff für eine fiktive Filmsatire über die Vorstandssitzungen seines Unternehmens sammeln. Schon während unseres Gespräches blühte er bei dieser Aufgabe sichtlich auf. Später berichtete er nur noch belustigt vom »gestrigen Kino«. Glücklicherweise hatte er in seiner neuen Position diese Strategie beruflich nicht mehr nötig. Er ist jedoch nach wie vor froh über den Besitz dieser inneren »Spezialbrille«. Selbstverständlich stellt er stets sicher, nach außen einen respektvollen Eindruck zu machen. Es ging und geht ihm ja nur um sein inneres Wohlergehen.

Denken Sie jetzt an irgendein unangenehmes persönliches Problem, das Sie vielleicht sogar bei der Erreichung Ihres individuellen Ziels hindert. Schon beim Gedanken taucht mehr oder weniger unbewußt ein Bild vor dem geistigen Auge auf. Verkleinern Sie dieses Bild in Gedanken auf ein kleines Fotoformat, und schieben Sie es vor dem geistigen Auge nach links unten. Die meisten Menschen erleben schon durch diese einfache Strategie der Gedankenverkleinerung und -verschiebung eine angenehme Erleichterung und einen größeren Handlungsspielraum. Es heißt nicht umsonst »eine Sache links liegenlassen«.

Ein Journalitst, für den die Sprache ja tägliches Handwerkszeug ist, bewertete diese Möglichkeit der Selbst-Organisation als das wichtigste »Aha-Erlebnis«, das er in unserem Seminar hatte. »Mir ist bewußt geworden, wie wahr und wirklich dahingesagte Äußerungen für das seelische Erleben sind. Wenn etwas wie ein Berg vor mir liegt, sage ich das nicht nur, sondern es ist innerlich wirklich so. Ich fühle mich winzig klein vor diesem riesigen Bild und bin gefühlsmäßig geschwächt.«

Eine Verbesserung der Befindlichkeit durch eine mentale Einstellungsänderung ist immer da angebracht, wo Sie zur Erfüllung einer Aufgabe Ihre Kraftquellen und Ihre gesamte Energie benötigen. Sie werden sich nie als kraftvoll erleben, wenn Sie sich beispielsweise unbewußt Autoritätspersonen, z. B. Vorgesetzte, Beamte, Ärzte usw. wie Berge, zu denen Sie aufschauen müssen, vorstellen. Diese internale Vorstellung schwächt automatisch. In einem solchen Zustand haben Sie auch keinen optimalen Zugang zu kreativen Einfällen oder geistreichen Antworten. Sehen Sie sich die Mitmenschen internal immer von oben, zumindest aber gleichgroß an. So haben Sie ungestörten Zugang zu Ihren Fähigkeiten – und den benötigen Sie, um schwierige Situationen in den Griff zu bekommen.

Bei der Darstellung dieses Trainingsabschnittes handelt es sich nur um Anhaltspunkte. Die Möglichkeiten zur aktiven Gestaltung der inneren Welt sind äußerst vielfältig. Daher stellen wir hier eine Standardübung vor, die Sie später individuell und maßgeschneidert für sich ausweiten können.

## Übung:
## Einen »gehirngerechten« Erfolgsfilm drehen

① Denken Sie bitte an Ihren Erfolg, den Sie mit diesem Training erreichen wollen.

② Beachten Sie Ihre klar formulierte Zieldefinition: Stellen Sie sich das Ziel positiv vor, ohne Negationen. Berücksichtigen Sie, was Sie bisher für sich schon herausgefunden haben:
Welche Farbe, welches Bild hat das Ziel innerlich?
Assoziieren Sie einen Ton, vielleicht eine bestimmte Melodie?
Welches Körpergefühl verbinden Sie mit dem Ziel?
Denken Sie an einen Geruch oder Geschmack?

③ Machen Sie sich *ein Bild von sich selbst*, von Ihren *Zukunfts-Ich*, das Sie so richtig schön in Ihrem Erfolg zeigt. Drehen Sie einen tollen *Werbefilm*, in dem Sie sich selbst Ihren eigenen Erfolg verkaufen!

④ Verstärken Sie diesen Erfolgsfilm mit folgenden Möglichkeiten:
– intensivieren Sie die positive *Beleuchtung*
– »drehen« Sie schöne *Farben* hinein
– bringen Sie das innere Bild so *nahe* und *vergrößern* Sie es so weit, bis es tatsächlich »greifbar« wirkt
– machen Sie es *dreidimensional* (wie in Wirklichkeit)
– wählen Sie je nach Inhalt noch eine schöne *Tonspur*: Melodien, Stimmen, Lachen usw.

Wählen Sie anhand der folgenden »Regieliste für den Erfolgsfilm« noch weitere Darstellungsmöglichkeiten aus.

⑤ Denken Sie jetzt vielleicht an ein Problem, das Sie am Erreichen des Zieles hindert. Machen Sie sich ein *Bild* von dem Problem.

⑥ Sie verändern das Problem wie folgt:
  - sehen Sie es sofort in einem inneren *kleinen Fernseher*
  - drehen Sie die Farbe heraus, machen Sie das Problem *schwarzweiß*
    sehen Sie sich den Film in einer schnellen *Charlie-Chaplin-Geschwindigkeit* an.
  - jetzt läuft der Film noch einmal *rückwärts*
  - Sie *stoppen* den Film und sehen nur noch ein Bild
  - Sie *verkleinern den Fernseher* auf das Format eines Kinder-Spielklotzes
  - zum Schluß greifen Sie in Gedanken den Klotz und fühlen ihn in der Hand. Jetzt haben Sie das Problem wortwörtlich *im Griff!*

⑦ Denken Sie *mit dem Problem in der Hand* wieder an den Erfolgsfilm in seiner ganzen Pracht von oben. Jetzt gehen Sie selbst in den Erfolgsfilm hinein. *Werden Sie innerlich eins mit Ihrem erfolgreichen Zukunfts-Ich!* Spüren Sie richtig in Ihr Ziel hinein. Fühlen Sie dabei wieder das *Problem-Klötzchen* in Ihrer erfolgreichen Hand. Sie bestimmen, was aus ihm wird!

## Hinweise zur Übung:

● Sich etwas innerlich vorstellen ist eine reine Übungssache wie das Erlernen des Einmaleins oder einer Fremdsprache. Trainieren Sie im Alltag, vor dem geistigen Auge gerade gesehene Szenen zu reproduzieren. Schauen Sie beispielsweise im Restaurant zum Nebentisch, wenden Sie sich wieder Ihrem Teller zu, und überlegen Sie in Gedanken: Wie viele Leute sitzen am Nebentisch? Wie sieht der einzelne aus? Welche Kleidung tragen diese Menschen? Mit diesem Training werden Sie immer präziser und schneller im Visualisieren, in der Produktion geistiger Bilder.

● Sollte Sie das Spiel mit dem mentalen Erfolgsfilm stärker interessieren, können Sie Ihr Wissen vertiefen durch das Buch von Richard Bandler »Veränderungen des subjektiven Erlebens« (Junfermann Verlag). Das Buch läßt sich sogar auch von neugierigen Anfängern lesen, da es sehr unterhaltsam geschrieben ist. Die dort vorgestellten Möglichkeiten der Gehirnbenutzung sind faszinierend.

## Regieliste für den eigenen Erfolgsfilm

*Visuell*

| | |
|---|---|
| Farbe: | schwarzweiß oder farbig |
| Farbton: | »Blaustich«, »Rotstich«; eine bestimmte Farbe herrscht vor, z.B. das Rosarot der »rosaroten Brille«. |
| Farbsättigung: | pastell, grell, normal. |
| Helligkeit: | sehr hell, sehr dunkel, normal. |
| Tiefe: | zwei- oder dreidimensional. |
| Bewegung: | Film oder Standbild, Geschwindigkeit des Films, Zeitlupe oder Zeitraffer (»Charlie Chaplin«). |
| Kontrast: | scharfe Kontraste, Weichzeichner, normal. |
| Gesichtskreis: | eingeengt oder »Weitwinkel«. |
| Rahmen: | Bildseiten begrenzt oder Bild geht nach allen Seiten weiter. |
| Rahmengröße: | wie ein kleines Foto oder wie Kinoleinwand. |
| Maßstab: | alles etwas kleiner oder größer als |

|  | normal. |
| Orientierung: | Bild in der Vorstellung vorn, links, rechts, oben oder unten. |
| assoziiert: | für die Sicht von innen heraus wirken die eigenen Augen wie eine Kamera |
| dissoziiert: | man sieht sich von außen oder oben aus der Hubschrauber-Perspektive. |

*Auditiv*

|  |  |
| Klangart: | Stimmen, Klänge (Filmmusik), Geräusche. |
| Lautstärke: | laut oder leise. |
| Mono oder Stereo: | Raumklang oder eine Klangquelle im Raum. |
| Tonhöhe: | hohe oder tiefe Tonlage. |

# Wichtig für jeden Erfolg:
# Der Überblick

In schwierigen Situationen den Überblick zu behalten, sie von einer »höheren Warte aus« zu betrachten, das ist für den Umgang mit heiklen Momenten so wichtig, daß wir Ihnen diesen souveränen Standpunkt noch einmal näherbringen möchten.

Bandler beschreibt in seinem bereits erwähnten Buch die Fähigkeit zur assoziierten und dissoziierten Wahrnehmung der inneren und äußeren Welt als grundlegende Voraussetzung eines intakten mentalen Befindens. Wir Menschen haben nämlich die Fähigkeit, uns selbst in Situationen von außen zu sehen. Auch unsere Sprache weist ja darauf hin: »Ich sehe mich bereits im Urlaub am Strand liegen.« **Diese Außenwahrnehmung aus der Perspektive eines neutralen Beobachters ist die dissoziierte Wahrnehmung der eigenen Person.** Machen Sie den Test, und gehen Sie jetzt in Gedanken einmal aus sich heraus. Sehen Sie sich von außen mit diesem Buch in der Hand. Nehmen Sie vielleicht noch die Idee zur Hilfe: Wie würde ich jetzt in einem Film aussehen? Gehen Sie dann mit der Wahrnehmung wieder »in sich hinein«. **Nehmen wir uns von innen heraus wahr, also so, als wären die eigenen Augen eine Kamera, spricht man von der assoziierten Wahrnehmung der eigenen Person.** Sie sehen jetzt das Buch und Ihre Hände vor sich.

Schauen Sie sich die folgende Abbildung an. Sie sehen von außen einen Turmspringer. Das Bild wirkt harmlos, da die Perspektive eine distanzierte ist. Darunter sehen Sie die assoziierte Perspektive. Da wird die Sache ernst, vor allem vom Körpergefühl her. Bei der assoziierten Wahrnehmung befinden wir uns also ganz und gar **in** unserem Gefühl – mit der dissoziierten Perspektive entfernen wir uns auch von unseren Gefühlen.

Befinden Sie sich in einer kniffligen Situation, in der Sie befürchten, aufgeregt, unruhig oder unangemessen ärgerlich zu werden, lohnt sich die Sicht von außen. Unsere Klienten erleben in der Regel die Hubschrauber-Perspektive, also die Sicht von oben auf die eigene Person und das Ereignis als äußerst wirkungsvolle Hilfe beim Meistern einer Situation. Auch Schmerzen (Zahnarzt!) lassen sich in der Dissoziation besser ertragen.

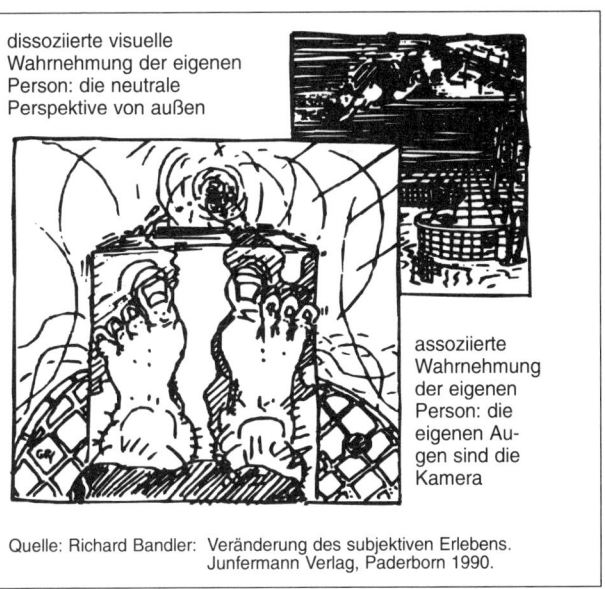

dissoziierte visuelle Wahrnehmung der eigenen Person: die neutrale Perspektive von außen

assoziierte Wahrnehmung der eigenen Person: die eigenen Augen sind die Kamera

Quelle: Richard Bandler: Veränderung des subjektiven Erlebens. Junfermann Verlag, Paderborn 1990.

Ein Basketballspieler wollte mit NLP bei uns lernen, besser Körbe zu werfen. Er war ein hervorragender Zuspieler, aber leider kein präziser Werfer. Das Problem war schnell gelöst. Als wir ihn baten, sich in Gedanken an das letzte Spiel zu erinnern, stellten wir fest, daß er das Spiel und auch sich selbst stets von außen, also aus der Helicopter-View wahrnimmt. Kein Wunder also, daß er immer weiß, wo seine Mannschaftspartner plaziert sind und er ein sehr guter Zuspieler ist. Nur beim Werfen der Körbe gibt es dann verständlicherweise Probleme: Denn er muß sich von außen den Impuls geben, zu treffen. Wir brachten ihm nur bei, sich beim Zielen zu assoziieren und weiterhin dissoziert zuzuspielen – das half.

Sie selbst wissen bestens, daß man von erfolgreichen und gelassenen Menschen den Überblick erwartet. Trainieren Sie sich mit der folgenden Übung!

## Übung: Der »Mental-Hubschrauber«

①  Denken Sie an eine Situation, die für Sie problematisch oder unangenehm war.

②  Überprüfen Sie, wie Sie sich an diese Situation erinnern: assoziiert (im Körper, die Augen sind die Kamera) oder dissoziert (wie ein neutraler Betrachter von außen)?

③  Bei Assoziation: Gehen Sie mit der Wahrnehmung aus sich heraus, und sehen Sie die Situation und die eigene Person aus der Perspektive eines neutralen außenstehenden Beobachters. Was verändert sich?

④  Steigen Sie jetzt in Ihrer Phantasie in Ihren »Mental-Hubschrauber«, und verschaffen Sie sich einen Überblick von der Situation.

⑤  Spüren Sie den Gefühlsunterschied und die Distanz.

⑥  Denken Sie jetzt an eine zukünftige anspruchsvolle Situation, die Ihnen bevorsteht.

⑦ Denken Sie an diese zukünftige Situation ebenfalls aus der Hubschrauber-Perspektive.

⑧ Bestimmen Sie einen Anker, der Sie in zukünftigen Situationen daran erinnert, den »Überblick zu behalten«.

## *Hinweis zur Übung:*

● Selbstverständlich »landen« Sie nach der schwierigen Situation wieder und steigen aus dem Hubschrauber aus. Es gibt nämlich sehr viele positive Gefühle, für die es sich lohnt, assoziiert zu sein, sie »hautnah« mitzuerleben – beispielsweise einen schönen Erfolg!

# »Bezaubernde« Worte

»Bitte, sprich es nicht aus!« sagte eine Kollegin von uns. Damit meinte sie nicht etwa einen furchterregenden Namen wie »Graf Dracula«, sondern das Allerwelts-Wort »Mathematik«. »Wenn ich es nur höre, wird mir richtig schlecht!« Sie hatte offensichtlich früher nicht allzu ermutigende Erfahrungen mit diesem Schulfach gemacht. Mit berufsbezogenem Interesse wollten wir gleich herausfinden, wie einem Menschen von einem Wort schlecht werden kann. Denn wenn das klappt, müßte auch das Umgekehrte funktionieren: Worte können uns Kraft und Energie spenden.

Unsere Kollegin konnte behilflich sein. Auf unsere genauen Fragen schilderte sie ein Bild des Grauens: »Ich sehe die Buchstaben der Wortabkürzung ›Mathe‹ vor mir. Sie sind aber nicht gedruckt, sondern wirken wie grob aus grauem Stein gehauene Kantsteine. Insgesamt erscheinen sie in einem dunklen Gewitterlicht. Dazu höre ich eine tiefe Männerstimme mit einem unheimlichen Hall das Wort bedrohlich aussprechen – wie bei einem Edgar-Wallace-Film.« Sie hatte zuvor noch nie über ihre innere Präsentation des Wortes »Mathematik« nachgedacht. Jetzt war es für alle durchaus nachvollziehbar, warum sie das Wort nicht mit neutralen Gefühlen hören konnte.

Selbstverständlich waren hierfür die alten Erinnerungen ein

immer wiederkehrender Auslöser. Ein unsensibler Lehrer hatte das natürlich völlig unschuldige Fach pädagogisch derartig kriminell vermittelt, daß nun das Wort selbst zum Repräsentanten der alten negativen Klassenzimmer-Atmosphäre wurde. Schade, wenn durch derartig ungünstige emotionale Überlagerungen eigentlich interessante Inhalte ein Leben lang als unsympathisch »abgespeichert« werden. Das muß durchaus nicht sein, wie das Beispiel dieser Frau zeigt.

Sie arbeitet in der Werbe-Branche. Wir fragten sie als Fachfrau: »Angenommen, du hättest den Auftrag, eine überzeugende Werbung für das Wort ›Mathematik‹ zu entwickeln. Jeder soll bei dieser Werbung denken: ›Das muß ja was ganz Tolles sein, das will ich unbedingt haben!‹ Wie würdest du diese Aufgabe mit deinem beruflichen Können lösen?« Mit professionellem Ehrgeiz war die Frage schnell beantwortet: »Ich würde das Wort in rosa Neonschrift umsetzen. Wichtig wäre eine fließende Schreibschrift – also keine eckigen Druckbuchstaben. Der Schriftzug verläuft nach rechts oben. Dazu hört man einen fröhlichen Chor von ausgelassenen, offenbar hüpfenden Kindern: ›Mathematik, Mathematik, Mathematik . . .‹. Das ist erst einmal der Anfang. Bestimmt fällt mir noch mehr ein.«

Beim nächsten Treffen erinnerten wir sie noch einmal an die »rosafarbene Mathematik«. Sie mußte auf der Stelle lachen. »Ob ihr es glaubt oder nicht – ich habe jetzt ein ganz fröhliches und kraftvolles Gefühl zu diesem Begriff. Ich könnte mich glatt noch einmal hinsetzen und mich in Mathematik fortbilden! Das hätte ich jahrelang nicht für möglich gehalten. Was für ein bezauberndes Wort!« Wenn Sie auch Worte »verzaubern« lernen möchten, gehen Sie die nächste Übung durch. Sie benötigen »bezaubernde Worte« in vielen wichtigen Lebenssituationen. Prüfungen werden wesentlich leichter und sympathischer. Programmieren Sie mit diesem Wortezauber auch Namen von für Sie wichtigen Menschen oder

Orten. Erstrebenswerte Fähigkeiten – wie beispielsweise Pünktlichkeit oder Ordentlichkeit – bekommen durch diese Technik einen positiven Charakter und funktionieren schon dadurch ganz von allein.

## Übung: Worte verzaubern

① Denken Sie bitte wieder an das Ziel, das Sie erreichen möchten. Überlegen Sie, ob Sie für die Erreichung des Zieles etwas benötigen, das Ihnen eigentlich »unsympathisch« ist oder gar bedrohlich wirkt.
Notieren Sie das Stichwort für diese Sache oder Eigenschaft:
- Namen von Prüfungsfächern
- Begriffe wie »Computer«, »Steuererklärung« oder »Frühschicht«
- Namen von wichtigen Menschen, vor allem auch von Vorgesetzten und Autoritätspersonen
- Orte
- Fähigkeiten und Eigenschaften wie »Pünktlichkeit«, »Geduld«, »Entschlossenheit«
② Stellen Sie sich das Wort geschrieben und gesprochen vor. Was genau ist daran beängstigend, unsympathisch oder langweilig?
③ Gestalten Sie das Wort nach Ihrem Geschmack attraktiv, positiv und anziehend:
- Farbe
- Schriftzug
- Material (z.B. Neon oder aus Holz geschnitzt)
- Größe und Art der Buchstaben
- Wie hört es sich an? (Frauen-, Männer-, Kinderstimme, gesungen, gesprochen, mit Musik oder einem Tusch untermalt usw.)

④ Probieren Sie so lange, bis Sie beim Gedanken an das Wort ein richtig positives, freudiges und starkes Gefühl haben. Jetzt ist diese Hürde in der Bewältigung ein mentales Kinderspiel!

## Hinweise zur Übung:

● Ihrer Phantasie sind keine Grenzen gesetzt. Sie können das Wort beispielsweise auch reimen. Ein Wirtschaftswissenschaften-Student erfand neulich zu einem ungeliebten Fach den Slogan: »Der Specht im Recht!«
● Schauen Sie sich zu dieser Übung gezielt Werbefernsehen an, um sich für Ihre »inneren Spots« inspirieren zu lassen.

# Geschichten – Die »Gehirn-Schaltpläne« für unsere Lösungswege

Da für die folgenden Schritte die Fähigkeit, in sich Situationen und Bilder entstehen zu lassen, wichtig ist, erläutern wir hier den Sinn und Zweck von beispielhaften Geschichten als ganzheitliche Lösungswege bei mentalen Blockaden. Diese Geschichten werden in der Sprache der modernen Psychologie *Metaphern* genannt. Das sind Bilder und Erzählungen, die für unser Gehirn nicht wegen ihres Inhaltes, sondern wegen ihrer Struktur von Interesse sind. Sie sind die Schaltpläne unserer biologisch-chemischen Verknüpfungen, der Verbindung zwischen den Gehirnzellen. Wir benutzen diese Metaphern, um innere Prozesse auszudrücken, tagtäglich in unserer Sprache. Bewußt jedoch denken wir nur selten darüber nach. Wenn wir jemandem raten: »Du mußt eben gegen dich angehen«, so wird wie von selbst das Bild vorausgesetzt, es gäbe in dem Gesprächspartner zwei Teile einer Persönlichkeit, die wie zwei Menschen zueinanderstehen: Der eine ist faul, stört, verhält sich nicht zielgerecht, und der andere soll ihn in seine Schranken weisen oder energisch mitziehen.

Wir finden nicht nur in der Alltagssprache Metaphern, sondern vor allem in der Literatur, in Märchen, Geschichten und Sagen. So haben unsere klassischen Märchen folgende vom Inhalt unabhängige Struktur: Menschen leben harmonisch zusammen. Plötzlich geschieht etwas Schlimmes. Es taucht ein Wolf, ein Bär, eine Hexe oder eine Verwünschung auf. Die problematische Situation steigert sich ins Unerträgliche. Wenn die Spannung kaum mehr auszuhalten ist, kommt endlich die Erlösung – und: »Sie lebten glücklich und zufrieden bis an ihr Lebensende.« Diese Struktur dient Kindern zur Entwicklung der folgenden Lebenseinstellung: in schwierigen Situationen nicht aufzugeben, denn das »Happy-End« kommt bestimmt. Dies scheint auch das Motiv dafür zu sein, daß selbst sensible Kinder »grausame« Märchen intuitiv den »harmlosen« vorziehen und trotz allen Gruselns immer und immer wieder hören möchten.

Lassen Sie einmal die Geschichte des bekannten Psychotherapeuten N. Peseschkian, Begründer der »Positiven Psychotherapie«, auf sich wirken. Er vergleicht die Situation eines Leidenden mit der eines Menschen, »der über längere Zeit hinweg nur auf einem Bein steht. Nach einiger Zeit verkrampfen sich die Muskeln, das belastete Bein beginnt zu schmerzen. Er ist kaum mehr in der Lage, das Gleichgewicht zu halten. Doch nicht nur das Bein schmerzt, nein, die gesamte Muskulatur beginnt sich in dieser ungewohnten Haltung zu verspannen und zu verkrampfen. Der Leidensdruck wird unerträglich, der Mensch schreit um Hilfe. In dieser Situation treffen verschiedene Helfer auf ihn. Während er weiter auf dem einen Bein stehen bleibt, beginnt ein Helfer das belastete und verkrampfte Bein zu massieren. Ein anderer nimmt sich die verkrampfte Nackenpartie vor und walkt sie nach allen Regeln der Kunst durch. Ein dritter Helfer sieht, wie der Leidende sein Gleichgewicht zu verlieren droht und bietet ihm seinen Arm als Stütze an. Von den Umstehenden kommt der Rat, der Leidende solle vielleicht die beiden Hände zur Hilfe nehmen, damit ihm das Stehen nicht mehr so schwerfalle. Ein weiser alter Mann schlägt vor, er solle daran denken, wie gut er es eigentlich hat, wenn er sich mit Menschen vergleicht, die überhaupt keine Beine besitzen. Beschwörend redet einer auf ihn ein, er solle sich vorstellen, er sei nur eine Feder, und je intensiver er sich darauf konzentriere, um so mehr würden seine Leiden nachlassen. Ein abgeklärter Alter setzt wohlmeinend hinzu: »Kommt Zeit, kommt Rat.« Schließlich geht ein Zuschauer auf den Leidenden zu und fragt ihn: »Warum stehst du auf einem Bein? Mach doch das andere gerade, und stelle dich darauf. Du hast doch ein zweites Bein.« Diese Metapher ist an Menschen adressiert, die ihre Fähigkeiten und Kraftquellen nicht wahrnehmen und daher auch nicht für ihre Ziele und zur Problemlösung einsetzen. Selbstverständlich stehen diese Personen nicht tatsächlich auf nur einem Bein. Es zählt vielmehr wieder die Struktur der Geschichte. Das Gehirn empfängt diese Struktur und erkennt in ihr die Entsprechung zu einem Problem, das in Form von neuronalen Verknüpfungen »abgespeichert« ist. Es gibt ein Problem und die Suche nach Hilfe zu seiner Lösung. Bei Menschen in einer solchen Situation verlagert sich jetzt durch die Struktur dieser Metapher bewußt und unbewußt die Konzentration von den Hilfsangeboten hin zur gezielten Nutzbarmachung der nichtbeachteten Kraftquellen, nämlich dem zweiten, gesunden Bein.

Bilder und Geschichten werden also in der Psychologie als Veränderungsinstrumente eingesetzt, da es noch keine Möglichkeiten gibt, in die Mikrowelt der miteinander verknüpften Gehirnzellen direkt mechanisch einzugreifen. Aus diesem Grund finden Sie im folgenden immer wieder Metaphern als Wegweiser zu verschiedensten Lösungswegen und Erfolgsstrategien. Sollten Sie also mit psychologischem Stoff noch nicht vertraut sein und sich über die vielen sprachlichen Bilder im Text wundern, erinnern Sie sich stets an den eigentlich eher technisch-organischen Hintergrund der Metaphern. Und bedenken Sie immer ganz bewußt die dem Inhalt einer Geschichte übergeordnete Struktur.

Ihnen selbst kann auch eine persönliche Geschichte zur positiven Gestaltung Ihrer Arbeitssituation helfen. So hörten wir neulich auf einem NLP-Kongreß die Geschichte eines Topmanagers, der nach dem Geheimnis seiner Leistungsfähigkeit gefragt wurde. Er hat sinngemäß geantwortet: »Wieso Leistung? So sehe ich das gar nicht. Wir haben als Kinder immer Schiff gespielt, und ich war natürlich am liebsten der Kapitän. So viel hat sich bis heute gar nicht verändert. Ich bin eben immer noch Kapitän – jeden Tag mit der gleichen Begeisterung. Das Geheimnis meiner Leistungskraft ist, jeden Tag spielen zu gehen.«

Wenn Sie einmal Kinder beobachten, die sich mit jeder Faser ihres Herzens für etwas begeistern – sei es das Haustier, die Barbie-Puppe oder eine Höhle im Gebüsch –, können Sie nachvollziehen, mit welcher unerschöpflichen Kraft das Bild vom Kapitän geladen ist. Für ein Kind ist es sogar eine Qual, bei höchstem Interesse dem eigenen Leistungswillen Einhalt zu gebieten.

Vor allem Frauen sollten für sich Metaphern finden, die eine kraftvolle statt eine aufopferungsvolle weibliche Identität anbieten. Eine Klientin erinnert sich in seiner Sitzung, als Kind gern Pippi Langstrumpf gelesen zu haben. Diese fiktive Gestalt bietet als Metapher viele Pluspunkte für die weibliche Durchsetzungskraft an: Pippi Langstrumpf ist das stärkste Mädchen – auch stärker als die gleichaltrigen Jungen. Sie ist kreativ, pfiffig und begeistert die anderen Kinder durch ungewöhnliche Ideen. Hergebrachte Zwänge stellt sie in Frage und lehnt deren Erfüllung ab, wenn es ihr nicht paßt. In Notsituationen wird sie aktiv unf findet Rettungswege, wo alle anderen hilflos dastehen. »Ich wirke viel überzeugender und mitreißender, seitdem ich die › Pippi-Rolle ‹ heimlich mit zur Arbeit nehme«, sagte unsere Klientin schon vierzehn Tage nach der Sitzung.

Ich selbst wurde einmal gefragt, ob es nicht eine sehr anstrengende Arbeit sei, sich als Psychologin immer die Probleme anderer Menschen anzuhören. Beim Antworten fiel mir dann selbst auf, meinen Beruf noch nie mit einem »Helfersyndrom« gekoppelt zu haben. Ich erinnerte mich vielmehr daran, als Kind leidenschaftlich gern Kriminalfilme gesehen zu haben. Meine bevorzugte Detektivin war Miß Marple, dargestellt von Margaret Rutherford. Wenn ich heute einen Klienten oder ein zerstrittenes Paar vor mir sitzen habe, werde ich um so wacher und hellhöriger, je komplizierter mir der »Fall« erscheint. Es kribbelt mir richtig in den Fingern, die Spuren zu sichern und Dinge zu entdecken, die allen anderen entgangen sind. Die Neugier und Unrast der Detektivin beflügelt meine Phantasie weitaus mehr als die Vorstellung, anderen Menschen beim Tragen ihrer Lasten zu helfen. Insofern werde ich meinen Beruf nicht müde und fühle mich nicht zu stark beansprucht.

Die **Übung** zu diesem Kapitel läßt sich mit einem Satz beschreiben: **Suchen Sie sich für Ihren Weg nach vorn bitte eine persönliche und individuelle Geschichte, die auf Ihren Lebenserfolg zugeschnitten ist und in der Ihre Rolle mit positiven und leistungsstarken Energien »geladen« ist.**

## Schritt 2:
## Die Kraft des Unbewußten nutzen

Das Bewußte und das Unbewußte sind Begriffe, die sich durch alle psychologischen Theorien ziehen. Das Begriffspaar ist im Grunde eine Vereinfachung, mit deren Hilfe man versucht, die komplizierte Struktur des menschlichen Wesens, der menschlichen Seele darzustellen. Auf diese Weise können wir uns in dem vielschichtigen Bereich des menschlichen Handelns, Denkens und Fühlens auf der Suche nach Lösungsmöglichkeiten und Lebenserfolge besser orientieren. An die Geschichte aus dem vorigen Kapitel anknüpfend können wir sagen, die meisten Menschen stehen nur auf **einem** »**Bein ihres Bewußtseins**« und benutzen nur selten ihr zweites nicht minder kräftiges »**Bein des Unbewußten**«. Selbstverständlich zwingt die Nutzung nur eines Beines zum »Hinken«, während Menschen, die »mit beiden Beinen im Leben stehen«, äußerst gut vorwärtskommen.

Damit das Gehirn uns möglichst optimal durch den »Lebensdschungel« steuern kann, hat die Natur eine sinnvolle Aufgabenverteilung in diesem Organ vorgesehen:

Das sogenannte **Unbewußte** verwaltet und steuert Körperfunktionen wie Atmung, Herzfrequenz, Immunsystem und Verdauung und darüber hinaus auch unseren Erinnerungsfundus und unsere Verhaltensweisen, die sich bewährt haben, quasi »in Fleisch und Blut übergegangen sind«. Hierzu zählen

»Programme« wie das Einmaleins, der aufrechte Gang, Autofahren, das Sprechen einer oder mehrerer Sprachen. Diese Programme liegen in der Verknüpfung entsprechender Gehirnzellen als sogenannte **Engramme** vor und müssen von uns nicht Tag für Tag neu erworben werden.

Das **Bewußtsein** ist zuständig für spontane Reaktionen, das Ausprobieren neuer Verhaltensweisen und das Sammeln neuer Informationen, also für das bewußte Lernen.

Vergleichen Sie diese beiden Gehirnbereiche mit einem gut eingerichteten Büro. Auch hier gibt es viele Arbeitseinheiten, die sich im Laufe der Jahre in sinnvollen Einrichtungen wiederfinden: Aktenordner, Telefon, Computer, Schreibtisch, Schränke, Schubladen und Ablagen. Diese Dinge werden nicht tagtäglich neu angeschafft, sondern stellen ein oft jahrelang bestehendes System zur Abwicklung der täglichen Arbeit dar. Natürlich werden ab und zu neue Büro-Utensilien angeschafft, wie beispielsweise ein Faxgerät. Jedoch kauft man nicht alles jeden Tag neu – geschweige denn, daß man täglich über all diese Hilfsmittel neu nachdenkt. Diese festen Bestandteile entsprechen der Organisation Ihres Unbewußten. Ein noch so modern und zweckmäßig eingerichtetes Büro hat natürlich keinen Sinn, wenn hier nicht täglich immer wieder neu eintreffende Informationen verarbeitet werden. Telefongespräche, Briefe, Rechnungen fallen immer wieder anders aus. Sie werden mit Hilfe des vorhandenen Systems aufgenommen, verwertet und abgelegt. Dieser tägliche Informationsfluß entspricht der bewußten Arbeit Ihres Gehirns.

So sinnvoll dies alles organisiert sein mag – im alltäglichen Leben stellen wir doch oft fest, wie die eigenen Verhaltensweisen dem bewußten Wollen zuwiderlaufen. Genauso stabil wie die als nützlich bewerteten Programme sind auch die ungeliebten Verhaltensmuster oder psychischen Befindlichkeiten zuverlässig »in Fleisch und Blut« übergegangen. Das Rauchen funktioniert leider genauso automatisch und unbewußt wie das Einmaleins. So ist unser Bewußtsein scheinbar oft nicht der »Manager« im Haus der Psyche. Darum haben sich Experten mit der Arbeitsweise und »Psycho-Logik« des Gehirns, speziell dem Zusammenwirken von Bewußtsein und Unbewußtem, Gedanken gemacht und entsprechende Theorien und Modelle entwickelt.

Die Entwicklung des vorliegenden Trainings wurde durch die Arbeitsweise von Milton H. Erickson, einem bekannten Hypnosearzt, und der Familientherapeutin Virginia Satir geprägt. Wir arbeiten mit dem »Seelen-Modell« der menschlichen Persönlichkeit nach Satir, das wir in dem Kapitel »Die menschliche Persönlichkeit – eine innere Mannschaft« ausführlich und auf das »**Denk dich nach vorn**«-Training hin maßgeschneidert vorstellen werden.

Der Hypnosearzt Erickson ging davon aus, daß das Unbewußte eines jeden Menschen im Laufe des Lebens alle Erlebnisse, Erfahrungen und Verhaltensmuster sowie Lernprogramme, Wertvorstellungen und Glaubensmuster speichert und daraus eine eigene Weisheit, eine eigene »Psycho-Logik« entwickelt. Auf der Basis der Ganzheit dieser erlernten Programme und Überzeugungen sowie durch erblich bedingte Grundlagen denkt und handelt das Unbewußte langfristig und ganzheitlich für das Wohl des Menschen, wobei es negative Begleiterscheinungen in Kauf nimmt. Was zählt in der Buchhaltung ist nicht der Einkaufspreis – die Begleiterscheinung –, sondern die Gewinnbilanz. Das Bewußtsein, dem ja nur ein kleiner Ausschnitt dieser Informationen zur Verfügung steht, um sich auf zielgerichtetes und bewußtes Handeln im Tagesgeschäft konzentrieren zu können, denkt oft sehr kurzsichtig. Es hat sozusagen nicht die »Weitwinkeloptik« und reagiert nur auf die Begleiterscheinungen. Beispielsweise weiß das Unbewußte eines jeden Rauchers schon vom ersten Lungenzug an um alle Nebenwirkungen dieses Genusses. Es rechnet sie sofort den anderen lebenswichtigen Wirkungen einer Zigarette gegenüber auf: Entspannung, Beruhigung, Image, Selbstbewußtsein und Kontakpflege. All das könnte der betreffende Mensch ohne Zigarette zur Zeit aus eigener psychischer Kraft nicht erzeugen. Also ist für das Unbewußte der »Einkaufspreis« die Sache wert.

Das Verhältnis zwischen dem Unbewußten und dem Bewußtsein läßt sich angemessen mit der Beziehung einer Mutter zu ihrem Kind vergleichen. Oft muß die Mutter den Unwillen und die Tränen des Kindes in Kauf nehmen, da sie ihrer Lebenserfahrung entsprechend auch gegen den Willen des Kindes handeln muß, um langfristig sein Wohl sicherzustellen. Denken Sie nur an zwei alltägliche Situationen aus dem Leben mit Kindern: zu langes abendliches Fernsehen und das Verbot von allzuviel Süßigkeiten. Das Kind findet die Mutter gemein, weil es ihre mütterliche »Weitwinkeloptik« aus seinem kleinen Erfahrungsschatz heraus noch nicht teilen kann.

Man spricht oft davon, gegen sich selbst, gegen bestimmte Verhaltensweisen anzukämpfen und den »inneren Schweinehund« zu bezwingen. Ausdrücke wie diese beschreiben deutlich, wie es um unser »inneres Klima«, also den Umgang des Bewußtseins mit dem Unbewußten, bestellt ist. Dieser innere Kriegszustand kostet sehr viel Energie und läßt die Kampfmittel immer drastischer werden:

Medikamente, Diäten, Schlaf- und Freizeitentzug. Darüber hinaus führt diese Taktik in den seltensten Fällen zu positiven Veränderungen.

Wie bei kriegerischen Auseinandersetzungen zwischen Staaten und Völkern ist es letztlich am sinnvollsten, zunächst einen Waffenstillstand zu vereinbaren, um dann auf eine vernünftige Art und Weise Friedensverhandlungen zu führen und zu überlegen, wie man eine Annäherung herbeiführt und Wege zu einer Konfliktlösung sowie zu einer für beide Seiten konstruktiven Zusammenarbeit findet. Hierbei kann ein erfahrener und vor allen kreativer Diplomat wertvolle Dienste leisten. Das Resultat können wir heute tagtäglich in der Wirtschaft beobachten: ehemals verbitterte Konkurrenten tun sich einfach zusammen, wenn sie einander offensichtlich nicht mehr schlagen können. Aus dem Kampf entsteht plötzlich ein Kräftezuwachs für alle Beteiligten. Haben Sie eine Ahnung davon, wie viele »Betriebe« zur Zeit *in Ihnen selbst* gegeneinander arbeiten?

Die Art und Weise der Kommunikation mit uns selbst entscheidet darüber, ob wir die Unterstützung unseres Unbewußten für unsere bewußten Pläne und Wünsche gewinnen können. Ein Zustand von innerer Gelöstheit und Entspannung erleichtert es, mit den unbewußten Teilen der Persönlichkeit zu arbeiten. Besonders deutlich zeigt sich das am Träumen im Schlaf. Das Träumen öffnet die Pforten zum Unbewußten weit und gewährt Zugang zu den ungenutzten Fähigkeiten. Nicht umsonst gibt es zahlreiche Berichte, die zeigen, wie sich Ideen, Eingebungen und Erleuchtungen in Trance, Meditation und im Schlaf einstellen.

Das Ziel unserer Arbeit ist es, durch eine Neuorganisation der Zusammenarbeit von Bewußtsein und dem Unbewußten eine kooperative und konstruktive Beziehung zwischen diesen beiden Bereichen der Persönlichkeit zu fördern – und so das Unbewußte im Sinne Ericksons als unerschöpfliche Kraftquelle für das Erreichen unserer Ziele einzusetzen. So können Sie am besten wirklich erfolgreiche Lösungsmöglichkeiten und neue Wege für sich finden und nutzen. Ihr Bewußtsein wird dann zum optimalen »Manager« Ihres inneren »Persönlichkeitsunternehmens«.

# Was ist systemisches Denken?

Das **»Denk dich nach vorn«**-Training schult Sie im systemischen Denken. Oft wird diese Bewußtseinshaltung auch »ganzheitliches« oder »vernetztes« Denken genannt. In einem interessanten Bericht über »Vernetztes Denken« fanden wir einen einleuchtenden Vergleich zwischen dem Fußballsport und dem systemischen Denken. Der Trainer einer Fußballmannschaft kann die Spieler sehr wohl auf das Ziel hin trainieren, den Ball möglichst oft im gegnerischen Tor unterzubringen. Er kann dabei aber nicht mit der Mannschaft jeden einzelnen Spielzug im Vorfeld planen, da vor einem Spiel niemand den genauen Ablauf kennen kann. Das Spiel entwickelt sich spontan und oft überraschend für beide Parteien. Wenn ein Mannschaftsmitglied nun auf das eigene Tor zuläuft, um einem Mitspieler den Ball zuzuspielen, hat er dennoch während dieses Manövers das Gesamtziel im Kopf, den Ball zum gegnerischen Tor hinzubewegen. Man kann also nicht behaupten: »Der macht etwas falsch, denn wir hatten uns geeinigt, daß der Ball in die andere Richtung muß!« Innerhalb des Mannschaftssystems war der Spielzug sinnvoll und richtig. So kann man bei jedem Spielzug nicht immer beurteilen, ob er richtig oder falsch gespielt ist. Noch weniger kann man sagen, es gäbe immer nur eine einzige richtige Lösung, den Ball weiterzuspielen. Tatsächlich gibt es meistens mehrere gute Lösungen. Die Kunst besteht nicht darin, die richtige von den falschen Lösungen zu unterscheiden, sondern sich zwischen vielen richtigen Möglichkeiten dann für die beste zu entscheiden.

Am Arbeitsplatz denken viele Menschen häufig, daß ein Mitarbeiter, der stets pünktlich Pause und Feierabend macht, also vom Zieltor fortläuft, weniger effektiv arbeitet als sein Kollege, der stets hektisch umherspringt. Dabei kann es durchaus sein, daß der erste sein inneres Energiesystem wesentlich besser zugunsten der Firma einteilt als der zweite. Das scheinbare Fortlaufen des ersten kann in Wirklichkeit der Vorbereitung eines gezielten Treffers dienen.

Beachtung erhält in dem Fußball-Gleichnis auch die Aktivität der gegnerischen Mannschaft, die ja von Spielbeginn an viele unberechenbare Impulse mit sich bringt. Insofern gibt es keine Handhabe, alle Bewegungen des Gegners vorherzusehen. Auch wenn Ihr Ziel noch so eindeutig definiert ist, können äußere Faktoren wie die Reaktion anderer Menschen oder das Wetter nie so präzise vorhergesagt werden, daß es in der Gegenwart schon »die richtige« Lösung für die Zukunft geben kann.

Systemisches Denken bedeutet zielgerichtetes Denken auf den vielen möglichen Lebenswegen durch den Wald der Lösungen – und zwar so, daß der Wald hinterher noch steht. Systemisches Denken ist lebendiges Denken in ganzheitlichen Zusammenhängen. So kann in der menschlichen Körper-Seele-Einheit nicht die Lunge zum Herz sagen: »Hauptsache, ich bin gesund – es interessiert mich überhaupt nicht, wenn es dir momentan nicht gutgeht.« Könnte diese Lunge systemisch, also ganzheitlich denken, würde sie begreifen, daß ein schwaches Herz in letzter Konsequenz auch ihr gesundes Lungendasein in Frage stellt.

In der Psychotheraphie haben die systemischen Ansätze schon lange einen hohen Stellenwert wegen ihrer nachhaltigen positiven Wirkung in der Familientherapie. Ein erkranktes Familienmitglied wird hier als sogenannter Symptomträger des insgesamt erkrankten Familiensystems gesehen. Behandelt wird das **System** und nicht das **Symptom.** So werden die Schlafstörungen des Kindes nicht durch ein geeignetes Medikament behoben, sondern beispielsweise dadurch, daß die Eltern lernen, konstruktiver mit ihren Eheproblemen umzugehen.

Auch bei der Erreichung Ihres Zieles gilt es, auftauchende Probleme in ihrer Vernetzung in Ihrer Persönlichkeitswelt zu verstehen. Tatsächlich werden heutzutage enorme Energien und Milliarden Mark dafür verbraucht, lediglich die Symptome von Menschen und nicht ihr vielleicht krankes System zu kurieren. Man stelle sich vor, daß Tausende von Patienten in der Bundesrepublik an Kopfschmerzen leiden, die durch eine tägliche Überdosis von frei verkäuflichen Kopfschmerzmitteln verursacht werden. Anstatt den krankmachenden Tablettenkonsum zum therapieren, verordnen die meisten Ärzte – man glaubt es kaum – noch *zusätzliche* Schmerzmittel gegen die medikamentenverursachten Schmerzen!

Schon wenn es um das geliebte Auto geht, können die meisten Menschen wesentlich systemischer und ganzheitlicher denken als beim eigenen Körper. Oder können Sie sich vorstellen, daß ein Autobesitzer mit folgender Klage die Werkstatt betritt: »Meine Ölkontroll-Leuchte blinkt immer so störend, das macht mich ganz nervös! Bitte kneifen Sie mir das Lampenkabel durch, damit das endlich aufhört.« Jeder vernünftige Mensch wird dem Mann erzählen, daß es wesentlich sinnvollere Methoden gibt, das Leuchten zu löschen. Vielleicht sollte er erst einmal den Ölstand kontrollieren.

Genauso sollten Sie lernen, mit dem systemischen Denken Ihre eigene Persönlichkeit ganzheitlich zu betrachten. Nur so finden Sie erfolgreiche Lösungen für Ihre Probleme, anstatt sich in inneren Kämpfen erfolglos aufzureiben.

# Glück oder Pech? –
# Themen statt Probleme

Wie schon beschrieben, rufen auch Worte körperliche Zustände hervor, die wiederum mit unterschiedlichen mentalen Möglichkeiten verbunden sind. So gehen die meisten Menschen automatisch seelisch und körperlich in den sogenannten Problemzustand, wenn sie das Wort »Problem« nur hören, denken oder aussprechen – und das, ohne etwas über den Inhalt des Problems zu wissen. Dieser Problemzustand geht in der Regel mit dem Erscheinen von überall auftauchenden Barrieren und Hindernissen vor dem geistigen Auge einher. Für einige Menschen stellt vielleicht allein das Wort »Problem« schon eine Herausforderung dar. Das muß jedoch für Ihren Partner oder Ihre Kinder noch lange nicht der Fall sein. Viele Menschen verlieren im Problembewußtsein den guten Kontakt zu ihren Kraftquellen. Das Wort »Thema« erscheint uns bei der Arbeit mit erfolgreichen Lebenszielen weitaus angemessener. Es löst bei den meisten Menschen wie von selbst eine innere »Weitwinkelperspektive« oder gar die optimale Hubschrauberperspektive aus. Und gerade diese intellektuelle Einstellung ist gefragt, wenn Lösungen für Ihren individuellen und besonderen Erfolg gefunden werden müssen.

Auch in unserem Gesundheitswesen setzt sich langsam die Weitsicht durch. Traditionsgemäß wurden hier Energien nur in die Diagnose und Behandlung von Krankheiten investiert. Die Förderung und das Aufrechterhalten der Gesundheit wurde vernachlässigt, da schon der als gesund galt, der keine akute Krankheit hatte. Genauso ist es mit Pflanzen, die man nicht gießt, weil sie ja momentan noch so schön grün sind.

In den Vereinigten Staaten entwickelt sich zur Zeit ein Gesundheitstrend, der auch bei uns unter dem Begriff »**Wellness**« Einzug hält. Wir möchten diesen Begriff auf sämtliche wichtige Lebensthemen übertragen, um ein Bewußtsein für die Entwicklung und Stabilisierung von »gesunden Trends« im zielgerichteten Denken und Handeln zu schaffen.

Themenbewußtsein ist wellneßorientiert und aktiviert sofort Ihre mentalen und körperlichen Energien. Wenn Sie sich innerlich darauf einstellen, eine persönliche oder berufliche Herausforderung als Thema und nicht als Problem zu erleben, gehen Sie von Ihren mentalen Möglichkeiten her in den **Weisheits-Zustand,** zu dem jeder erwachsene Mensch eigentlich fähig ist. Dieser Zustand läßt sich mit der Grundhaltung »Wer weiß, wozu es gut ist!« charakterisieren. Die innere Wahrnehmung entspricht dann der Sichtweise des kompletten 360-Grad-Radius. Negative Erfahrungen müssen dann nicht mehr so schnell wie möglich vergessen werden, vielmehr sind sie dazu da, aus ihnen zu lernen und sie in etwas Positives zu verwandeln. Folgende Geschichte aus einem der Bücher von Bandler und Grinder zeigt Ihnen besser als alle Erläuterungen den psychischen Wert dieser innerlich offenen Haltung.

»Eine sehr alte chinesische Tao-Geschichte erzählt von einem Bauern in einer armen Dorfgemeinschaft. Man hielt ihn für gutgestellt, denn er besaß ein Pferd, mit dem er pflügte und Lasten beförderte. Eines Tages lief sein Pferd davon. All seine Nachbarn riefen, wie schrecklich das sei, aber der Bauer meinte nur: ›Vielleicht.‹ Ein paar Tage später kehrte das Pferd zurück und brachte zwei Wildpferde mit. Die Nachbarn freuten sich alle über sein günstiges Geschick, aber der Bauer sagte nur: ›Vielleicht.‹ Am nächsten Tag versuchte der Sohn des Bauern, eines der Wildpferde zu reiten; das Pferd warf ihn ab, und er brach sich ein Bein. Die Nachbarn übermittelten ihm alle ihr Mitgefühl für diese Mißgeschick, aber der Bauer sagte wieder: ›Vielleicht.‹ In der nächsten Woche kamen Rekrutierungsoffiziere ins Dorf, um die jungen Männer zur Armee zu holen. Den Sohn des Bauern wollten sie nicht, weil sein Bein gebrochen war. Als die Nachbarn ihm sagten, was für ein Glück er hat, antwortete der Bauer: ›Vielleicht.‹ . . .«

In der Weisheitshaltung sehen wir ein Ereignis oder einen Sachverhalt neutral. Die Bewertung erfolgt nur bezüglich des Rahmens, in dem dieser Sachverhalt oder das Ereignis auftreten. Im Rahmen des Besitzers bedeuten zwei Pferde Reichtum, unter dem Blickwinkel Gesundheit bedeuten sie Gefahr für den abgeworfenen Reiter.

Es gibt grundsätzlich zwei Möglichkeiten des »Weisheits-Denkens«:

## 1. Inhaltliches »Weisheits-Denken«:

Jemand ärgert sich darüber, in Gesprächen oft unkontrolliert und aufbrausend zu sein, und wünscht sich bessere Selbstkontrolle. Eines Tages bekommt er als Rückmeldung gesagt, gerade aufgrund seiner großen Ehrlichkeit und Spontaneität geschätzt zu werden, denn man wisse bei ihm immer »woran man sei«. Hier wird die Unbeherrschtheit inhaltlich als Ehrlichkeit verstanden.

## 2. Situationsbezogenes »Weisheits-Denken«:

Sie warten in einer Parfümerie auf Bedienung. Vor Ihnen wird eine Dame beraten, die sich offenbar nicht schnell entscheiden kann. Jedes Produkt läßt sie sich mit einer unglaublichen Ruhe genau erklären, wägt ab, stellt Fragen. Sie kochen vor Ungeduld und können sich nur knapp beherrschen. Am Tag darauf konsultieren Sie eine Ärztin, die in Ihrer Nähe eine neue Praxis eröffnet hat. Zu Ihrer Überraschung erkennen Sie in ihr die Drogeriekundin, die Sie gestern fast den letzten Nerv gekostet hat. Diese Ärztin untersucht Sie so gründlich, wie Sie es zuvor noch nie erlebt haben. Sie nimmt sich ausführlich Zeit und findet nach vielen anderen erfolglosen Versuchen ihrer Kollegen endlich die Ursache Ihres Leidens. Die Sorgfältigkeit, die Sie in der Parfümerie fast um den Verstand gebracht hat, rettet Ihnen in der neuen Situation die Gesundheit. Je nach Situation sind also menschliche Eigenschaften Fluch oder Segen – auch bei Ihnen selbst.

Sie können das **Weisheits-Denken** gezielt üben. Gewöhnen Sie es sich an, schon bei alltäglichen Ärgernissen sofort innerlich mit der Überlegung »Wer weiß, wozu es gut ist!« zu reagieren. Das schützt Sie davor, Fehlschläge fatalistisch hinzunehmen, ohne nach Lösungen zu suchen. Sie bringen sich auch körperlich in eine Verfassung der »vorsorglichen Versöhnung«. Der Versöhnungszustand ist gekennzeichnet durch eine gute Durchblutung, eine allgemeine Entspannung und einen Gehirnstoffwechsel, der einen optimalen Gedankenfluß zuläßt – was zur Lösungsfindung ja die Voraussetzung ist. Der Problemzustand dagegen geht einher mit einem ungünstigen Stoffwechsel, der unbewußt eine allgemeine innere Verspannung und vor allem Gedankenblockaden zur Folge hat. In einer solchen Verfassung blockieren Sie nicht nur sich selbst, sondern sind auch ein ungünstiges Vorbild. Gerade wenn etwas schiefgelaufen ist, helfen Sie allen am schnellsten durch eine positive Ausstrahlung von Gelassenheit und ungebrochener Kreativität. Diese Art Denken macht aus Ihnen den »Fels in der Brandung«. Das Weisheits-Denken bedeutet nicht, die negative Seite des Ereignisses zu tilgen. Sie verhilft Ihnen dazu, die Sache von allen Seiten betrachten zu können, also einen Überblick mit »Weitwinkel« zu bekommen.

Oft ergeben sich ohne eigenes Dazutun die positiven Aspekte von scheinbaren Fehlschlägen durch die Zeit von ganz allein. Der Dichter Eugen Roth faßte diesen Sachverhalt ungefähr so: »Der Mensch bleibt steh'n und schaut zurück und sieht: sein Unglück war sein Glück!«

Eine vierzigjährige Frau begab sich völlig verzweifelt in unsere Beratung, als ihr Mann sie wegen einer anderen verließ. In einer solchen Lebenssituation kann auch der Psychologe nur beistehen und begleiten. Schon nach einem halben Jahr fand sie im Skiurlaub einen ernsthaften Verehrer, den auch der zehnjährige Sohn auf Anhieb mochte. Plötzlich sprachen wir über die Schattenseiten der alten Ehe, die im ersten Schmerz ganz aus ihrem Bewußtsein getilgt waren. »Manchmal war er einfach unerträglich: cholerisch, ungeduldig mit dem Kind. Am schlimmsten war die Eifersucht auf meine beruflichen Erfolge.« – »Wie hätte er reagiert, wenn Sie als erste die Trennung gewollt hätten?« fragten wir. Sie dachte lange nach, guckte zunächst verblüfft und lachte dann: »Wissen Sie was? Den wäre ich nie im Leben losgeworden. Der hätte eine von mir gewollte Trennung schon aus verletztem Stolz mit einem fürchterlichen Aufwand und vielen unschönen Szenen zu verhindern versucht. Aus meiner heutigen Sicht kann ich der anderen Frau ja richtig dankbar sein!« Inzwischen ist sie mit dem neuen Partner auch nach drei Jahren immer noch glücklicher, als sie es in der Ehe jemals war. Vielleicht hätte sie ihn nie kennengelernt, wenn der Mann nicht zu seiner Freundin gezogen wäre. Sie erlebt eine Versöhnung mit dem Schicksal, wie sie es bei der Trennung nie für möglich gehalten hätte. »Es war richtiges Glück, daß er ging.« Unsere Klientin ist seitdem mit vorschnellen Urteilen zum Thema »Pech« zurückhaltend geworden.

Die offene Weisheits-Grundhaltung ist auch die erste Voraussetzung für den kräftesteigernden statt energieverschwendenden Umgang mit persönlichen Erfolgsblockaden. Sie werden so lernen, scheinbare persönliche Nachteile sogar als Ihre individuellen Stärken zu erleben. Das Modell der »inneren Mannschaft« Ihrer Persönlichkeit, wie wir es im nächsten Kapitel vorstellen, dient Ihnen dabei als mentale Orientierung im erfolgreichen und konstruktiven Denken über Ihre eigene Person.

# Die menschliche Persönlichkeit –
# eine »innere Mannschaft«!

Schon immer hat man in der Psychologie versucht, mit Modellen die menschliche Seele zu erfassen. Bekannt ist das historische Modell von Sigmund Freud, wonach in uns das Über-Ich, das Ich und das Es in einem hierarchischen Miteinander wirken. Doch bis heute hat noch niemand das Über-Ich wirklich gesehen. Es handelt sich also um eine »Als-ob«-Annahme vom Bild der Psyche. Auch in den Naturwissenschaften, wie beispielsweise der Chemie, wurde jahrzehntelang erfolgreich mit einem »Als-ob«-Modell gearbeitet. Da ist die Rede von Elementen wie Wasserstoff oder Sauerstoff und von kleinen Teilen, die unterschiedliche Verbindungen miteinander eingehen können: von Atomen und Molekülen. Ohne zu wissen, ob es diese Teilchen wirklich gibt, blieb man wegen der überzeugenden Ergebnisse bei den entsprechenden Grundannahmen. Jede Plastiktüte und jeder Kugelschreiber beweist Ihnen die erstklassige Güte dieses Modells.
In der Psychologie ist es also weniger wichtig, ob die angewandten vereinfachten Seelenmodelle der Wahrheit entsprechen oder nicht. Entscheidend ist vielmehr, wieweit sie uns bei der zielorientierten Arbeit nützen und helfen, einen möglichst direkten Weg nach vorn zu gehen. Da das Gehirn die Zentrale im Menschen ist, von der Denken, Fühlen und Verhalten ausgeht, gilt es, auch die organische Arbeitsweise des

Gehirns zu berücksichtigen. Wir müssen sehen, wie Informationen aufgenommen und verarbeitet werden und wie sie zu einem konkreten Handeln oder einer bestimmten körperlichen Befindlichkeit führen. So muß ein optimales Seelenmodell möglichst plausibel die »Gehirnwelt« wie eine Landkarte beschreiben können.

Wir legen beim »**Denk dich nach vorn**«-Training das Persönlichkeitsmodell aus dem neurolinguistischen Programmieren als Basis zugrunde. Es ist für Ihre Arbeit mit diesem Training wichtig, über diese Grundannahmen informiert zu sein, damit Sie das Modell effektiv für sich nutzen können.

Virginia Satir entwickelte dieses ganzheitliche Bild der menschlichen Seele. Ihm liegt die Annahme zugrunde, man könne sich die Persönlichkeit eines jeden Menschen wie aus vielen verschiedenen Teilen zusammengesetzt vorstellen. Auch in unserer Umgangssprache kommt diese Idee zum Ausdruck. So heißt es zum Beispiel: »Der steht sich selbst im Wege.« Wenn man sich zu diesem Satz ein Bild macht, sieht man zwei Figuren – also zwei Teile einer Persönlichkeit. Klassisch ist der Ausspruch: »Zwei Seelen sind in meiner Brust«, und fast jeder kennt das »Kind im Manne«.

Sicher kennen Sie von früher ein Puppenhaus. Ein Teil des Daches oder Wände fehlen, damit man von außen in die Räume hineinsehen kann. Oder vergegenwärtigen Sie sich das Hausmodell eines Architekten, das auf ähnliche Weise Einblick in die Räume gewährt. Diese Räume – oder Abteilungen – stellen den Wirkungskreis der verschiedenen Bewohner des Hauses dar. Teilen Sie zunächst den Bewohnern ihre verschiedenen Rollen im Leben zu. Dabei dürfen wir Sie für dieses Bild »Person X« nennen. In einem Raum sehen Sie Person X als Vater oder Mutter. Daneben gibt es Person X als Mitarbeiter in einem Unternehmen. Dort hinten sehen wir diesen Menschen als Freund oder Freundin. Weitere Rollen wären: Bruder/Schwester, Lebenspartner, Sohn/Tochter usw. Schon beim ersten Wahrnehmen können Sie beobachten, daß die verschiedenen Teile recht unterschiedlich sein können – fast wie unterschiedliche Menschen. Sie reden und denken anders, tragen vielleicht sogar verschiedene Kleidung. Es gibt nicht nur die Unterteilung nach Rollen, sondern auch nach verschiedenen körperlich-seelischen Verfassungen. Da gibt es den ängstlichen und den mutigen Teil. Der traurige sieht ganz anders aus als der alberne. Es existiert der fleißige und bestimmt auch der faule Persönlichkeitsteil. Auch in der Sprache kommen diese verschiedenen Möglichkeiten im Menschen zum Ausdruck: »Von dieser Seite kannte ich dich noch gar nicht!« heißt es und : »In dem steckt was drin.«

Sie als Betrachter dieses Bildes haben nur in die von Mauer oder Dach frei gelassenen Räume Einsicht. Dort, wo die Wände den Einblick verhindern, gibt es jedoch auch Räume, Abteilungen und die entsprechenden Persönlichkeitsteile. In unserem Bild steht dieser verdeckte Bereich für das Unbewußte der Persönlichkeit. Wenn wir mit uns selbst nicht zufrieden sind, hadern wir in der Regel mit der Arbeit der Teile, die in diesen unbewußten Räumen oder Abteilungen wirken. Wenn Sie beispielsweise häufiger müde sind, als Sie möchten, wird diese geistig-körperliche Reaktion mit Sicherheit nicht in einer einsehbaren Abteilung produziert. Sie können die Müdigkeit nicht willentlich bremsen, wie Sie jetzt beispielsweise willentlich die rechte Hand heben könnten.

Unabhängig davon, ob die Räume nun einsehbar sind oder nicht, stellt sich die ganzheitliche Frage: So viele Teile in einem Haus – wie kommen die eigentlich miteinander aus? Es gibt hier verschiedene Möglichkeiten im täglichen Miteinander. Da gibt es Persönlichkeitsteile, die arbeiten reibungslos »Hand in Hand« zusammen, sie akzeptieren und schätzen einander. Oft gibt es aber auch »Abteilungen« und Teile, die sich gegenseitig im Wege stehen, unterschiedlich gut ausgestattet sind, vielleicht gar miteinander konkurrieren. Bestimmte Bereiche haben vielleicht gar keine Berührung miteinander, obwohl diese wünschenswert und für das gesamte Klima durchaus förderlich wäre.

Wenn Sie Ihre Lebensziele erreichen wollen, muß diese »innere Mannschaft« geschlossen hinter Ihnen stehen. Ein erfolgreiches Team setzt sich auch aus verschiedenen Könnern zusammen. Jeder hat dabei eine eigene Aufgabe, die von denen der anderen ganz verschieden sein kann. Was zählt, ist das *Miteinander*, wenn es ums Gewinnen geht. Streiten sich zwei Spieler ein und desselben Fußballteams während des Spieles, verliert gleich die ganze Mannschaft. Und was nützt ein bewundernswürdiger Ballkünstler – der den Ball nie aufgibt, wenn er ihn hat? Wie kann die Mannschaft sich schnell zuspielen, wenn nicht alle im Spiel ihre Zugehörigkeit durch das gleichfarbene Trikot – also das sichtbare »Bekenntnis« zur Mannschaft – signalisieren? Und was wird aus diesem Team, wenn alle nach einem einmaligen Gewinn ab sofort nicht mehr trainieren – weil man ja offensichtlich gut genug ist?

Sollte Ihnen die Arbeit Ihrer eigenen Teile nicht gefallen, so stehen Sie vor einem ernstzunehmenden Problem: Sie können sich von Ihren eigenen Persönlichkeitsteilen nicht trennen, wie es äußerlich mit anderen Menschen durchaus möglich wäre: Sie können den Teilen nicht kündigen, Sie können nicht bei ihnen ausziehen, und Scheidung kommt auch nicht in Betracht. Anstatt in dieser Richtung extrem aussichtsarme Bemühungen zu unternehmen, sollten Sie lieber gleich lernen, mit allen optimal auszukommen. Egal, ob Sie sich die Teile Ihrer Persönlichkeit auch als »innere Mannschaft«, als »große Familie« oder eine erfolgreiche »Firma« vorstellen, es zählt der Satz: »*Gemeinsam bin ich stark!*« Sie werden erstaunt sein über den inneren Reichtum, der sich durch diese Sichtweise Ihrer »inneren Welt« mit all den vielfältigen und fähigen Teilen ergibt.

# Persönlichkeitsteile im Widerstreit –
# Die »aktive Blockade«

Erfolgsblockaden zeigen sich an den täglichen menschlichen Reaktionen. Müdigkeit, Konzentrationsmangel, kein Ideenreichtum in wichtigen Verhandlungen, schlechte Laune, Lustlosigkeit, Übergewicht, Anfälligkeit für Krankheiten und vieles mehr. Es kann ein Zustand oder ein Verhalten sein, das uns an uns selbst stört. Zu dieser vom Bewußtsein unerwünschten Großwetterlage paßt repräsentativ der Ausspruch: »Ich stehe mir selbst im Wege.«

Im Denkmodell der Persönlichkeitsteile wird die Erfolgsblockade folgendermaßen in Worte gefaßt: »Es gibt einen unbewußten Teil in meiner Persönlichkeit, der für diese Erfolgsblockade verantwortlich ist und sie aufrechterhält.« Wir nennen diesen Teil zunächst neutral »Teil X«. Er zeichnet sich dadurch aus, daß das bewußte Wollen offenbar keinen – oder nur einen geringen – Einfluß auf das von ihm organisierte Verhalten oder Befinden hat. Machen Sie sich jetzt wieder Ihr persönliches Trainingsziel bewußt. Denken Sie an dieser Stelle an ein eigenes Verhalten oder Befinden, das Sie an diesem bewußten Lebenserfolg hindert. Vielleicht sind Sie selbst schon lange unzufrieden mit diesem Störungs-Phänomen. Es kann gleichermaßen im beruflichen wie im privaten Leben auftreten.

Wir stellen hier den Fall eines Klienten dar, der sich mit der

Klage, zur Zeit eine »Denkblockade« zu haben, an uns wandte. Sie gehen dann beim Lesen die beschriebenen Schritte beispielhaft mit Ihrem Thema durch. Als besagter Klient zu uns kam, war das Problem äußerst akut. Er bereitete sich auf seine Doktorarbeit vor. Alle Daten waren gesammelt. Er war extra für ein halbes Jahr nach Hamburg gezogen, da sich die Universität hier als ideal für das Thema darstellte. Alles war perfekt für die Abwicklung organisiert: der Aufenthalt, der Doktor-Vater, eine Schreibhilfe usw. Nur die zündenden Ideen und die Impulse zur konzentrierten Arbeit blieben aus. Wir nannten den unbewußten Teil zunächst entsprechend der Störung den »Blockadenteil«. Er zeichnete sich, wie eigentlich alle unbewußten X-Teile, durch drei Kriterien aus, die wir gezielt ansprachen. Denken Sie am besten jetzt an Ihre persönliche Blockade, und vollziehen Sie die folgenden Erläuterungen auf Ihr Thema gemünzt nach.

**1. »Teil X ist mächtiger als Sie, als das Bewußtsein.«**

Die meisten Betroffenen können diesen Satz recht gut annehmen, besonders wenn sich die Blockade oder das unerwünschte Verhalten schon sehr lange als hartnäckig erweist.

**2. »Teil X ist zuverlässiger als Sie.«**

Diese Aussage ist schon schwieriger zu akzeptieren. Aber auf seine Art und Weise ist der Teil sehr zuverlässig; denn er ist da und wirkt, wann er will. Vergleichen Sie die Zuverlässigkeit Ihrer Bemühungen, gegen den Teil X konsequent anzugehen, mit der Zuverlässigkeit seines Auftauchens! Sicherlich ziehen Sie hier den kürzeren.

## 3. »Teil X ist klüger als Sie.«

Bei dieser Überlegung zeigte unser Klient eine spontane Abwehrhaltung. Vielen fällt die Gewöhnung an diesen Gedanken schwer. Wenn es Ihnen ähnlich geht, bedenken Sie, daß Klugheit oder Intelligenz nicht nur gespeichertes Wissen bedeutet. Intelligenz beweist sich auch in sozialen und psychologischen Schachzügen, in durchdachten strategischen Maßnahmen. Überlegen Sie, wie Sie sich bisher bemüht haben, diesen Teil zu bekämpfen. Wäre er nur stärker als Sie, hätten Sie mit Sicherheit durch eine kluge Strategie gewinnen können; denn Kraft allein macht noch nicht die Überlegenheit aus, mit der Ihr X-Teil sich Ihnen zeigt. Die Präsenz des Teils beweist seine strategische Stärke Ihrem Bewußtsein gegenüber und macht ihn somit klüger als Sie.

Es gibt also einen Teil in Ihrer Persönlichkeit, der sehr mächtig, zuverlässig und klug arbeitet. So erklärt sich, warum Ihr Bewußtsein bisher relativ erfolglos in seinem Bemühen war, diesen Teil auszuschalten. Es wäre doch von großem Vorteil, einen Persönlichkeitsteil mit diesen hervorragenden Qualitäten als Verbündeten statt als Gegner zu haben. Unseren Klienten überzeugte diese neue Idee so weit, daß er sich darauf einlassen wollte.

Auf der Grundlage unseres Persönlichkeitsmodells der »inneren Mannschaft« können wir sagen: Niemals verfolgt ein Teil der Persönlichkeit das Ziel, der Körper-Seele-Einheit-Mensch zu schaden, selbst wenn das auf den ersten Blick so erscheint. Wir können mit unserem eingeschränkten Bewußtsein nur nicht das Ausmaß und die Bedeutung der guten Absicht, die der Teil für unser Gesamtsystem verfolgt, beurteilen.

Verdeutlichen Sie sich dies anhand des folgenden Beispiels: Spontan bewerten wir körperliche Gewalt als negativ. Wenn jedoch ein Rettungsschwimmer einen Ertrinkenden k. o.

schlägt, um ihn erfolgreich aus dem Wasser ziehen zu können, wird die körperliche Gewalt in guter Absicht eingesetzt. Dieses Beispiel paßt auch recht gut zu der »Denkblockade« unseres Klienten, denn er drückte sich in seiner Verzweiflung wortwörtlich so aus: »Es ist, als wäre ich mit meinem Kopf gegen eine Wand gelaufen.«

Die gute Absicht (Ziel) und die Methoden (Weg, Werkzeug), die ein Teil X zur Verwirklichung seiner Ziele einsetzt, sind getrennt zu bewerten. Wenn uns ein Teil unserer Persönlichkeit scheinbar im Erfolgsstreben behindert, so ist dies nicht als ein unbewußtes »Nein« zum angestrebten Ziel zu bewerten. Das »Nein«, in unserem Fall die Denkblockade eines unbewußten Teils, heißt vielmehr: »Nein – auf diese Weise. Ja – auf eine bestimmte andere Weise oder unter folgender Bedingung.« Hierzu das folgende Beispiel: Jemand bereitet sich auf eine Reise vor. Kurz bevor er das Haus verläßt, ruft man ihn noch einmal zurück: »Hast du auch wirklich deinen Ausweis eingesteckt? Schau lieber noch mal nach!« Der Frager bremst hier den Reisenden, hält ihn auf. Er tut dies aber nicht, weil er die Reise verhindern möchte, im Gegenteil: ihm ist daran gelegen, daß die Reise problemlos gelingt, und er checkt vorausschauend wesentliche Bedingungen für den »Weg nach vorn«.

Konstruktiver Umgang mit den eigenen Erfolgsblockaden bedeutet: Wir erkennen mit dem »Weisheits-Denken« die Energie, die diese Blockade aufrechterhält, als eine positive Kraft mit einer guten Absicht für das Gesamtsystem an. Statt sie zu unterdrücken, versuchen wir diese Energie in unseren Erfolgskurs mit einzubeziehen. Erinnern Sie sich an das Auto-Gleichnis mit der Ölkontroll-Leuchte. Die Störung liegt nicht in der guten Absicht, die der Teil X hat (auf einen wesentlichen Mangel hinweisen). Die Störung liegt nur in der Art und Weise, wie der Teil zur Zeit arbeitet (irritierendes Blinken).

Es ist an dieser Stelle für Sie noch gar nicht wichtig, die gute Absicht des Teils X zu erraten. Vielmehr ist Ihre mentale Grundhaltung der Störung gegenüber entscheidend. Sagen Sie sich: »Ich akzeptiere, daß du etwas Wichtiges für mich tust. Deshalb möchte ich dir ein Friedensangebot machen. Ich würdige deine gute Absicht. Vielleicht kannst du dann neue Wege für deine Arbeit suchen, Wege, die effektiv und gesund wirken und mir vom Bewußtsein her sympathisch sind.«

So baten wir unseren Klienten, seinen »Blockadenteil« in Gedanken anzusprechen. Dabei ist es wichtig, auf Ihren inneren Tonfall zu achten. Wie sprechen Sie mit dem Teil X? Es geht nicht um ein unterwürfiges »Honig-um-den-Bart-Schmieren«, sondern lediglich um eine ganz alltägliche Form der Höflichkeit, die Sie sich auch wünschen, wenn ein anderer Sie um ein Entgegenkommen bittet.

Wenn Ihre Aufmerksamkeit nach innen gerichtet ist, lassen Sie sich und dem Teil X etwas Zeit. Wenn Sie nicht gleich eine Eingebung zur guten Absicht erhalten, lassen Sie die Frage an diesen Teil ruhig einige Tage in Ihnen reifen. Der entscheidende Schritt ist getan, die gute Absicht mit dem »Weisheits-Denken« für möglich zu halten. Der erste Grundstein zum gelebten Selbstvertrauen ist gelegt. **Selbstvertrauen ist nur dann möglich, wenn Sie allen Ihren Impulsen dahingehend vertrauen, daß sie sich positiv auf Ihre gesamte Person auswirken.** Alle Ihre Impulse haben eine eigene Intelligenz – selbst wenn Sie sie nicht auf Anhieb gleich verstehen. Grundsätzliches Mißtrauen dem eigenen Verhalten und Befinden gegenüber schließt Selbstvertrauen psychologisch betrachtet aus. Und Selbstvertrauen ist der Garant für die Selbstsicherheit, die von erfolgreichen Menschen zu Recht erwartet wird.

## Übung: Innere Schlichtung
## durch die richtige Verhandlung

① Vergegenwärtigen Sie sich bitte das Verhalten oder Befinden, das für Sie eine Erfolgsblockade darstellt. Halten Sie sich vor Augen: Ein unbewußter Teil Ihrer Persönlichkeit ist für diese Störung zuständig. Nennen Sie ihn im folgenden »Teil X«, »Blockadenteil«, oder geben Sie ihm einen Namen Ihrer Wahl, der sich auf das Störungsphänomen bezieht (z.B. »Angst-Teil«).

② Denken Sie an Ihre bisherigen Versuche, den Teil auszuschalten, und lassen Sie auf sich noch einmal die drei Kriterien der Überlegenheit von Teil X wirken.
1) Teil X ist *mächtiger* als Sie.
2) Teil X ist *zuverlässiger* als Sie.
3) Teil X ist *klüger* als Sie.

③ Überlegen Sie sich die Vorteile, die es hätte, einen eigenen Persönlichkeitsteil mit solchen Eigenschaften als Verbündeten zu haben.

④ Machen Sie sich den Unterschied zwischen guter Absicht und der Methode von Teil X bewußt:
– Es ist angemessen, mit der Methode unzufrieden zu sein.
– Trotzdem hat Teil X eine gute Absicht für mich, die ich momentan noch nicht kenne oder nur erahne.

⑤ Inneres Friedensangebot! Führen Sie folgenden mentalen Dialog mit dem Teil X: »Ich würde mich gern mit dir verbünden, mit dir einen Vertrag machen: Die gute Absicht bleibt erhalten, nur die Methoden, die Energie wird verändert.«

⑥ Sie lassen dem Gedankenfluß Raum. Wenn Sie eine Idee zur guten Absicht bekommen, bedanken Sie sich innerlich bei dem Teil X. Pflegen Sie den inneren Dialog weiterhin. Würdigen Sie den Teil im Selbstgespräch auch dann, wenn der zündende Gedanke zur guten Absicht nicht gleich kommt. Pflegen Sie so Ihr Selbstvertrauen.

## *Hinweise zur Übung:*

- Bedenken Sie: Das Unbewußte kann mit uns nicht so kommunizieren, wie Sie es mit anderen Menschen tun, denn es kann sich nicht vorstellen, Sie nicht anrufen, keinen erklärenden Brief schicken. Achten Sie daher auf die inneren Wahrnehmungen, die das Unbewußte auch sonst als Signale an das Bewußtsein schickt: Tauchen Bilder oder Ideen auf? Gibt es Gedanken, die innere Stimme, fällt Ihnen ein Stichwort ein? Spricht Ihr Teil eher durch ein Körpergefühl zu Ihnen? Oft haben die inneren Signale – ähnlich wie Träume – Symbolcharakter, den man erst auf sich wirken lassen muß, bevor man ihn ganz versteht.
- Beschäftigen Sie sich bitte eine Weile mit der folgenden Liste der verschiedenen Persönlichkeitsteile. Sie inspirieren so neue Gedanken für die eigenen unbewußten Motive Ihrer Teile.
- Sowie Sie eine gute Absicht erleben, geben Sie dem Teil einen neuen Namen. Nennen Sie ihn je nach Ihren intuitiven Erkenntnissen beispielsweise »Sicherheitsteil« oder »Freiheitsteil«. Dieser Schritt ist für eine erfolgreiche und kräftesteigernde Versöhnung des zuvor ungeliebten Teils von entscheidender Wichtigkeit.

# Liste der Persönlichkeitsteile

Hier finden Sie Bezeichnungen der Persönlichkeitsteile, wie sie unsere Klienten im Laufe der Jahre immer wieder auf der Suche nach unbewußten guten Absichten genannt haben. Diese Liste soll Ihre Phantasie unterstützen und ist nur ein Anhaltspunkt für die Vielfältigkeit des inneren Reichtums. Selbstverständlich kann es sein, daß Sie durch Ihre individuellen Erlebnisse weitere Bezeichnungen finden. Dabei ist es von äußerster Wichtigkeit, daß die »Gute Absicht«-Namen wirklich positiv und sympathisch werden.

Vorstellungsmöglichkeiten: weiblich/männlich/neutral, jung/alt, reales Modell/Phantasiefigur/ein »Prinzip« (das Meer, die Sonne usw.).

| Bezeichnung | Gute Absicht/Positive Funktion |
|---|---|
| Freiheitsteil | steht für die Unabhängigkeit und die Autonomie der Persönlichkeit. |
| Sicherheitsteil | organisiert meist über Leistung und Arbeit die existentielle Absicherung der Person. |
| Geborgenheitsteil | sorgt für Erlebnisse von Wärme und Nähe, meist im Zusammenhang mit anderen Menschen. |

| Bezeichnung | Gute Absicht/Positive Funktion |
|---|---|
| Kontaktteil | trägt unserer Existenz als soziales Wesen Rechnung, wobei Geborgenheit nicht unbedingt eine Rolle spielen muß. |
| Lebensfreudeteil | bewertet unsere Aktivitäten und unser Befinden hinsichtlich einer positiven Lebensqualität wie Spaß oder Befriedigung der Neugierde. |
| Überlebensteil | achtet auf die primäre körperliche Unversehrtheit, wobei die Lebensqualität keine Rolle spielt. |
| Beschützerteil | bewahrt vor Gefahren und Verletzungen auch auf der zwischenmenschlichen und persönlichen Ebene. |
| Lebenssinnteil | hat zum Ziel, im Leben etwas Sinnvolles zu tun, »eine Spur auf dieser Welt zu hinterlassen«, wozu es sich zu leben gelohnt hat. |
| Zufriedenheitsteil | möchte das »Sattwerden« unserer Sinne, das Gefühl, genug bekommen zu haben. Er möchte, daß unser »Lebenshunger« gestillt wird. |
| Harmonieteil | strebt nach einem ganzheitlichen Erleben der äußeren und inneren Welt, steht für Frieden. |
| Energie-haushaltsteil | teilt unsere geistigen und körperlichen Kräfte mit einer langfristigen Zielsetzung ein. Reguliert oft durch Müdigkeit, Konzentrationsmangel oder gar Krankheiten. |
| Würdeteil | steht für Eigenschaften wie Stolz und Ehre der eigenen Person. |

| Bezeichnung | Gute Absicht/Positive Funktion |
| --- | --- |
| Konservativer Teil | schützt vor vorschnellen Veränderungen, der Bewahrer. |
| Progressiver Teil | ist stets auf der Suche nach Innovation, Entfaltung, Bereicherung, neuen Möglichkeiten. Er ist der Sucher. |
| Kritischer Teil | liefert uns Beurteilungen zu neuen Eindrücken und Erlebnissen, die gleichermaßen negativ und positiv sein können. |
| Solidaritätsteil | stärkt und unterstützt Erlebnisse von Zugehörigkeit wie Wir-Gefühl, Familienzusammengehörigkeit, Nationalität, Corporate Identity. |
| Narzißmusteil | möchte, daß wir uns selbst schön und attraktiv finden. |
| Selbstwertteil | meint, daß wir bedeutsam sind – allein schon durch die Tatsache, daß wir auf dieser Welt sind. |
| Mitmenschlicher Teil | befähigt uns, uns in andere Menschen und Wesen hineinzudenken und dadurch ein Gerechtigkeitsempfinden zu entwickeln. |
| Motivationsteil | will in uns Kräfte zum Erreichen von Zielen wecken und aufrechterhalten. |
| Anerkennungsteil | ist der Meinung, unsere Anstrengungen verdienten ein Lob. Da Lob in unserer Gesellschaft einen schlechten Ruf hat (»Eigenlob stinkt«), muß dieser Teil oft indirekt durch Essen, Trinken oder Geld ausgeben sein Ziel erreichen. |

| Bezeichnung | Gute Absicht/Positive Funktion |
|---|---|
| Spiritueller Teil | beschäftigt sich individuell mit Fragen der geistigen Welt, die unser Dasein beeinflußt. Wird oft in Religion, Esoterik und Philosophie ausgelebt. |
| Kreativer Teil | Diesem Teil kommt gerade bei der Persönlichkeitsentfaltung sowie bei Veränderungsprozessen eine zentrale Rolle zu. Er steht für den Reichtum von allen Erlebnissen, Erfahrungen und Verhaltensmustern, Lernprogrammen, Erziehung und Wertvorstellungen, denen wir im Laufe unseres Lebens begegnet sind. Er kennt somit all unsere brachliegenden Kraftquellen und Möglichkeiten. Ist er im Einsatz, scheint der Ideenreich-Reichtum kein Ende zu haben, Leistungen ergeben sich spielerisch wie von selbst. Daher können wir es oft kaum verstehen, wenn andere die Produkte unserer Kreativität ehrfürchtig bewundern, denn uns selbst ist die Leistung ja so leichtgefallen. |

# Die Vernetzung der »Blockade« in Ihrer »inneren Persönlichkeitswelt«

Wenn Sie sich noch einmal die Liste der meistgenannten Persönlichkeitsteile ansehen, bekommen Sie vielleicht eine Vorstellung von den Möglichkeiten der Vernetzung einzelner Blockaden. Am Beispiel »Unpünktlichkeit« können wir das anschaulich erörtern. Hier könnten beteiligt sein:

| | |
|---|---|
| Der Kontaktteil | Alle von der Unpünktlichkeit betroffenen Mitmenschen wie Kollegen, Sportsfreunde und Partygäste nehmen den Zuspätkommer bewußt wahr, sprechen ihn an und schenken Beachtung. |
| Der Narzißmus- oder Selbstgefälligkeitsteil | Unpünktlichkeit als »schickes« Image eines ganz besonderen Menschen. |
| Der Freiheitsteil | Unpünktlichkeit als Zeichen der Ablehnung äußerer Zwänge. |
| Der Energiehaushaltsteil | sorgt bei Erschöpfung und Übermüdung für ein paar ruhige Minuten mehr im Bett. |

Diese Reihe könnte noch fortgesetzt werden. Entscheidend ist zu wissen, daß die unbewußten Teile sehr wohl üble

Nachwirkungen wie die Gefährdung des Arbeitsplatzes und die Verärgerung guter Freunde haben können. Wenn jedoch das Unbewußte des Unpünktlichen ein guter Buchhalter ist, dann verrechnet es die Nachteile mit der Gewinnseite. Bestimmt verspätet sich derjenige weiterhin, wenn die Bilanz insgesamt nach Abzug der Nebenwirkungen einen Gewinn aufweist.

Vielleicht wissen Sie nach diesem Beispiel bereits mehr über die gute Absicht Ihres eigenen Blockadenteils. Als weitere Hilfestellung können Sie auch die »Zukunftsprobefahrt« machen, die Ihnen wertvolle Hinweise geben kann auf die gute Absicht Ihres Teils X.

Stellen Sie sich selbst die Frage nach einer problemfreien Zukunft. Dabei gehen Sie von der Vorstellung aus, das Problem sei plötzlich nicht mehr da. In welchen Bereichen würde das Schwierigkeiten mit sich bringen?

Überlegen Sie sich negative Konsequenzen – selbst wenn sie zunächst noch so an den Haaren herbeigezogen wirken sollten.

*Übung:*
*Welche positive Funktion erfüllt der*
*»Blockadenteil« für meine Persönlichkeit?*

① Denken Sie bitte an das Verhalten oder Befinden, das Sie für sich als Erfolgsblockade definiert haben.

② Machen Sie die »Zukunftsprobefahrt«:
Das Verhalten oder die Befindlichkeit X ist plötzlich nicht mehr da. Sie haben immer geglaubt, sich darüber zu freuen. Denken Sie jetzt jedoch an drei mögliche unerwünschte Nebenwirkungen, die das Verschwinden vom Teil X auch zur Folge hätte, und seien sie auch noch so aus der Luft gegriffen.

1) Unerwünschte Nebenwirkung: _____ Teil: _____
2) Unerwünschte Nebenwirkung: _____ Teil: _____
3) Unerwünschte Nebenwirkung: _____ Teil: _____

③ Überprüfen Sie anhand der Persönlichkeitsteilliste, welcher Teil ein Interesse daran hätte, die negative Konsequenz zu boykottieren.
Beispiel: Wenn meine volle Konzentrationsfähigkeit immer da wäre, würde ich mich sofort um mehr Aufgaben kümmern, als ich bewältigen kann. Dies würde meinem Energiehaushaltsteil und meinem Familienleben, dem Geborgenheitsteil, nicht gefallen.

④ Bestimmen Sie mit Hilfe der Liste die drei entsprechenden Teile, denen man die Verhinderung der unerwünschten Nebenwirkungen zutrauen könnte.

⑤ Berücksichtigen Sie auch Ihre eigenen Vermutungen hinsichtlich der guten Absicht des X-Teils für Ihre Gesamtpersönlichkeit.

⑥ Würdigen Sie im inneren Dialog die gute Absicht der Teile. Bedanken Sie sich innerlich dafür, daß die Teile oder der Teil die Verantwortung für diesen Aspekt Ihrer Persönlichkeit so gewissenhaft übernommen hat.

## Hinweis zur Übung:

Der innere Dank ist immens wichtig. Mit dem »Denk dich nach vorn«-Training sollen Sie Ihre Persönlichkeit stärken lernen. Das geht nur, wenn im Haus der Psyche die gleichen respektvollen Höflichkeitsregeln gepflegt werden, die Sie selbst es auch im Umgang mit anderen an den Tag legen. Allein das Wort »danke« im eigenen Persönlichkeitssystem ist bereits ein durch unsere Lebensgeschichte gestärkter Anker für eine positive Reaktion des Gehirns. Es intensiviert gesundheitsfördernde Prozesse im menschlichen Organismus. Da es keinen Menschen gibt, mit dem Sie so viel zusammen sind wie mit sich selbst, ist die gute Beziehungspflege zwischen Ihnen und Ihrem inneren Erleben eine Voraussetzung für den inneren Frieden und den Teamgeist Ihrer »inneren Mannschaft«.

# Die Umwandlung der Blockade
# in Erfolgsenergie

Wir haben gesehen, inwieweit der Teil X durchaus eine positive Funktion haben kann, selbst wenn er in uns das Problemverhalten bestimmt. Momentan ist es diesem Teil nicht möglich, auf eine andere Art und Weise sein Ziel anzustreben.

Vergleichen wir wieder die Organisation der Persönlichkeit mit der Situation eines Firmenbesitzers. Angenommen, dieser Mann bekommt die Rückmeldung, seine Werbung sei zu langweilig und oberflächlich gewesen. Die Konsequenz wäre ja nun nicht, die Werbung abzuschaffen, weil man sich gerade über die unerwünschte Wirkung ärgert. Werbung ist und bleibt weiterhin wichtig für ein Unternehmen. Die gute Absicht muß also unbedingt erhalten bleiben. Die Lösung des Problems könnte vielmehr sein: Unser Firmeninhaber hat sich viel zu lange nicht mehr um diese Abteilung gekümmert und deren Bedeutung für das Unternehmen unterschätzt. Schlechtes Werben muß also durch effektives Werben und nicht nur Verzicht auf Werben ersetzt werden.

Wenn die positive Funktion eines Problemverhaltens erkannt worden ist, haben wir gewissermaßen auf der Landkarte der Problemlösungen festgelegt, welches Ziel ich mir bewußt machen muß. Es gilt also die Frage: Wie kann ich dieses Ziel auch erreichen ohne unangenehme Nebenwirkungen? Vielleicht bin ich bis jetzt immer einen steinigen Feldweg gegangen und könnte statt dessen eine Autobahn ausbauen. Vielleicht sollte ich überhaupt nicht mit dem Auto, sondern mit dem Zug fahren. Wenn die Zeit keine Rolle spielt, kann ich vielleicht einen Umweg durch eine schöne Landschaft machen, denn auch dieser Weg führt sicher zum Ziel und macht außerdem mehr Spaß.

Es könnte auch sein, daß man bisher immer versucht hat, mich zum Ziel zu zerren. Die Lösung liegt dann darin, selbst zu gehen und bewußt die Verantwortung für das Erreichen dieses Zieles zu übernehmen. So muß nicht mehr gewaltsam an mir gezogen werden. Für unseren Klienten mit der »Denkblockade« traf die letztgenannte Lösung genau zu. Als er in sich ging, um mit seinem Teil Kontakt aufzunehmen, tauchte plötzlich das Bild von Schlittschuhläufern in ihm auf. Das war zu der Zeit, als in Hamburg die Gewässer zugefroren waren. Er erzählte uns, er sei schon jahrelang nicht mehr Schlittschuh gelaufen, obwohl er diesen Sport sehr liebe. »Die ganzen letzten Tage habe ich gedacht: ›Ach, ich würde auch gerne wieder laufengehen‹, aber ich habe mich zurückgehalten, da ich ja an der Doktorarbeit schreiben wollte.« Er war zwar weiterhin zum Squash gegangen; diesen Sport führt er jedoch nur aus reinen Vernunftgründen aus. Schlittschuhlaufen hätte einfach nur Spaß gemacht und erschien ihm daher überflüssig. Es stellte sich heraus, daß sein »Lebensfreudeteil« ihm schon lange verübelt, daß er in Phasen angestrengter Arbeit Zerstreuung kategorisch ablehnt und auf später vertagt. Er versprach seinem »Lebensfreudeteil«, trotz aller Verpflichtungen noch am selben Abend Schlittschuh zu laufen. Schon der nächste Tag verlief »blockadenfrei«. Obwohl das Eis inzwischen geschmolzen ist, übernimmt er seit diesem denkwürdigen Tag ganz bewußt die Verantwortung für einen angemessenen Ausgleich zwischen Arbeit und Freizeit. »Diese erfolgreiche innere Verhandlung hatte einen regelrechten Lokomotiveffekt. Es ist so, als würde der Lebensfreudeteil mich bei der Arbeit nicht nur in Ruhe lassen, sondern auch noch mitziehen.«

## Übung:
## Neue Wege statt Sackgassen

① Sie vergegenwärtigen sich noch einmal die drei Teile der Persönlichkeit, die Sie in der Übung zuvor als zuständig für Ihre Erfolgsblockade bestimmt haben. Stellen Sie sicher, daß die neuen Namen in einem positiven Sinne die gute Absicht wiedergeben – z.B. statt »Blockadenteil« ab jetzt »Lebensfreudeteil«.
Wählen Sie den Teil heraus, der Ihnen im Zusammenhang mit der Erfolgsblockade *am wichtigsten* erscheint.

② Gehen Sie nach innen, und *würdigen* Sie diesen Teil:
  – Ich möchte dir einen neuen Namen geben, der deine gute Absicht würdigt. Für mich bist du ab jetzt der » . . . -Teil«.
  – Ich möchte mich bei dir dafür bedanken, daß du für diesen wichtigen Bereich in meinem Leben die volle Verantwortung übernommen hast. Du hast dich bei deiner Aufgabenerfüllung sogar durch meinen Unwillen nicht abhalten lassen und hast unbeirrt die gute Absicht weiterverfolgt.
  – Ab jetzt werde ich die Verantwortung mit dir teilen und vom Bewußtsein her für die Erfüllung der guten Absicht sorgen.

③ Denken Sie an die positive Absicht des Teils. Finden Sie für sich drei neue Wege, die Sie vom Bewußtsein her gehen können, um die gute Absicht zu verwirklichen.
  Weg 1: _____
  Weg 2: _____
  Weg 3: _____

④ Überlegen Sie sich einen vernünftigen Zeitrahmen zur Verwirklichung der neuen Wege.

⑤ Sollten Sie in Zukunft die Blockade noch einmal erleben, sprechen Sie den Teil innerlich gleich an: »Ich weiß, du hast recht, vielen Dank für den Hinweis. Ich verspreche dir, für deine gute Absicht bewußt aktiv zu werden.« Sie werden erleben, wie die Blockade sich dann auflöst.

## Hinweise zur Übung:

● Bedenken Sie noch einmal, daß Sie sich von Ihren Teilen nicht einfach so trennen können: Sie können ihnen nicht kündigen, sich nicht von ihnen scheiden lassen, nicht bei ihnen ausziehen. Verdrängte, nicht gelebte und unerwünschte Teile wandern in den Untergrund und verüben von dort aus »Anschläge«. Um es erst gar nicht so weit kommen zu lassen, ist der ideale Weg, die Verantwortung bewußt zu übernehmen. Der erwachsene Teil Ihrer Persönlichkeit ist aufgefordert, für die gute Absicht der Teile die Verantwortung zu tragen.

● Ihr Vorhaben muß nicht stehenden Fußes in die Tat umgesetzt werden, damit der Teil X die Blockade zurücknimmt. Es reicht durchaus ein ernsthaftes Inaussichtstellen und auch der gute Wille. Die Teile sind in der Regel nicht ungeduldig, sie bestehen aber auf respektvoller Würdigung ihrer Existenz.

● Bemühen Sie sich jedoch nach einer angemessenen Zeit, die Versprechen Ihrem Teil X gegenüber einzulösen. Selbstvertrauen resultiert nicht nur aus Ihrem Entgegenkommen den Teilen gegenüber, sondern auch – wortwörtlich – aus dem Vertrauen in alle Persönlichkeitsteile Ihres Selbst.

# Wie motiviere ich mich optimal?

Auch wenn es keinerlei ökologische Einwände der Persönlichkeitsteile gegen das Erreichen eines Zieles mehr gibt, gilt es immer noch, die wichtigste Hürde zu nehmen: Die Veränderung muß vollzogen werden. Das Ziel muß sich im Gehirn durch neue Verbindungen zwischen den Gehirnzellen zu einem stabilen Engramm entwickeln. Ihre Flexibilität ist gefordert, die grundsätzliche Bereitschaft zu Veränderungen also. Trotz aller Überzeugung von der Richtigkeit der Sache kostet das Umsetzen in die Tat Anlauf und Kraft. So schön das Ergebnis hinterher sein mag – es gilt, die mentale und körperliche Durststrecke zu überwinden.

Zum Überwinden der Durststrecken auf dem Weg zu einem persönlichen oder beruflichen Ziel ist der **Motivationsstil** der Persönlichkeit von entscheidender Bedeutung. **Motivation bedeutet, in jemandem die Kraft zu erzeugen, die aufgebracht werden muß, um ein Ziel zu erreichen.** Gerade wenn die Umsetzung des Zieles mit Unannehmlichkeiten verbunden ist, benötigt man eine besondere wirkungsvolle Motivation.

Wir unterscheiden hier zwischen zwei wesentlichen Formen der Motivation, die im zwischenmenschlichen Kontakt in der Regel angewandt werden.

## 1. Die negative Motivation

Man malt alle Unerfreulichkeiten aus, die einem widerfahren könnten, wenn das gesteckte Ziel nicht erreicht wird. Am drastischsten ist die Schilderung von der Endstation »Gosse« oder von der Mißbilligung anderer beim Mißlingen Ihres Unternehmens. Die Wirkung solcher Schwarzmalerei beruht auf der Aversion und Angst vor den negativen Konsequenzen. Die Angst zu versagen kann so stark sein, daß der so Motivierte alle Kräfte zusammennimmt, um die Katastrophe nicht erleben zu müssen. Die Unannehmlichkeiten des Veränderungsprozesses werden demgegenüber als »halb so schlimm« wahrgenommen.

## 2. Die positive Motivation

Hier wird die Zielvorstellung verstärkt. Man hebt alles Positive und Angenehme hervor, das beim Erreichen des Ziels eintreten wird. Diese Aussicht wird so konkret und lebendig geschildert, daß sie an Gefühlsintensität beim Motivierten weitaus stärker wahrgenommen wird als die voraussichtlichen Unannehmlichkeiten auf dem Wege dorthin. Es entsteht eine starke Sehnsucht, das positive Erlebnis zu erreichen, und der so Motivierte faßt die negativen Begleitumstände des Veränderungsprozesses als weniger wichtig auf.
Beide Motivationsformen funktionieren; die positive Motivation ist jedoch wesentlich erfolgreicher. Zur Veranschaulichung hier der Vergleich mit gutem und minderwertigem Treibstoff: bei letzterem fährt das Auto auch, jedoch nicht so schnell und mit mehr Verschleiß.
Die Ursache für die verschiedene Wertigkeit beider Motivationsformen ist unsere körperliche Reaktion auf sie. Vereinfacht ausgedrückt, kennt unser vegetatives Nervensystem

*Symp. u. parasymp. Aktivierg.*

zwei verschiedene Formen der Aktivierung. Bei der **sympathischen Aktivierung** sind in uns die archetypischen Angriff-Flucht-Potentiale unserer Urahnen, die sich noch in freier Natur tagtäglich behaupten mußten, im Einsatz. Dazu zählt eine hohe allgemeine Muskelanspannung, beschleunigter Herzschlag, Verengung der Gefäße, eine intensive Ausschüttung von Streßhormonen (z.B. Adrenalin) und eine eingeengte Wahrnehmung. Die eingeengte Wahrnehmung erlaubt es, sich auf nur einen Überlebens-Gedanken – wie »siegen« oder »schnell weg hier« – zu konzentrieren und alle anderen Überlegungen auszuschalten. Dieses Notprogramm ist also für kurze körperliche Höchstleistungen in Gefahrensituationen gedacht. Bei der **negativen Motivation** wird die sympathische Aktivierung quasi als Dauerstreß angeregt. Diese Aktivierung steht jedoch der Erreichung Ihrer persönlichen und beruflichen Ziele eher im Wege. Sie streßt den Körper und verhindert den »Weitwinkel der Gedanken«. Für das Erreichen bestimmter Ziele wäre es eine Katastrophe, wenn Ihr Gehirn dahingehend aktiviert ist, nur einen Gedanken denken zu können.

Die **parasympathische Aktivierung** des Nervensystems bewirkt die allgemeine Entspannung der Muskulatur, eine gute Durchblutung, eine hohe Lernfähigkeit und die Förderung Ihrer Kreativitätspotentiale durch einen gesteigerten Gedankenfluß. Der Körper ist nicht mit dem Abbau von überschießenden Streßhormonen überlastet. Diese Aktivierung tritt unbewußt und automatisch bei der positiven Motivation ein.

Nach wie vor existiert bei uns eine gewisse Scheu vor positiver Motivation oder gar Lob und Bestätigung. Sie steht unberechtigterweise im Ruf, den Leistungswillen und den Charakter zu verderben. Wir haben oft das Gegenteil erlebt. Negative oder gar fehlende Motivation sowie fehlendes Lob sind oft der Auslöser für die Entstehung von Charakterschwächen

162

wie Suchtverhalten oder unangemessenes Konsumverhalten. Das Unbewußte organisiert hier verdeckt die ausgebliebene Anerkennung (Anerkennungsteil), die für unsere seelische Gesundheit eigentlich überlebenswichtig ist. Beobachten Sie einmal kleine Kinder, die ihr Bedürfnis nach Anerkennung und positiver Motivation noch ganz offen und ohne Schamgefühl zeigen. Wenn ein Kind meint, es hätte ein hübsches Bild gemalt, läuft es damit herum und sagt jedem Erwachsenen: »Guck mal, was ich für ein tolles Bild gemalt habe.« Selten bleibt ein Kind nach einer seiner Meinung nach gelungenen Leistung bescheiden in der Ecke sitzen und wartet geduldig auf ein freiwilliges Lob. Lob und die Freude am Erfolg sind hier noch der natürliche Leistungsmotor.

Schon wenige Jahre später setzt durch ungünstige Erziehung oft die negative Motivation ein: »Steh auf, oder möchtest du, daß der Lehrer mit dir schimpft?« Der Satz tut seine Wirkung, wenn das Kind sich mit Hilfe der Phantasie das böse Gesicht des Lehrers auf dem »inneren Bildschirm« so lebhaft und bedrohlich vorstellt, daß es einen Schreck bekommt und aus dem Bett springt. Viele Jahre später ist es dann der kritisch schauende Vorgesetzte, der einen aus dem Bett treibt.

Wir hatten einmal einen intelligenten Schüler bei uns, dessen Noten auf dem Gymnasium sehr weit abgerutscht waren. Seine Versetzung und langfristig auch das Abitur standen auf dem Spiel. Das wurde ihm von Eltern und Lehrern immer wieder eindringlich geschildert. Er entwickelte jedoch keine »segensreiche Angst«. Im Gespräch mit uns antwortete er auf die Frage nach seiner Lieblingsbeschäftigung provokativ: »Schlafen.« Dabei geriet er so richtig in Schwung, lachte und wirkte das erste Mal – paradoxerweise – richtig wach. Wir erzählten ihm von den Vorteilen des Studentenlebens hinsichtlich seines Hobbys: Stundenpläne könnten bei bestimmten Studiengängen selbst gestaltet werden, so daß er auch einmal ausschlafen könne. Es gäbe lange Semesterferien und vergnügliche Studentenfeten. Nach dieser Stunde fing er zu lernen an. Er arbeitete hart für die Freuden eines Studentenlebens, sein Notendurchschnitt hob sich an, und er schaffte letztendlich mühelos das Abitur. Ihm hatten das lohnende Ziel und die positive Motivation gefehlt.

Als Erwachsene müssen wir uns selbst dazu bringen, pünktlich zu sein und Prüfungen zu bestehen, da uns weder Eltern noch Lehrer von außen unterstützen und durch Sprache lenken. Erwachsenwerden ist durch den Prozeß einer immer stärker werdenden **Selbstkommunikation** gekennzeichnet. Keiner sagt uns mehr, wann wir ins Bett müssen, was wir anziehen sollen, wann wir aus dem Haus müssen, um pünktlich anzukommen. Das müssen wir alles mit uns selbst machen. Dabei neigen wir dazu, Motivationsstile unserer lebensgeschichtlichen Vorbilder in uns unbewußt nachzuahmen. Da dies meist unzensiert geschieht, ist es dann persönliche Glückssache, ob die verinnerlichte Motivationssprache positiv oder negativ geladen ist.

Es ist nicht allzuschwer, mit Hilfe der Selbstwahrnehmung unseren Motivationsstil anderen Menschen gegenüber kritisch zu betrachten, um ihn dann optimieren zu können. Unberücksichtigt bleibt eben wieder unsere Eigenmotivation. Es gibt Menschen, die nach außen äußerst nett, verständnisvoll und aufmunternd motivieren – jedoch in ihnen selbst wirkt finsterster Arbeitslagerton. Eigenmotivation wirkt ebenso wie Motivation von außen. Sie ist aber durch den meist unbewußten Ablauf von sehr subtiler Wirkungsweise. So kann es zu folgendem Paradoxon im internalen Dialog kommen: »Meine Güte, ich bin wirklich zu dumm, um meine Kinder positiv zu motivieren. Wenn das so weitergeht, laufen mir alle weg, und ich verbringe meinen Lebensabend allein im Heim.« Solche Gedanken schwächen und lassen die Schultern mutlos heruntersinken. Eigentlich hat dieser Gedanke aber eine gute Absicht: Er will in dem Betroffenen die Kräfte

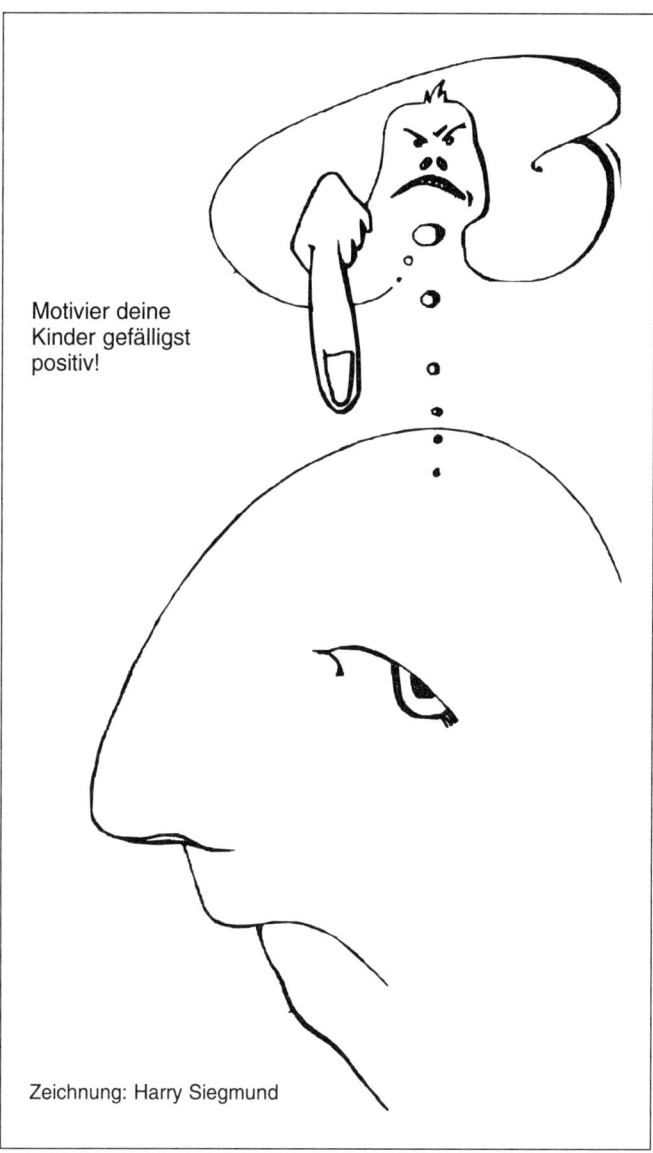

Motivier deine
Kinder gefälligst
positiv!

Zeichnung: Harry Siegmund

wecken, die zur Erreichung des Zieles gebraucht werden. Vom Effekt her tritt jedoch das Gegenteil vom Gewünschten ein.

Überprüfen Sie bitte selbstkritisch für sich, ob Sie in angespannten Leistungssituationen eher mit einer negativ geladenen Stimme zu sich selbst sprechen. Testen Sie Ihren Umgang mit sich selbst bei Mißerfolg. Versuchen Sie, diese innere Stimme zu charakterisieren. Schimpft sie, nörgelt sie, oder fallen eher entwürdigende und zynische Bemerkungen? Nehmen Sie sich folgenden Gedanken zur Hilfe: Im Theater oder Film spielen Schauspieler nicht immer einen Menschen, sondern oft einen Aspekt des Menschen, wie etwa die Trauer, die Freude oder das schlechte Gewissen. Wie müßte Ihr schlechtes Gewissen, also Ihre negative Motivation, charakteristisch dargestellt werden? Eine Seminarteilnehmerin berichtete kürzlich, daß sie sich diesen Teil ihrer Persönlichkeit gar nicht wie einen Menschen, sondern wie einen unfehlbaren Computer vorstelle, der ihr mit einer seelenlosen und mechanischen Stimme alle ihre Fehler aufzähle. Schon das Sprechen darüber ließ sie richtig mutlos wirken. Diese Metallstimme bringt ihre ganze Kreativität, die sie in ihrem Beruf dringend benötigt, zum Absterben. So bekommt sie innerlich zwar zuverlässig ihre Fehler genannt, doch die Antriebskraft sinkt auf Null.

Ähnliche Erfahrungen machen fast alle Seminarteilnehmer mit ihren inneren Stimmen, wenn wir den sogenannten »Außencheck« durchführen. Man stellt sich dabei ganz einfach vor, ein Mensch würde von außen genauso sprechen wie die innere Stimme: Gibt das Kraft, oder nimmt es die Zielenergie? Neben Mutlosigkeit und schrumpfendem Selbstwertgefühl ist der Trotz ein stark hemmendes Phänomen. Es gibt Menschen, die reagieren auf ihre eigene innere Stimme mit Auflehnung. Sie hören sich selbst nicht mehr zu und unternehmen alles, um der inneren Stimme zu zeigen, daß man so nicht mit ihnen sprechen kann. So erweist sich manche

Erfolgsblockade als ein massives Trotzphänomen. Den Trotzigen interessiert es in der Regel nicht, wie viele Scherben durch sein Verhalten entstehen. Trotz ist eine Kritik an den Umgangsformen des Gegenübers. Insofern wird nicht einmal mehr auf den Inhalt der inneren Sätze geachtet. Eigensinnig denkt man: »Rede doch weiter – ich tue doch, was ich will.« Wenn Sie die Wirkung Ihrer negativen inneren Stimme durch den Außencheck erfaßt haben, sprechen Sie den Teil, der diese Stimme benutzt, innerlich an. Machen Sie sich erneut die gute Absicht dieses Teils bewußt, der in Ihnen durch Motivation Kräfte zum Erreichen Ihrer Ziele wecken will. Würdigen Sie zunächst diese gute Absicht: »Zuerst möchte ich dir sagen, wie gut es ist, einen Teil in meiner Persönlichkeit zu haben, der in mir die Verantwortung für eine zuverlässige Motivation übernimmt. Die Art und Weise, wie du innerlich mit mir sprichst, bewirkt aber genau das Gegenteil in mir. Ich reagiere gar nicht kraftvoll, sondern mutlos, trotzig, traurig und pessimistisch. Könntest du vielleicht so mit mir umgehen, daß sich in mir wirklich die Kraft entwickelt, auch schwierige Situationen durchzustehen?«

An dieser Stelle überlegen Sie selbst, wie ein anderer Mensch zu Ihnen sein müßte, damit in Ihnen Energie entsteht. Stimmen können ganz unterschiedliche Wirkungen haben. Vielleicht haben Sie es schon einmal erlebt, am Telefon länger und ausführlicher mit jemandem gesprochen zu haben, als Sie es eigentlich vorhatten – und das nur, weil es so angenehm war, mit diesem Menschen zu kommunizieren. Bestimmte Stimmen oder Bilder von positiv motivierenden Personen können ungeahnte Kräfte wecken. Suchen Sie sich gezielt einen inneren männlichen oder weiblichen Begleiter, der durch eine bestimmte Art der Motivation ganz gezielt Ihre Kraftquellen anspricht. Wir haben ohnehin die Fähigkeit, in uns Dinge zu hören oder wahrzunehmen, die außen gar nicht existieren. Denken Sie nur an eine Melodie aus dem Radio, die Ihnen den ganzen Tag nicht mehr aus dem Kopf geht. Warum sollte man diese ohnehin schon natürlich angelegte Fähigkeit nicht nutzen, um sich eine kräfteerzeugende innere Stimme als »Ohrwurm« zuzulegen? Der Seminarteilnehmerin mit der gnadenlosen Computerstimme fiel dann ein ehemaliger Tennislehrer ein, der in seinen Schülern durch seine menschliche Art stets einen außergewöhnlich positiven Sportsgeist hervorrufen konnte. Sie »borgte« sich seine Ausstrahlung und Stimme als inneren Begleiter. Man konnte ihrem Gesicht die Kreativität richtig ansehen, als ihr diese positive Stimme einfiel. Sollten Sie selbst auf Anhieb keine positive Motivationsstimme für sich finden, gehen Sie auf »Stimmenfang«. Testen Sie die Stimmen von Personen aus Funk und Fernsehen, stellen Sie sich Stimmen von historischen Persönlichkeiten und Romanfiguren vor. Werden Sie – provokativ ausgedrückt – vom Gehirnbesitzer zum Gehirnbenutzer, und bieten Sie Ihrem Gehirn gezielte Vorstellungen zur optimalen Eigenmotivation an.

»Ich glaube, für mich wäre das nichts«, zweifelte neulich ein Klient. »Wenn mein › innerer Begleiter‹ nett zu mir redet, verharmlost das die Wichtigkeit einer Leistung, und ich nehme die Sache vielleicht nicht ernst genug. Ich funktioniere nur, wenn so richtig Druck da ist.« Bitte beachten Sie: die positive Stimme soll keinesfalls nett im Sinne von harmlos sein! Sie soll natürlich auch Charakter und Temperament haben, jedoch auf eine mitreißende statt niederdrückende Art und Weise. Sie soll begeistern, zum Durchhalten anfeuern, eine wirklich gute Stimmung machen. Wenn Sie eine ideale Stimme oder als Bild einen optimalen Begleiter gefunden haben, teilen Sie das Ihrem Motivationsteil mit: »Wenn du dich mir so zeigst und so mit mir sprichst, werden sich in mir die gewünschten Zielkräfte entwickeln.« So bleibt wieder die gute Absicht, nämlich die Motivation erhalten, und es werden lediglich neue Wege zum Erreichen des Ziels gefunden.

## Übung:
## Positive Eigenmotivation

① Denken Sie bitte an eine Situation, in der Sie mit sich selbst nicht gut umgegangen sind, sich unter Druck gesetzt haben.

② Stellen Sie sich eine entsprechende Stimme vor, die Ihren Umgang mit sich selbst in dieser Situation am besten illustriert:

- männlich oder weiblich?
- hoch oder tief?
- laut oder leise?
- jammernd, ärgerlich oder schimpfend?
- emotional, gefühlskalt oder sachlich?
- von wo sprechend: von oben, hinten, seitlich oder ins Ohr?

③ Machen Sie den »Außencheck«:
Wie wäre Ihnen zumute, wenn jemand käme und tatsächlich so mit Ihnen spräche? Gäbe Ihnen das wirklich Kraft für eine Aufgabe?

④ Falls das nicht der Fall ist, würdigen Sie Ihren Motivationsteil für die Mühe, die er sich macht. Melden Sie ihm aber in Gedanken auch, daß er mit seiner Art und Weise eher das Gegenteil von seiner guten Absicht erreicht. Die Kräfte schwinden und versiegen, anstatt beim Anhören dieser Stimme zu wachsen.

⑤ Gehen Sie auf »Stimmenfang«:
Wie müßte jemand zu Ihnen sprechen, um alle Kräfte in Ihnen spielend freizusetzen? Beachten Sie wieder die verschiedenen Möglichkeiten:

- männlich oder weiblich
- sanft und leise oder kräftig und mitreißend?

- mit oder ohne Berührung (z. B. die Vorstellung einer stärkenden Hand auf der Schulter)
- von wo sprechend?
  usw.
⑥ Probieren Sie die Motivationsstimme hinsichtlich Ihres bestimmten Zieles, das Sie gerade anstreben, aus.
⑦ Testen Sie so lange, bis die neue Stimme optimal wirkt.

## Hinweis zur Übung:

● Wie bereits erwähnt, muß die positive Stimme nicht unbedingt lieblich oder zart sein. Sie kann durchaus eine kraftvolle Autorität ausstrahlen. Wichtig ist das Ziel der guten Motivationsabsicht: Sie soll Ihre Kräfte wecken.

# Das Geheimnis erfolgreicher Selbstorganisation: Die Aktivierung »unbewußter Schleifen«

In den vorangegangenen Kapiteln haben wir durch bewußtes, logisches Nachdenken nachvollzogen, welche neuen Wege ein Teil der Persönlichkeit gehen kann, um eine bestimmte Absicht effektiv zu verwirklichen.

Es gibt noch eine bessere Möglichkeit, um neue Wege zu Persönlichkeitsteilen zu finden: die Nutzung unserer brachliegenden Kraftquellen mit Hilfe der **unbewußten Schleifen.** Den Verlauf unbewußter Schleifen kennen Sie aus dem Alltag. Sie treffen jemanden auf der Straße und wissen, daß Sie ihn eigentlich kennen, aber der Name fällt Ihnen nicht mehr ein. Auch angestrengtes Nachdenken führt nicht zum Erfolg. Zwei Tage später sitzen Sie beim Frühstück, und plötzlich präsentiert Ihnen Ihr Gehirn das Ergebnis: »Müller!« Sie haben in diesem Moment etwas ganz anderes gemacht als bewußt dem Namen hinterhergegrübelt. Wir sind also in der Lage, Denkprozesse aktiv zu starten, sie dem unbewußten Verlauf zu übergeben und einige Zeit später ein in uns selbst produziertes Ergebnis zu erhalten.

Beim obigen Beispiel handelt es sich um eine einfache Namenssuche. Lösungsfindungen können demgegenüber oft komplizierte Prozesse sein – wie beispielsweise die Entwicklung einer neuen Lebensperspektive oder einer Erfindung. Wenn wir einen Denkprozeß an das Unbewußte abgeben, haben wir einen Zugriff auf sämtliche im Unbewußten gespeicherten Möglichkeiten und Fähigkeiten, die in uns angelegt sind, aber bewußt nicht im vollen Umfang genutzt werden können. Denn im Alltag muß unser Bewußtsein mit voller Kapazität die Wahrnehmung und Organisation der aktuellen Tagesereignisse gestalten. Eine recht berühmte Denkschleife des griechischen Mathematikers Archimedes endete mit dem Ausruf: »Heureka« – ich hab's gefunden. Auch Archimedes hatte schon länger nach der Antwort auf eine bestimmte Fragestellung gesucht. Er hielt nach einer Erklärung des Auftriebsprinzips Ausschau. Als er in der Badewanne saß, wurde er durch Zufall von seiner eigenen Entdeckung des hydrostatischen Grundgesetzes überrascht. Seitdem gilt »Heureka« als ein freudiger Ausruf bei der Lösung eines schwierigen Problems. Archimedes blieb nicht der letzte berühmte Nutznießer unbewußter Schleifen. Bekannt ist auch die Geschichte des Chemikers Kekulé, der den Benzolring »im Traum erfand«. Er hatte sich geraume Zeit schon mit der Suche nach dieser Struktur beschäftigt. Sein Gehirn nahm den Faden unbewußt auf und verfolgte ihn weiter, während er ganz andere Dinge tat, als bewußt nachzudenken.

Das »Denk dich nach vorn«-Training beschäftigt sich weder mit chemischen Strukturen noch mit der Findung physikalischer Gesetze. Doch dem Gehirn ist es gleich, ob seine enormen Leistungsmöglichkeiten für naturwissenschaftliche Erkenntnisse oder für die Überwindung von Erfolgsblockaden und individuelles Erfolgstraining eingesetzt werden. Ihnen wird die Aktivierung unbewußter Schleifen um so mehr nützen, als sie ebenso zeitsparend wie effektiv sind. Von Ihrer bewußten Zeit benötigen Sie nach einem gewissen Training nur noch eine Minute voller Konzentration, um die unbewußte Schleife durch zielgerichtete Gedanken in Gang zu setzen. Das »Handwerkszeug« sind dabei wieder die Bildgeschichten bzw. Metaphern.

# Individuelle Erfolge durch die eigene Kreativität

Auch in unseren bewußt kreativen Momenten haben wir einen optimalen Zugang zu brachliegenden Kraftquellen. Spielerisch ergeben sich Ideen oder neue Verknüpfungen von bereits vorhandenen Möglichkeiten. Dabei hat jeder Mensch in anderen Bereichen kreative Schwerpunkte: beim Malen oder bei der Kindererziehung, beim Umgang mit schwierigen Menschen oder bei den unterschiedlichsten Hobbys.

Im **NLP** und im »**Denk dich nach vorn**«-Training wenden wir auf die Kreativität auch den Begriff der Teile aus dem Persönlichkeitssystem an. Der **Kreative Teil** verkörpert den gesamten Reichtum unserer aktiven und brachliegenden Möglichkeiten und Fähigkeiten. Denken wir ihn uns als Person, dann ist er nicht jemand, der alles kann, sondern vielmehr derjenige, der alles über unsere Talente weiß.

Mit »**Denk dich nach vorn**« erreichen Sie, daß der Kreative Teil nicht mehr nur in einzelnen Lebensbereichen wirkt, sondern auch allen anderen Teilen der Persönlichkeit als »Ideenlieferant« zur Verfügung steht. Aus diesem Grund entwickelt jeder unserer Klienten und Seminarteilnehmer seine ganz persönliche Vorstellung von dem Kreativen Teil, der allen anderen als Ratgeber zur Verfügung steht. Wichtig ist dabei das innere Bild von dem Ort, an dem der Kreative Teil Rat, Hilfe und Ideen vermittelt. Da eine Bildgeschichte oder

Metapher dazu dient, die Struktur von neuronalen Verknüpfungen von Gehirnzellen zu erklären und positiv verändern zu können, empfiehlt es sich, die Metapher vom Kreativen Teil im Hinblick auf die Lösungsprozesse besonders phantasievoll zu gestalten.

Es gibt Klienten, die stellen sich den Kreativen Teil wie einen lebenserfahrenen und weisen Guru oder Einsiedler vor, der die ratsuchenden Teile in einem Tempel empfängt. Andere bevorzugen innere Bilder von Feen, Zauberern und anderen Fabelwesen. Oft wird auch einem Tier diese zentrale Rolle zugesprochen – wie etwa einem Elefanten oder einem Vogel. Schon von jeher sprachen die Menschen bestimmten Tieren Klugheit und Lebensweisheit zu, wie etwa im griechischen Altertum den Eulen. Wir haben in unserer Praxis auch schon erlebt, daß der Kreative Teil ein Gegenstand sein kann. So sah eine Teilnehmerin ihren Kreativen Teil als eine schillernde Kristallkugel in einer geheimnisvollen Moorlandschaft. Wenn sie Rat sucht, spiegelt die Kugel in ihrem geheimnisvollen Inneren die Lösungswege vor. Wieder ein anderer Seminarteilnehmer sah die Sonne als Kreativen Teil. Seine Teile treffen sich in einem kostbar ausgestatteten Beduinenzelt direkt unter der Sonne und werden durch die intensiven Strahlen zu neuen Wegen inspiriert.

Der Gedankengang verfolgt einen ganz bestimmten Prozeß. Nehmen wir an, jemand hätte seinen Blockadenteil von der guten Absicht her als einen »inneren Beschützer« erkannt, der zur Zeit mit der Methode »Konzentrationsschwäche« arbeitet. In der inneren Metapher sucht jetzt der Beschützer den Kreativen Teil auf mit der folgenden Ansprache: »Darf ich mich vorstellen – ich bin der Beschützer von Person X. Ich erfülle meine gute Absicht zur Zeit mit einer zuverlässig wirkenden Konzentrationsschwäche. Aber ich weiß, daß Person X diese Methode gar nicht gefällt. Mein Dilemma ist: Ich weiß nicht, wie ich es anders machen kann, ohne die Verwirklichung meiner guten Absicht aufs Spiel zu setzen. Du bist doch der Kreative Teil. Berate mich bitte einmal, wie ich die Person genauso gut beschützen kann wie bisher – nur mit Methoden, über die sie sich vom Bewußtsein her auch freuen kann. Ich bin zwar ein guter Beschützer, aber kein bißchen kreativ. Vielleicht gibt es ja Beschützungsmöglichkeiten, von deren Existenz ich nicht weiß. Oder du zeigst mir neue Wege, auf die ich nicht von selbst kommen würde.«

Sie können sich die vielfältigen effektiven Möglichkeiten denken, die es geben kann, um einen Menschen zu beschützen. Zur Zeit benutzt dieser Beschützer die Methode »Schalter herausziehen«, nach dem Motto: »Wer nicht denkt, nimmt sich auch nicht zuviel vor.« Die negativen Konsequenzen dieser Methode liegen auf der Hand. Ein neuer Weg könnte ein Ausgleich sein, der für Erholung und Abwechslung sorgt – oder Trance und Entspannung während der Bus- oder Bahnfahrt zum Arbeitsplatz, anstatt sich schon eine Stunde vor der Arbeit aufzuregen.

Bei der Arbeit mit der Bildformel vom lösungsweisenden Kreativen Teil werden die neuen Wege nicht vom Verstand gesucht, sondern ergeben sich überraschend durch den Verlauf der unbewußten Schleifen. Sie stellen sich nur vor, wie der betreffende ratsuchende Teil mit dem Kreativen Teil zusammentrifft und in eine intensive Beratung geht. Bitten Sie den Blockadenteil darum, sich gleich drei neue Wege statt des einen alten auszusuchen. Sie sollen genauso wirksam wie die alte Methode sein, aber ohne unangenehme oder gar ungesunde Nebenwirkungen für die Gesamtperson. Lassen Sie es auf sich zukommen, ob Sie in Gedanken darauf achten, welche Lösungswege sich inhaltlich ergeben. Es kann auch gut sein, daß Sie wie ein Beobachter von außen das Einsetzen der Beratungen und Gespräche innerlich nur mitverfolgen.

Vielleicht machen die beiden Teile schnell den Eindruck, als hätten sie eine Lösung gefunden, die jetzt ausprobiert werden soll. Oder Sie haben das Gefühl, es stünde eine längere Konferenz bevor. Dann verabreden Sie mit dem ratsuchenden und dem Kreativen Teil, wie lange die Ergebnisentwicklung dauern wird. Seien Sie nicht überrascht, wenn sich eine längere Zeitvorstellung von etwa zwei bis drei Monaten entwickelt. Für einen persönlichen Veränderungsprozeß ist das ein relativ kurzer Zeitraum, wenn die Entwicklung der neuen Gedächtnisspur, des Engramms, dann stabil ist. Es kann natürlich auch sein, daß Sie annehmen, die Umsetzung des Ergebnisses dauere nur wenige Tage. Diese Zeitspannen sind je nach Thema und individuellem Tempo unterschiedlich. Nach der inneren Weichenstellung und der getroffenen Zeitvorstellung gehen Sie mit dem Bewußtsein wieder zum Alltag über. Wie bei den Wissenschaftlern Archimedes und Kekulé nimmt das Unbewußte den Faden auf und entwickelt die Lösung.

Sie können sich auch zwischendurch wieder in die Konferenz »einschalten«. Machen Sie das aber bitte nicht stündlich, sondern bei einer längeren inneren Verhandlung nur alle paar Tage. Wenn Sie wahrnehmen, daß die Konferenz noch länger dauert, geben Sie den Prozeß wieder an das Unbewußte zurück und warten Sie ab. Sie können das Verhalten der inneren Teile mit den gleichen Maßstäben wie das der Menschen messen. Stellen Sie sich vor, Sie selbst säßen konzentriert an der Entwicklung einer wichtigen neuen Idee. Wie würden Sie es finden, wenn alle halbe Stunde jemand klopft und fragt: »Na, wie weit seid ihr?« Das wäre wohl eher eine Störung als eine Förderung des Lösungsprozesses. Anders ergeht es Ihren konferenzhaltenden Persönlichkeitsteilen auch nicht.

Vielleicht erleben Sie die neuen Wege bewußt wie etwa unser Schlittschuhläufer. Oft geschieht es auch, daß Sie von dem Ergebnis überrascht werden und erst später den Veränderungseffekt der Konferenz registrieren. Ein Klient von uns hatte in einer Sitzung eine unbewußte kreative Schleife gestartet. Vierzehn Tage später erzählte ihm sein siebzehnjähriger

Sohn beiläufig, er habe sich Karten für ein Pink-Floyd-Konzert besorgt. Ganz plötzlich hörte unser Klient sich fragen: »Die möchte ich auch gerne mal wieder sehen, besorgst du mir eine Karte mit?« Jahrelang war er nicht mehr auf die Idee gekommen, in ein Rockkonzert zu gehen. Er mischte sich unter die Menge und genoß das neu-alte Erlebnis. Tagelang danach fühlte er sich noch erfrischt und wie inspiriert.

An diesem Beispiel zeigt sich auch, wie individuell und ökologisch neue Lösungswege sein müssen, um die Blockade auch wirklich aufzulösen. Dieser »Rockkonzert-Klient« hatte sich schon lange Zeit chronisch müde und abgeschlagen gefühlt. Er versuchte sein Glück mit regelmäßigem frühem Zubettgehen, wovon keinerlei Verbesserung eintrat. Das war auch kein Wunder, da wir herausfanden, daß die Blockade von einem Lebensfreudeteil inszeniert wurde, dem der Alltag über die Jahre zu eintönig und verplant geworden war. Obwohl er nach dem Konzert wieder arbeiten und früh aufstehen mußte, fühlte er sich viel erholter als an den vielen Morgen zuvor. Durch die Nutzung der kreativen Kraft des Unbewußten hat sein gesamter Organismus zu einer wirklich passenden und ganzheitlichen Lösung für die Gesamtpersönlichkeit gefunden. Nicht der Verstand produziert hier das Ergebnis. Er nimmt nur das im Unbewußten entwickelte Ergebnis auf und setzt es dann in die Tat um.

Wir empfehlen Ihnen, die innere Konferenz mit dem Kreativen Teil und dem ratsuchenden Teil X – dem Sie zu diesem Zeitpunkt schon einen respektvollen Namen gegeben haben – möglichst vor dem Einschlafen zu beginnen. Traumforscher sind sich darüber einig: was zuletzt als Input ins Gehirn gelangt ist, wird auch mit Vorzug »behandelt«. Sie können zum Starten der kreativen Schleifen auch Tagträume und kurze Trancen benutzen.

Es ist für Sie wichtig, sich daran zu gewöhnen, daß die Lösungswege des Gehirns einen eigenen zeitlichen Rhythmus haben. Vergleichen Sie das Starten der kreativen unbewußten Schleifen mit dem Vorgang des Säens. Wir können für die optimale Pflege der Saat und der Erde sorgen. Dies wäre im übertragenen Sinne die geeignete Metapher für den neuronalen Prozeß. Wenn jedoch die Pflanze wächst, zupfen Sie auch nicht am jungen Blatt oder pulen an der Knospe, um das Wachstum zu beschleunigen. Denn hier wirken Prozesse mit eigenen Gesetzen. Genauso verhält es sich auch mit der Entwicklung Ihrer Ideensaat.

Viele unserer Klienten und Seminarteilnehmer berichten, es stelle sich schon nach kurzer Zeit im Umgang mit der Formel vom Kreativen Teil ein deutlicher Trainingseffekt ein. Kreative Lösungswege für verschiedenste innere Aufgabenstellungen ergeben sich immer schneller und zuverlässiger. Das läßt sich gehirnorganisch tatsächlich erklären. Das Lösungsfindungsengramm der kreativen Metapher wird nach mehrfacher Benutzung immer stabiler. Zur Aktivierung der Kreativitätspotentiale muß das Gehirn auch in ein bestimmtes Stoffwechselprogramm gebracht werden. Dieses Stoffwechselprogramm wird durch die Metapher vom Kreativen Teil »gestartet«. Im folgenden gewöhnt sich also das Gehirn daran, schwierige Probleme aller Art, die in der Metapher als ratsuchende Persönlichkeitsteile auftreten, in der kreativen Aktivierung zu bearbeiten. Die Metapher vom Kreativen Teil ist deshalb so wichtig, weil diese Sie als eine feste innere »Einrichtung« durch einen längeren Zeitraum begleiten soll. Sie haben sich mit der Geschichte quasi Ihr leistungsfähiges und individuelles »Büro« oder »Labor« eingerichtet, in dem ab jetzt sämtliche »Vorgänge« erfolgreich und schnell abgewickelt werden können. Die Bildformel wird nur geändert, wenn Sie entsprechende Einfälle zur Verbesserung entwickeln sollten. Die lösungsbedürftigen Inhalte sind dann je nach Blockade verschieden und immer wieder neu. Die folgende Übung gibt eine Zusammenfassung dieses Kapitels.

Diese Form der »Gehirnbenutzung« ist ein wertvolles Instrument bei der Entwicklung von tragfähigen Ideen und bei Ihrer persönlichen Entfaltung. Bei der Suche nach Gesundheit, Lebensfreude, Erfolg und bereichernden Ideen für eine schöne Zukunftsgestaltung entwickeln Sie mit dieser Methode völlig neue, überzeugende und ökologische Trends. Eine Klientin von uns, die das Single-Leben satt hatte, suchte schon seit Tagen nach der Formulierung für einen originellen Kontaktanzeigen-Text. »Ich zerbreche mir den Kopf, und es kommt nur 08/15 dabei heraus«, klagte sie. Wir schlugen ihr vor, statt Kopfzerbrechen – übrigens eine fragliche Methode für Lösungsfindungen – es mit der Bildgeschichte vom Kreativen Teil zu versuchen. Sie setzte innerlich zur Probe ihren blockierten Texter-Teil mit dem in der Phantasie entwickelten Kreativen Teil zusammen. Sie erfand mit unserer Anregung eine wirklich tolle Geschichte: der Kreative Teil ist bei ihr ein kluger, geschmückter Elefant mit dem entsprechenden schönen Reiterkorb. Der ratsuchende Teil darf auf den sicheren Elefantenrücken aufsteigen. Der Elefant setzt sich Richtung Dschungel in Bewegung. »Die beiden sind im Grün verschwunden – ich glaube, die kreative Schleife ist gestartet« sagte unsere Klientin. Etwas zweifelnd nahm sie unseren Vorschlag an, jetzt den Lauf der Dinge nur noch abzuwarten. Stunden später war sie mit ihrer Freundin zum Essen verabredet. »Beim Nachtisch kam die Erleuchtung« berichtete sie später, mittlerweile völlig überzeugt von der Methode. »Meine Freundin mußte mir nur schnell ihren Schreiber leihen, und schon flossen die Worte auf die Serviette.« Auf die Anzeige meldete sich tatsächlich ihr Traummann. »Darauf mußte ich einfach antworten, es ging gar nicht anders!« erklärt er heute.

## Übung:
## Die kreative Kraft des Unbewußten nutzen

Folgende Schritte werden zur Lösungsfindung durchlaufen:

**Schritt A:** der Kreative Teil (fester Bestandteil in der Geschichte)

① Sie machen sich eine phantasievolle Vorstellung von dem Kreativen Teil.

② Entsprechend stellen Sie sich einen Ort, eine Umgebung vor, in der dieser Teil von einem oder auch mehreren anderen Teilen aufgesucht und um Rat gefragt werden kann.

**Schritt B:** neue Lösungswege zum Erfolg (variierender Bestandteil der Geschichte)

① Bestimmen Sie einen Persönlichkeitsteil, der maßgeblich für eine »Erfolgsblockade« verantwortlich ist. Machen Sie sich noch einmal seine gute Absicht bewußt, und geben Sie ihm einen entsprechenden respektvollen Namen.

② In der Vorstellung sucht der benannte Persönlichkeitsteil den Kreativen Teil auf mit folgender Bitte:
»Ich bin der Teil X (Namen nennen). Ich bin bei der Person für folgenden Bereich zuständig (gute Absicht benennen). Bis heute habe ich meine Aufgabe immer so verwirklicht (Methode der Blockade nennen), aber man ist mit den Nebenwirkungen meiner Methode nicht einverstanden. Zeige mir bitte, wie ich genauso zuverlässig und ohne Nebenwirkungen meine gute Absicht verwirklichen kann, wenn ich die jetzige Methode aufgeben soll.
Nenne mir bitte drei effektive neue Wege, mit denen die Person X (das sollen natürlich Sie selbst sein) versöhnt sein kann.«

③ Die unbewußte Schleife wird gestartet: Sie übergeben die

Vorstellung einer Konferenz mit dem Kreativen Teil Ihrem Unbewußten. Legen Sie für sich eine Zeit fest, in der Sie sich wieder »einschalten« wollen, vielleicht am folgenden Tag oder eine Woche später.

Wenden Sie sich wieder dem Tagesablauf zu.

④ Wenn die ersten Ergebnisse in Form von neuen Verhaltensweisen und ideenreichen Gedanken auftreten, bedanken Sie sich innerlich dafür.

## *Hinweise zur Übung:*

- Sie können nach unserer Erfahrung mit vielen Menschen diesen Lösungsprozeß so weit verinnerlichen, daß Sie beim zukünftigen Starten der unbewußten Schleifen wirklich nur noch das Zeitlimit von einer Minute benötigen.
- Wenn Ihnen nicht gleich ein Bild für Ihren Kreativen Teil einfällt, lassen Sie sich mit dem Überlegen ruhig ein paar Tage Zeit. Vielleicht entwickeln Sie persönliche Vorstellungen von Ihrer individuellen Konferenz. So können die Teile auch zusammen Kaffee trinken oder spazierengehen. Eine Seminarteilnehmerin von uns hat als Kreativen Teil eine Ballerina, die mit den anderen Teilen tanzt.
- Um die Wichtigkeit der Arbeit mit Metaphern angemessen beurteilen zu können, überlesen Sie vielleicht noch einmal das Kapitel »Bildgeschichten – die Gehirn-Schaltpläne erfolgreicher Lösungswege«.

## Schritt 3:
## Bewußte Selbstorganisation durch
## »Denk dich nach vorn«

Bisher haben Sie wichtige Einzelheiten über gehirngerechtes Erfolgsdenken gelernt. Sie haben sich damit vertraut gemacht, wie Sie die Blockadendynamik eines Persönlichkeitsteils in Zielenergie umwandeln können. Das sind schon wesentliche Voraussetzungen zur Entwicklung einer aktiven Persönlichkeit.

In der Einführung haben wir die aktive Persönlichkeit als einen Menschen charakterisiert, dessen Ausstrahlung entsteht, weil alle Teile der Persönlichkeit zusammen kurzschlußfrei leuchten können. Entsprechend ist der Kern des »Denk dich nach vorn«-Trainings, die »innere Mannschaft« geschlossen hinter sich und seine Ziele zu bringen. Hier setzt das systemisch-ganzheitliche Denken an. Sie benötigen wieder eine innere Geschichte, um alle Teile Ihrer Persönlichkeit optimal aufeinander einzustimmen. Denn allein positives Denken und Bestätigungen helfen hier oft nicht mehr weiter. Wenn Sie sich beispielsweise wünschen, erfolgreich zu sein – was immer Erfolgreichsein für Sie bedeutet –, nützt die formelhafte Beschwörung »Ich bin erfolgreich, ich bin erfolgreich, ich bin erfolgreich . . .« in der Regel nicht. Sie macht nur so lange kurzfristig optimistisch, bis Sie das nächste Mal an Ihre Erfolgsblockaden stoßen. Der Teil Ihrer Persönlichkeit, der den Erfolg sehr wünscht, braucht keine zwanzigfache

Bestätigung dieses Anliegens. Wichtiger ist die Beachtung der Persönlichkeitsteile, die Einwände gegen das Erfolgsstreben haben. Denken Sie an einen jungen Mann, der sich eine erfolgreiche berufliche Karriere wünscht. Der Freiheitsteil befürchtet vielleicht äußere Zwänge, weil er beispielsweise Krawatten und Anzüge haßt. Der Gesundheitsteil mißtraut dem Streß, der mit dem Erfolg verbunden ist. Vielleicht hat der Kontaktteil Angst um den Erhalt der Freundschaften, da man bei erfolgreich verlaufenden Karrieren oft umziehen muß und wenig private Zeit hat. Oder der Lebenssinnteil kommt mit dem Einwand: »Geld ist nicht alles.« Diese Teile werden Ihre wichtigsten Verhandlungspartner im Hinblick auf das Erfolgsziel. Nur verständnisvolles Verhandlungsgeschick mit den eigenen Teilen garantiert die Umwandlung der Einwände zu Teampartnern.

Sie müssen also lernen, Ihre Persönlichkeitsteile im Miteinander so zu führen, wie man sich auch das Zusammenspiel einer erfolgreichen »Mannschaft« wünscht. Diese Integration und Aktivierung Ihrer inneren Energien macht den eigentlichen Effekt des »**Denk dich nach vorn**«-Trainings aus.

# Die Kraft der inneren Mannschaft

Bei vielen Persönlichkeitsthemen handelt es sich um komplexe Vernetzungen, die nicht nur auf einer, sondern auf mehreren Ebenen gelöst werden müssen. Wir wählen als Geschichte die »innere Mannschaft« Ihrer Persönlichkeits-Welt. Vielleicht ist mit diesem Begriff noch zuwenig gesagt. Der Gehirnforscher Michael Gazzaniga sagt zu diesem Thema: »Der Geist ist kein unteilbares Ganzes, das mittels eines einzigen Verfahrens sämtliche Probleme löst. Vielmehr besteht er aus vielen spezifischen und nachweislich separaten Einheiten, die die Gesamtheit der eintreffenden Informationen verarbeiten. Die riesige und komplexe Informationsmenge, die auf unseren Geist trifft, wird in Teilmengen unterteilt und dann von vielen Systemen (für uns Persönlichkeitsteile; Anm. d. Autoren) gleichzeitig verarbeitet.« Vor diesem Hintergrund wählt auch Gazzaniga den Vergleich mit einer »inneren Gesellschaft«, die unser Selbst ausmacht. Hierzu paßt der gängige Begriff »Seelenlandschaft«. In dieser Landschaft leben alle Teile Ihrer inneren Gesellschaft. Damit sie tatsächlich wie eine »Gesellschaft« funktionieren können, müssen eine Reihe von Grundlagen des täglichen Zusammenlebens bestehen. Das wird besonders wichtig, wenn diese Gesellschaft gemeinsam ein wichtiges Ziel erreichen will. Beispielsweise soll die Seelenlandschaft fruchtbarer werden, damit sich alle optimal ernähren können. Dies ist nur in einer Gemeinschaftsleistung zu verwirklichen. Auf der indonesischen Insel Bali erzielen die Bewohner beispielsweise drei Reisernten im Jahr. Das gilt als vorbildhaft für die ganze Welt. Das Geheimnis dieser guten Ernten ist ein altes System, mit dem das Wasser über sämtliche Felder der Insel verteilt wird. Jeder Bauer, und sei sein Feld noch so klein, kommt so in den Genuß der Wasserversorgung. Das Wasser einer Quelle gehört allen zusammen – unabhängig davon, auf wessen Grundstück sie entspringt. Das macht die ganze Insel fruchtbar und grün.

Jeder Erfolg im Leben ist eigentlich ein Erlebnis von reicher Ernte. Wenn Sie sich viele dieser erfüllenden Augenblicke wünschen, sind Sie auf das gute Miteinander all Ihrer Teile angewiesen. »Wenn ich an meine innere ›Gesellschaft‹ den Qualitätsmaßstab anlege, den ich allein schon für eine Fußballmannschaft habe, dann habe ich wohl noch ein ganzes Stück Arbeit vor mir«, sinnierte ein Fußballfan neulich bei diesen Ausführungen.

Wenn Sie Ihre Persönlichkeit mit der Struktur einer intakten und leistungsfähigen Gesellschaft vergleichen, können Sie sich selbstkritisch nach der Situation Ihrer Persönlichkeitswelt befragen. Sind alle Ihre Persönlichkeitsteile voll im Einsatz? Arbeitet jeder Teil an der Stelle, wo er seinen Fähigkeiten entsprechend optimale Ergebnisse erzielen kann? Arbeiten die Teile alle gut zusammen, oder gibt es Konkurrenz und Streit? Müssen Sie befürchten, daß einige Teile am Ende gar schon enttäuscht aufgegeben haben, weil sie nicht genug gefördert und anerkannt werden? Kennen sich überhaupt alle Teile untereinander, oder fühlen Sie sich eher als das Opfer zusammenhangloser Einzelteile? Sind alle mit Freude bei der Arbeit, sind alle gesund? Fühlen sich alle ausreichend respektiert und gewürdigt? Nehmen Sie sich vielleicht noch einmal die Liste der Persönlichkeitsteile zu Hilfe.

Machen Sie den Test, und gehen Sie nach innen, um die

185

*Unternehmen*

Atmosphäre Ihrer inneren Persönlichkeitswelt zu überprüfen. Lassen Sie Ihrer Intuition und Ihrer Phantasie freien Lauf,
wenn Sie in Gedanken Ihre innere Gesellschaft oder »Mannschaft« unter die Lupe nehmen. Auch hier entwickeln unsere
Klienten ganz unterschiedliche Vorstellungen. In vielen entsteht tatsächlich das Bild eines inneren Landes, einer Stadt
oder eines Dorfes. Dabei stellte ein Klient sich seine innere
Welt wie ein »Schlumpfdorf« vor. Die nächste Klientin erlebte ihre »Mannschaft« wie ein riesengroßes Zirkusunterneh-
men, das in der Welt umherzieht. Oft werden Assoziationen
zu großen »Persönlichkeits-Unternehmen« oder »Persön-
lichkeitsfirmen-Firmen« gebildet. Bei einem Motorradfan
bilden die Persönlichkeitsteile einen großen Motorrad-Club,
der zusammen Ausfahrten organisiert. Originell finden wir
auch das Bild der Persönlichkeitsteile als Mannschaft eines
großen Ozean-Schiffes.

Eine Unternehmerin kam aus dieser Überprüfung mit folgendem Ergebnis heraus: »Ich habe mir alles wie ein großes .
Unternehmen vorgestellt. Wissen Sie, wenn das so in meiner
Firma aussähe, würde ich aktiv werden. Das nähme ich so
nicht hin.« Sie berichtete, spontan die Vorstellung von einer
mit lieblosen Sperrmüllmöbeln eingerichteten verstaubten
Behörde gehabt zu haben – mit entsprechend schlecht motivierten »Mitarbeitern« – ihren Teilen. »Und da wundere ich
mich, daß in mir nichts Effektives geschieht.« Das oben erwähnte Schiff wirkte bei der ersten »Inspektion« dringend
überholungsbedürftig. Der Nebenmann stellte fest, es gäbe
für seine Teile noch nicht einmal Möglichkeiten für eine
Verständigung untereinander. »Die sitzen alle in Räumen, die
weder durch Türen, Flure noch durch Telefone miteinander
verbunden sind.«

Es muß nicht unbedingt sein, daß Sie ebensolche aufschlußreichen Hinweise über Ihre »innere Mannschaft« erhalten. Diese Beispiele sollen Ihnen nur vermitteln, wie un-

strukturiert und wirkungslos das Miteinander von inneren Gesellschaften im Vergleich zu manchen äußeren Organisationen sein können. Die entsprechende Persönlichkeit hat unter solchen Voraussetzungen Schwierigkeiten, eine überzeugende Ausstrahlung zu entwickeln.

**Die Übung für dieses Kapitel ist ganz einfach: Überlegen Sie sich selbst ein inneres Bild für Ihre innere Mannschaft oder Gesellschaft in Ihrer individuellen Persönlichkeitswelt.**

# Ausstrahlung kommt von innen

In der Sozialpsychologie hat man sich eingehend mit den Themen Motivation und Meinungsbildung beschäftigt. Interessant für das »Denk dich nach vorn«-Training sind Untersuchungen zu der Frage, inwieweit nonverbale Verhaltensweisen eines Menschen, wie etwa die Körpersprache, den Gesamteindruck auf die Gesprächspartner prägen. Die Forscher kamen zu einem sehr aufschlußreichen Ergebnis: **Die Bereitschaft, einem anderen Menschen zu trauen, wird zu nur sieben Prozent durch den Inhalt der gesprochenen Worte bestimmt.** Für den Rest des Gesamteindrucks sind Mimik (55 Prozent) und Tonfall (38 Prozent) des Gegenübers ausschlaggebend.

Wenn Sie mit sich selbst »uneins« sind, drückt sich das auch in Ihrer Körperhaltung und in Ihrem Tonfall aus. Sind Sie der Meinung, Sie müßten sich selbst beherrschen, hört sich Ihre Stimme auch unterdrückt an, und die Mimik wirkt eher unbewegt. Da nützt es nichts, wenn Ihr Mund einen freundlich formulierten Satz spricht, denn der macht nur sieben Prozent an positiver Wirkung aus. Auch eine einstudierte Geste, die beispielsweise Offenheit zeigen soll, ist vergebens, wenn dabei Ihre Kaumuskeln spielen. Ihr Körper drückt es überall aus, wie versöhnt Sie mit sich selbst sind. Sie können bewußt nicht Ihre Pupillengröße, die Muskelspannung oder die

Durchblutung Ihrer Gefäße einstellen. Ob Sie auf andere Menschen überzeugend und positiv wirken, hängt ganz allein von der Atmosphäre in Ihrer Persönlichkeitswelt ab.

Menschen, die mit sich selbst eins werden, verändern in diesem Prozeß auch ihr Aussehen. Damit sind nicht Äußerlichkeiten wie die Frisur oder das Kostüm gemeint, sondern die unbewußte, nicht steuerbare Aktivierung der Körperfunktionen. Beispielsweise kann ein und dieselbe Stimme bei verschiedenen Atemformen im Klang erheblich variieren. Auf diese Merkmale reagiert wiederum das Unbewußte der Mitmenschen.

Sie können davon ausgehen, im Laufe Ihres Lebens so viele Texte und Worte in sich aufgenommen zu haben, daß Sie sich um gute Formulierungen im Gespräch keine Sorgen machen müssen. Wenn die Gesellschaft in Ihrer Persönlichkeitswelt stark ist, kommen plötzlich auch die richtigen Worte in der richtigen Situation wie von selbst über die Lippen. »Ich mache mir gar keine Gedanken mehr darüber, ob ich im Gespräch die richtigen Worte finde«, sagte ein Klient von uns. »Ich kann voll und ganz auf die passenden Einfälle vertrauen.« Sie wirken dann viel weniger kontrolliert und »aufgesetzt«. Ihre größte Stärke ist Ihre natürliche Sicherheit. Solange Sie sich vorstellen, Sie hätten ein »wahres« und ein »falsches« Ich, büßt die Glaubwürdigkeit Ihres Auftretens ein. Sie steigern Ihre Ausstrahlung dagegen durch die Gewißheit, eine starke Mannschaft von vielen »wahren Ichs« in sich zu haben. Das festigt wiederum den äußeren Eindruck, mit sich selbst eins zu sein.

Sehen Sie sich hier einmal die von uns vereinfachte Abbildung der »Logischen Kreise« im Gesamtsystem eines Menschen an, so wie Robert Dilts, ein bekannter NLP-Anwender, sie beschreibt. Sie sehen im Zentrum die Persönlichkeit, die Identität des Menschen stehen. Dieser Kern entscheidet darüber, welche Fähigkeiten ein Mensch entwickelt – oder nicht. Die

Fähigkeiten bestimmen wiederum das Verhalten und das Verhalten die Wirkung auf die Umwelt. Meist ist die Entwicklung von Fähigkeiten und Verhaltensweisen dauerhaft dadurch behindert, daß die zerstrittenen oder schlecht organisierten Persönlichkeitsteile einen Verhaltensreichtum gar nicht zulassen. Man kann an den Verhaltensweisen »herumtherapieren«, soviel man will – der Kern der Persönlichkeit bleibt davon unberührt. Sie erreichen den größten Verhaltensreichtum durch die Arbeit am Zentrum Ihrer Entwicklungsmöglichkeiten, also durch Arbeit an Ihrer Persönlichkeitswelt.

**»Denk dich nach vorn«** sorgt, bildlich gesprochen, dafür, daß im ganzen Persönlichkeitshaus ein kurzschlußfreies Stromnetz existiert. Die Wahl der Lampenschirme überlassen wir Ihnen.

# Die aktiven Fünf – Der »magische Stern« für die innere Mannschaft

Wir wollen Ihnen nun die wichtigsten fünf Qualitätsmerkmale für das optimale Zusammenspiel der Teile Ihres Persönlichkeitssystems beschreiben. Diese Qualitätsmerkmale gelten nicht nur für den »Blick nach innen«, sondern sind auch ein geeigneter Maßstab für ein tatsächliches energievolles Zusammenwirken von Menschen in verschiedenen Gesellschaften und Organisationen.

Wir haben diese Merkmale – die aktiven Fünf – der Einprägsamkeit halber in Form eines Pentagramms – das ist ein aufrecht stehender fünfzackiger Stern – in der folgenden Abbildung dargestellt. In vielen Kulturen galt das Fünfeck als ein magisches Geheimzeichen, das aufrecht stehend Gesundheit und Abwehr von Krankheit bedeutete. Seine Form symbolisiert den menschlichen Körper. Wirken die fünf Qualitätsmerkmale, ist die Stärke einer aktiven Persönlichkeit garantiert.

Dem menschlichen Bewußtsein ist die Überblicksposition des Sachverständigen über dem Fünfeck zugeordnet. Diese Position dient dazu, das Funktionieren der aktiven Fünf überprüfen zu können. In einem Unternehmen wäre diese Position der überblickende Standpunkt von Chef oder Chefin gegenüber dem Mitarbeitersystem.

Bevor wir jedes Qualitätsmerkmal einzeln besprechen, geben

# Der »Magische Stern«

Das Qualitäts-Fünfeck des
Persönlichkeitssystems

Ihr
Bewußtsein

Einigkeit

Energie-
bewußtsein

Teamgeist

Fähigkeiten

Lebendigkeit

wir Ihnen eine grobe Zuordnung der einzelnen Bereiche an die Hand. Dem Kopfbereich ist die **Einigkeit** zugeordnet, also die Idee über Außenwirkung und Ziele der Persönlichkeit. **Energiebewußtsein** und **Teamgeist** sind dem Armbereich zugeordnet – denn:

»Eine Hand wäscht die andere.« **Fähigkeiten** und **Lebendigkeit** stehen in Zusammenhang mit den Beinen, also dem Vorwärtskommen der Persönlichkeit und ihrer Veränderung im Laufe der Zeit.

# Einigkeit

Es bedient Sie der Mitarbeiter einer Restaurantkette. Neben dem Firmenkittel und den Firmenfarben trägt er ein Schild mit der Aufschrift: »Ich bin die freundliche Bedienung von McSchulz.« Trotz der offensichtlichen Zugehörigkeit zum Unternehmen zweifeln wir intuitiv, ob dieser Mensch wirklich so viel von seiner Firma hält, wie er es vom Kittel her verspricht. Einigkeit macht sich nicht nur darin bemerkbar, daß Menschen die gleiche Tracht oder Fahne tragen. Einigkeit existiert vor allem auch im Denken. Vergleichen Sie diese Einigkeit wieder mit der erfolgreichen Fußballmannschaft im Spiel. Zum einen zeigen alle durch das gleiche Trikot ihre Zugehörigkeit zum Team. Zum anderen haben alle auch *ein und dasselbe Ziel im Kopf!* Sie wollen gewinnen und nicht etwas Fitneß treiben oder jonglieren üben. Egal, wie unterschiedlich die Aufgaben im Spiel sind – Torwart, Stürmer, Verteidiger –, diese Spezialisierung wäre ohne das gemeinsame Ziel des einzelnen im Kopf Unsinn!

Einigkeit ist vor allem auch eine psychologische Dimension. Jedes Mitglied einer Mannschaft oder Gesellschaft vertritt seine Gruppe auch nach außen. Die Menschen müssen das halten, was die Aussage und das Image der Gruppe verspricht. Ein unangenehmes Erlebnis verdirbt die beste Sache, wie ein aktuelles Beispiel aus dem Leichtathletik-Sport zeigt. Als die

Sprinterin Katrin Krabbe unter Doping-Verdacht geriet, erlitt der gesamte Hochleistungssport einen rapiden Imageverfall. Sponsoren entzogen in großem Umfang ihre finanzielle Unterstützung. Die Leidtragenden sind die »sauberen« Athleten, die mit den Doping-Sündern in einen Topf geschmissen werden. Hier entspricht dann der Spruch »einer für alle – alle für einen« einer bedauernswerten Panne.

Auch im Verkauf hat dieses Prinzip Wirkung. Ein wirklich sehr nettes Hamburger Ehepaar besuchte vor über dreißig Jahren einen in dieser Stadt noch immer angesehenen Herrenausstatter. Während des Anprobierens verschiedener Anzüge fragte die Ehefrau den Verkäufer: »Sitzt der nicht irgendwie ein bißchen schief?« Darauf die überhebliche Antwort des Verkäufers: »Nein, Ihr Mann ist schief!« Diese unerfreuliche Episode führte dazu, daß das Ehepaar diesen Herrenausstatter abgrundtief verabscheute und die Geschichte noch heute Freunden und Bekannten zur Abschreckung erzählt. Der Verkäufer befindet sich sicherlich schon längst im Ruhestand, und die Warenqualität ist wahrscheinlich tadellos – doch das macht dieses Erlebnis nicht mehr ungeschehen.

Zur tragenden Einigkeit zählt, neben dem Willen des einzelnen, das »gemeinsame Trikot« zu tragen, auch die grundsätzliche Bereitschaft, sich mit den Zielen der Mannschaft oder der Gesellschaft in seiner Arbeit zu identifizieren. Zudem muß die Tätigkeit als Zusammenhang mit den Zielen erlebt werden.

Wenn der Mitarbeiter in einem Unternehmen – wie die »freundliche Bedienung« aus dem obigen Beispiel nicht an diesem hohen Ziel interessiert sind, kann man sich letztlich auch von ihm trennen. Wenn jedoch Ihre eigenen Teile nicht bereit sind, die Einigkeit Ihrer Persönlichkeit nach außen zu repräsentieren, bekommen Sie schwerwiegende Probleme.

Denken Sie noch einmal an das Beispiel des Seminarteilnehmers, dessen Teile über keine Verständigungsmöglichkeiten verfügten. Ein solches Manko verursacht oft die Ziellosigkeit Ihrer Teile und eine fehlende persönliche Einigkeit. Die Unwissenheit über die persönlichen Ziele und das gewünschte Erscheinungsbild nach außen schlägt sich in Ihrer Persönlichkeitswelt nieder.

Haben Sie sich je lange genug Gedanken darüber gemacht, wie Sie selbst nach außen wirken möchten? Wissen Sie genau, was Ihre ganz persönliche Identität, Ihre Eigenart und Ihren »Zauber« ausmacht? Kennen Sie die unverwechselbaren Merkmale Ihrer Person?

Es geht hier nicht darum, sich irgendwelche auffälligen Äußerlichkeiten – wie etwa das ständige Tragen eines roten Schals – zuzulegen. Vielmehr geht es um Ihr Selbstverständnis. Bitten Sie gute Freunde und Ihnen nahestehende Personen um eine ehrliche Meinung bezüglich Ihrer Identität. Welche Merkmale an Ihrer Person machen ganz speziell Sie aus? Können Sie diese Frage vielleicht selbst beantworten, oder wissen Sie gar nicht, »was die anderen immer an Ihnen finden«? Bei dieser »Inspektion« Ihrer selbst können sich sehr aufschlußreiche Erkenntnisse ergeben. Einer unserer Klienten fand durch die Rückmeldung heraus, daß eine ganz bestimmte Art zu lachen andere Menschen bezaubert. Für ihn war das Ergebnis insofern eine große Überraschung, als er sich gerade stets um große Ernsthaftigkeit im Auftreten bemühte und dabei sein Lachen und seinen Humor unterdrückte. Seinem Lachen hatte er bewußt noch nie eine besondere Bedeutung in Zusammenhang mit seinen beruflichen und privaten Erfolgen beigemessen.

Vielleicht werden Sie selbst auf ganz andere Merkmale Ihrer unverwechselbaren Identität aufmerksam. Wichtig ist, dafür zu sorgen, sich einen **Identitätsanker,** ein persönliches »Kennzeichen« zuzulegen, der Sie stets an Ihre Einzigartigkeit erinnert. Das kann ein individuelles Schmuckstück sein, ein bestimmter Duft oder ein bevorzugtes Kleidungsstück. In vielen Lebensbereichen, wie etwa im Berufsleben, kann auf eine gewisse äußerliche Übereinstimmung zusammenarbeitender Menschen nicht verzichtet werden. Diese sichtbare Zusammengehörigkeit ist in erster Linie ein Ausdruck der Würdigung des Gegenübers ohne Worte. Betrachten Sie jedoch diese äußerliche Gleichheit nur als eine Fassung, in der Sie selbst ein unverwechselbares »Schmuckstück« bleiben. Erst wenn Ihnen Ihre persönliche und individuelle Wirkung bewußt ist, können alle Persönlichkeitsteile Ihre Ziele aktiv mitgestalten.

Verdeutlichen Sie sich anhand des folgenden Beispiels, wie sich eine mangelnde Einigkeit auswirken kann. Was geschehen kann, wenn ein Persönlichkeitsteil nicht darin geschult ist, an die möglichen Konsequenzen seiner Methode für die Gesamtpersönlichkeit zu denken. Der Beschützerteil eines unserer Klienten arbeitete in Schaffenskrisen unter dem Leitspruch: »Nimm dir nichts vor, dann kann auch nichts schiefgehen!« Für seine gute Absicht mag diese Überlegung sinnvoll gewesen sein, aber sie störte äußerst wichtige Ziele der anderen Teile, beispielsweise des Anerkennungs- und Lebensfreudeteils. Es fehlte also die Sensibilisierung dieses Persönlichkeitsteils hinsichtlich der Einigkeit der Gesamtpersönlichkeit. Wir baten diesen Mann, nach innen zu gehen und den betreffenden Teil zu fragen, ob er die schlimmen Nebenwirkungen überhaupt registriere. Zu unserer aller Überraschung antwortete der Beschützer, er sei noch gar nicht davon informiert worden, daß dieser Mann jetzt eine so wichtige Position bekleide. Das hatte ihm noch niemand gesagt! Der Beschützer hatte vor zwanzig Jahren einmal mit seiner Methode in einer bestimmten Situation Erfolg gehabt und wandte sie seitdem wie ein zuverlässiger Mitarbeiter bei Bedarf immer wieder an. Man hat ihn nie darüber informiert, daß sein zuverlässiges Wirken nicht mehr »up to date« ist. So fällt Einigkeit natürlich schwer!

Mit der Metapher vom Kreativen Teil arbeiten Sie sich bitte eine Vorstellung aus, wie dieser ratgebende und lenkende Persönlichkeitsteil alle anderen Teile auf Ihre Einigkeit und den aktuellen Stand einstimmt – so wie Sie es beispielsweise als Trainer einer Mannschaft auch durchführen würden. Möglicherweise versammeln sich in der Phantasie alle Teile, oder die Persönlichkeitsteile werden per Rundschreiben auf Ihre individuelle Gesamtpersönlichkeit und Ihren Identitätsanker eingestimmt. Vielleicht finden Sie eine ganz persönliche Geschichte. Diese Metapher benutzen Sie dann auch, um allen Teilen der Persönlichkeit Ihre Nah- und Fernziele zu präsentieren. Der Identitätsanker ist dann die symbolische Aufforderung an alle Teile, sich mit Ihren Zielen zu identifizieren. Auch in einem großen und funktionierenden Unternehmen müssen die Mitarbeiter ständig über Ziele des Unternehmens informiert sein. Erst dieser Informationsfluß stellt sicher, daß alle Mitarbeiter das Unternehmen allein schon durch ihr persönliches Auftreten repräsentieren können.

*Übung:*
*Meine unverwechselbare Identität*

① Bitte denken Sie an eine Situation in Ihrem Leben, in der Sie sich mit sich selbst eins gefühlt haben. Eine Situation, zu der der Satz paßt: »Ich bin ich, und das ist gut so.« In der Sie also mit Ihrer Einzigartigkeit, Ihrer individuellen Einigkeit versöhnt waren. Gehen Sie in diese Situation in Gedanken noch einmal hinein:
Was **sehen** Sie in der Erinnerung? Was gibt es zu **hören**? Was ist das **Körpergefühl**?
Gibt es vielleicht einen **Geruch** oder **Geschmack**, der zu dieser Erinnerung gehört?
② Denken Sie darüber nach, welches Merkmal der Erinne-

rung an Ihre Identität ein guter Anker sein könnte: Ist es eine Bewegung? Ein innerer Leitsatz, eine Stimme oder Melodie? Ein Bild, vielleicht von sich selbst? Überlegen Sie sich hierzu passend einen geeigneten Identitätsanker, einen persönlichen Gegenstand, ein bestimmtes Kleidungsstück oder einen Duft, der Sie im Alltag an Ihre innere Einigkeit erinnert.

③ Denken Sie jetzt an Ihr definiertes Ziel, das Sie mit diesem Training zuerst erreichen möchten.

④ Gehen Sie in der Phantasie zum Kreativen Teil und bitten Sie ihn, alle Teile auf Ihre Identität hin »einzuschwören«. Der Identitätsanker ist in Zukunft auch das »**Versammlungszeichen**« für die Ankündigung neuer Ziele.

⑤ Stellen Sie sich jetzt vor, wie der Kreative Teil alle anderen Persönlichkeitsteile über das Ziel informiert.

⑥ Gehen Sie jetzt in Gedanken mit Hilfe der »Zeitlinien-Technik« in das gesetzte Ziel hinein. Testen Sie den Identitätsanker: Sind Sie noch unverwechselbar Sie selbst?

⑦ Testen Sie das Erfolgsgefühl, welches sich allein schon durch die geschlossene Einigkeit aller Teile Ihrer Gesamtpersönlichkeit nach außen einstellt.

## *Hinweise zur Übung:*

● Lassen Sie sich ruhig ein paar Tage oder Wochen Zeit, um den geeigneten »Identitätsanker« zu finden und genügend Rückmeldung zu der Einzigartigkeit Ihrer Persönlichkeit zu sammeln.

● Die Vorstellung, der Kreative Teil »einigt« die anderen Persönlichkeitsteile immer wieder auf Ihre unverwechselbare Einigkeit, erhöht unbewußt das gelungene Zusammenspiel all Ihrer mentalen und körperlichen Impulse.

# Teamgeist

Stellen Sie sich vor, jemand hat sich vorgenommen, am Sonntag noch einige wichtige Unterlagen durchzuarbeiten. Am Schreibtisch sitzend, schweift sein Blick nach draußen. Eine innere Stimme scheint zu sagen: »Sieh dir doch mal das schöne Wetter an. Warum gehst du nicht raus?« Der Gedanke ist verlockend. Aber sofort meldet sich eine andere Stimme: »Denk daran, du hast dir diese Arbeit vorgenommen. Aufgeschoben ist aufgehoben.« Obwohl unser Sonntagsarbeiter tapfer am Schreibtisch sitzen bleibt, ist das Interesse an den Unterlagen gestört. Die Arbeit geht nur schleppend voran. Vielleicht gibt er schließlich doch seinem Wunsch nach. Doch kaum bewegt er sich an der frischen Luft, nagen Zweifel an ihm: »Du bist hier draußen, und drinnen wartet die Arbeit.« Zur echten Erholung kommt es also nicht.

Das ist die klassische »Zwei-Seelen-Situation«, wie sie viele Menschen kennen. Das Gefühl der inneren Zerrissenheit kommt dadurch zustande, daß beide Stimmen so auffällig recht haben. Keiner der Gedanken kann sich wirklich durchsetzen. Selbst wenn Sie einem der wettstreitenden Impulse nachgeben, ist das Ergebnis nur eine getrübte Freude, weil der vermeintlich besiegte Teil sich nur für kurze Zeit ruhig verhält. Über das harmlose Erscheinungsbild dieses inneren Konfliktes hinaus kann sich aus so einer Situation eine massi-

*Kopfschmerz*

ve Erfolgsblockade bilden. Gerade wenn die Phase der widerstreitenden Gedanken überwunden scheint, meldet sich der verdrängte Teil plötzlich »aus dem Untergrund«.

Eine Hausfrau und Mutter von zwei kleinen Kindern hatte in *Bsp.* ihrer vorehelichen Single-Zeit ihren Lebensfreudeteil ausgeprägt und diesen Lebensaspekt in vollen Zügen genossen. Rückblickend vollzogen wir nach, wie ihr »Familienteam« (Geborgenheits-, Sicherheits- und Harmonieteil) mehr und mehr das »Ruder übernahm«. Dabei schätzte dieses Team den Lebensfreudeteil als überflüssig ein. Das resultierte aus der von den Eltern übernommenen unbewußten Einstellung: »Pflichterfüllung und › Flausen im Kopf‹ (gleich Lebensfreude) vertragen sich nicht.« Der Lebensfreudeteil wurde daher boykottiert, vergessen und ging, nachdem er viele Jahre zu kurz gekommen war, »in den Untergrund«. Wichtige Entscheidungen gingen stets zuungunsten der Lebensfreude aus. So nahm sich die Frau nie einen Babysitter, »weil man sein Kind nicht fremden Menschen anvertraut, solange man selbst da sein kann«. Nach einigen Jahren stellte sich ein massives Kopfschmerzproblem ein, organisiert von diesem Teil, da er keine andere Handlungsmöglichkeiten mehr sah, als mit der »Holzhammermethode« seine Existenz spürbar zum Ausdruck zu bringen. Plötzlich erlebte das »Familienteam« eine ernst zu nehmende Störung. Die chronischen Kopfschmerzen einer Mutter können die ganze gute Atmosphäre aus den Angeln heben. So können auch von der guten Absicht sehr nette Teile zu Furien werden, wenn man sie nicht ernst nimmt.

Ein Beispiel wäre hier das Märchen »Dornröschen«. Ein Königspaar lädt anläßlich der Geburt ihrer Tochter die Feen des Landes ein, damit sie dem Kind ihre Gaben mit auf den Lebensweg geben. Aber es taucht ein kleines Problem auf: Es gibt im Lande dreizehn Feen, jedoch das Schloß besitzt nur zwölf Besucher-Teller. Das Königspaar kommt auf die praktische Idee, entsprechend auch nur zwölf Feen einzuladen. Mitten beim Fest erscheint die fuchsteufelswilde dreizehnte Fee und verwünscht die kleine Prinzessin aufs übelste. Daher heißt sie im Volksmund die »böse Fee« – eine Absicht, die wir absolut nicht teilen. Überlegen Sie selbst: ist es nicht von Königin und König unvorstellbar geizig, nicht schnell einen dreizehnten Teller zu kaufen? Wahrscheinlich haben sie wegen der guten Art der Feen gedacht: »Wer gut ist, wehrt sich nicht.« Das Gegenteil war der Fall.

Wir konnten dieser Kopfschmerz-Patientin nachhaltig helfen, indem wir die betreffenden Teile miteinander verhandeln ließen. Der innere Konflikt war an einem Punkt angekommen, an dem der Machtkampf der Gesamtperson erheblichen Schaden zuzufügen drohte. Familienglück und Lebensfreude standen eins zu eins auf dem Spiel. So können wie gesagt auch von der Absicht her sympathische Teile bei konsequenter Nichtbeachtung dem Gesamtsystem großen Schaden zufügen. Die Frage, ob nun die Lebensfreude oder der Erfolg für einen Menschen wichtiger ist, gleicht der Überlegung, ob bei einem Fahrrad eher das Vorder- oder das Hinterrad fehlen darf. Die Frau stellte gedanklich also das Familienteam links und den Lebensfreudeteil rechts von sich auf. Sie machte den beiden Seiten in einer inneren Ansprache die Tatsache deutlich, daß sie »in einem Boot sitzen«. Auch ein Boot kommt nicht ans Ziel, wenn die Insassen jeweils selbstüberzeugt ihren eigenen Stil rudern. Im Gegensatz zu den Konflikten mit äußeren menschlichen Beziehungen können innere Konflikte nicht durch Kündigung und Scheidung, sondern nur durch Integration gelöst werden. Den Verhandlungspartnern wurde folgendes Angebot gemacht: Wäre es nicht vorteilhaft, die Kräfte, die im Streit verzehrt werden, einzusparen und statt dessen eine neue Form von Zusammenarbeit zu finden? So wurde für diese Frau die grundlegende Idee des friedlichen Miteinanders für die Teile ihrer Persönlichkeitswelt geboren.

Als Geschichte bietet es sich an, die Teile innerlich zu einer Konferenz zusammenkommen zu lassen. Wie bei »echten Menschen« kann man nicht spontane Herzlichkeit erwarten. Vielmehr muß sich ein langsam aufbauendes Vertrauensverhältnis nach langen Jahren des Mißtrauens und Kampfes entwickeln. Denken Sie sich in der Phantasie einen Ort aus, an dem die Teile an ihrer Teamfähigkeit arbeiten. Es ist nicht entscheidend, innerlich in allen Einzelheiten zu registrieren, welche Übereinkunft die Teile finden. So weiß einer unserer Seminarteilnehmer schon um den positiven Verlauf, wenn die Teile seiner Seelenlandschaft in einer gemütlichen italienischen Straßenbar zusammen Kaffee trinken. Wieder ein anderer schickt seine zerstrittenen Teile internal erst einmal auf einen Waldspaziergang. Lassen Sie sich selbst von Ihren Ideen inspirieren. Vom mentalen Konzept her handelt es sich wieder um das Starten einer unbewußten Schleife. Es bietet sich besonders an, die verhandelnden Teile kurz vor dem Schlafengehen zur Konferenz zusammenzubringen und sich am nächsten Morgen oder in den nächsten Tagen vom Ergebnis überraschen zu lassen. Vielleicht holen Sie auch den Kreativen Teil in seiner Funktion als Diplomat, als Berater und Vermittler hinzu. Bestimmen Sie dann mit den Verhandlungteilen einen Zeitraum, den sie für den Aufbau einer funktionierenden Teamarbeit benötigen. Das oberste Ziel ist für Sie ein breites inneres Spektrum durch die verschiedenen »inneren Spezialisten«.

Denn ein gutes Team wird ja erst dadurch interessant, daß alle Beteiligten *unterschiedlich* im Können und der Art sind. Auch im Unternehmen sitzen Spezialisten als Team zusammen. Genau wie bei den Persönlichkeitsteilen hat jeder eine wichtige Aufgabe zu erfüllen. Der Teampartner wird dabei nicht als Gegenspieler, sondern als Ergänzung zur eigenen Arbeit erlebt. Das Interesse gilt dem Wohl der Gesamtheit, da wiederum alle in einem Boot sitzen. Teamschwierigkeiten führen zu Problemen, die sich durchaus negativ auf den Umsatz einer Firma auswirken können. Sicher kennen Sie aus Ihrem beruflichen Alltag etliche »Pannen«, die auf mangelndes Teamverständnis im Unternehmen zurückzuführen sind. Denken Sie an den Bereich Projektentwicklung.

Wir kennen aus den verschiedensten Branchen bedeutende Unternehmen, bei denen die Bereiche Design und Vertrieb im Zwist leben. Der Vertrieb ist davon überzeugt, die Designer kämen wieder mit »unverkäuflichem Quatsch« an, während die Designer den Vertriebsleuten jegliche Sensibilität für den Publikumsgeschmack absprechen. Sie entwickeln ihre Ideen daher konsequent ohne irgendein Beratungsgespräch mit den »phantasielosen Holzköpfen« im Vertrieb. Dies sind keine Erfindungen von uns, sondern wörtliche Zitate. Bis dann ein gemeinsames Vorgehen möglich wird, fließt unnötig viel Zeit, Geld und Personalenergie den Bach herunter. Kleinere Unternehmen und solche mit einer dünnen Finanzdecke könnten sich dieses Gerangel gar nicht leisten.

Auch in einem »Persönlichkeitsunternehmen« kann es zum Konkurs durch mangelnde Teamfähigkeit der Teile kommen. Die Mühe, sich zu einer versöhnten Gesamtpersönlichkeit zu entwickeln, lohnt daher wirklich für jeden Menschen. Je mehr verschiedene Persönlichkeitsteile in Ihnen gemeinsam wirken dürfen, desto größer werden Ihr seelischer Reichtum und Ihre äußeren Handlungsmöglichkeiten.

Selbstverständlich gibt es auch Menschen, die es tatsächlich schaffen, Teile von sich abzuschaffen. Je weniger Teile man hat, desto größer ist die Wahrscheinlichkeit, daß sich alle vertragen. Die Integrationsarbeit wird eingespart. Leider merkt man diesen Menschen den Verlust an. In der Tat wirken sie weniger lebendig und werden im Volksmund dann »Spießer« genannt. Spießer sind in der Jägersprache Hirsche, die statt eines prächtigen Geweihs nur noch über ein einziges spitzes Horn verfügen. Wenn wir über jemanden etwas sehr

Häßliches sagen wollen, behaupten wir: »Der hat bestimmt nur einen einzigen Persönlichkeitteil.« Solche Menschen sind für schöne, »runde« Lebenserfolge nicht gerade prädestiniert. Auch im Beruf sind »Fachidioten« immer weniger gefragt. Gerade hier wünscht man sich mehr und mehr Mitarbeiter, die neben fachlichem Können mit Ausstrahlung und Menschenkenntnis ihren Beruf nicht ausüben, sondern – leben.

Der Psychologe Alfie Kohn erläutert in seinem Buch »Mit vereinten Kräften«, warum auch in der Wirtschaft die Kooperation der Konkurrenz überlegen ist. Er enttarnt den biologischen Allgemeinplatz, der besagt, die »natürliche Auslese« erfordere den Wettkampf als Mythos. Dabei bezieht er sich auf einen anderen Verhaltensforscher, der schon 1902 schrieb: »Konkurrenz beschränkt sich unter Tieren auf Ausnahmezeiten. Bessere Zustände werden geschaffen durch die Überwindung der Konkurrenz durch gegenseitige Hilfe.« Denken Sie hier an das Löwenrudel, das ausschließlich gemeinsam seine Beute jagt. Ohne diese Bereitschaft zur Jagd-Kooperation würde das ganze Rudel verhungern.

Kohn beschreibt, wie eine Person in einer Sache Erfolg haben kann, »unabhängig davon, wie gut oder schlecht es einer anderen damit geht«. So muß auch persönlicher Erfolg nicht zwangsläufig auf inneren Opfern beruhen, wie viele Menschen in unserer Gesellschaft meinen. Der schönste Erfolg ist der, mit dem alle unsere Teile Gewinner sind. Bei der Familienmutter aus unserem Beispiel fanden wir so auch das Motiv des »Familienteams« für die absolute Unterdrückung des Lebensfreudeteils. Man befürchtete, daß der Lebensfreudeteil die Familie total im Stich lassen würde, wenn er Oberwasser bekommt. Als sich herausstellte, daß beide Aspekte – sogar sehr gut – in das Leben eines Menschen passen, verschwanden die Kopfschmerzen der Patientin schon nach einigen Tagen. Damit Sie lernen, wie sich Ihre inneren Energien nicht unnö-

*Delphine (Stramen u. Kämpfe)*

tig aufreiben, sondern ergänzen und unterstützen können, durchlaufen Sie das folgende Verhandlungsmodell. Vergegenwärtigen Sie zuvor wieder Ihr persönliches Trainings-Projekt. Sicher stoßen Sie auch hier auf zwei »Seelen in einer Brust«, die sich vertragen sollten. Mit diesen Persönlichkeitsteilen arbeiten Sie dann.

## Übung:
## Verhandlung zwischen zwei Persönlichkeitsteilen

① Denken Sie an eine Situation, in der sich in Ihnen immer wieder zwei wettstreitende Teile melden, ohne daß es für Sie zu einer wirklich zufriedenstellenden Lösung kommt. Nennen Sie diese beiden Persönlichkeitsteile innerlich Teil A und Teil B.

② Stellen Sie sich die beiden wie zwei Personen, beispielsweise wie zwei Schauspieler vor. Sorgen Sie in Gedanken für eine typische Darstellung dieser beiden inneren Charaktere. Nehmen Sie den einen Teil rechts, den anderen links von sich wahr.

③ Gehen Sie nach innen, und sprechen Sie in Gedanken Teil A an: Was für eine gute Absicht verfolgst du für mich, worauf paßt du bei mir auf? Verweilen Sie eine gewisse Zeit bei diesem Teil, um seine gute Absicht zu würdigen, und geben Sie ihm einen respektvollen Namen.

④ Nehmen Sie sich genausoviel Zeit, um auch die gute Absicht von Teil B zu würdigen. Achten Sie auch hier auf einen Namen, der die gute Absicht positiv umschreibt.

⑤ Lassen Sie beide Teile in Gedanken noch einmal aufführen, worin die Störung durch den anderen Teil besteht. Wo stehen sie sich gegenseitig im Weg? Worüber gibt es vielleicht Mißverständnisse?

⑥ Versuchen Sie, den beiden innerlich eine »Brücke« zueinander zu bauen. Zeigen Sie beiden, daß Sie sie als Ihre Teile gleichermaßen schätzen. Erläutern Sie sorgfältig die Gründe, die für die Versöhnung zur Teamarbeit sprechen.

⑦ Denken Sie sich jetzt einen Ort aus, an dem die beiden sich – sei es zu zweit oder mit dem Kreativen Teil in seiner Eigenschaft als Diplomat – zu einem ersten Annäherungstreffen und zu späteren Verhandlungen treffen.

⑧ Verabreden Sie mit den Verhandelnden, wieviel Zeit sie wohl für die Etablierung einer neuen und funktionierenden Teamarbeit benötigen werden.

⑨ Bedanken Sie sich bei beiden, und verabschieden Sie sich innerlich. Die unbewußte Schleife ist jetzt gestartet. Wenn Sie später die ersten Fortschritte wahrnehmen, bedanken Sie sich innerlich.

## *Hinweise zur Übung*

● Schon nach kurzer Zeit werden Sie nur noch eine Minute der Konzentration benötigen, um eine innere Verhandlung zu starten.

● Wie bereits erwähnt, eignet sich besonders die Zeit kurz vor dem Einschlafen für den Verhandlungsbeginn, damit das Gehirn den Prozeß in den Traum integrieren kann.

● Diese Übung ist insofern wichtig, als sie die Integrationsfähigkeit des Gehirns steigert. Bedenken Sie, daß schon die einzelne Gehirnzelle nicht auf die Steuerung nur einer Funktion spezialisiert ist, sondern sogar gleichzeitig in mehrere Verhaltens- und Befindlichkeitsprogramme von Seele und Körper eingeschaltet ist. Die innere Verhandlung verhilft also auch auf der organischen Ebene zu einem gut funktionierenden Zusammenspiel unserer Gehirnzellen ohne »Kurzschlüsse«.

- Oft ergibt sich die Vorstellung eines »konstruktiven Streits« der Persönlichkeitsteile. Die Verhandlung nach den Jahren des gegenseitigen Grolls so zu beginnen, kann wie ein reinigendes Gewitter sehr positiv wirken.
- Sie können die Verhandlung auch vereinfacht durchführen. Haben Sie abends beispielsweise noch eine wichtige Aufgabe zu erledigen und sind sehr übermüdet, hilft schon ein Angebot: »Lieber Energiehaushaltsteil, du hast mit der Müdigkeit völlig recht. Wenn ich dir verspreche, daß du noch in dieser Woche mit deiner guten Absicht voll zum Zuge kommst, würdest du dich dann bitte jetzt zurückziehen und die Müdigkeit zurücknehmen?« Bei unseren Klienten stellt sich in der Regel schon nach wenigen Minuten dieser inneren Ansprache wieder eine tragfähige Wachheit ein. Das Versprechen muß allerdings dann auch eingelöst werden!

# Energiebewußtsein

Stellen Sie sich vor, Sie hätten Ihren Traumwagen bestellt. Nach einer Zeit voller Vorfreude ist er dann endlich abholbereit. Alle Details sind wunderbar: die Farbe, der Motor, die Sitze, die vielen Sonderanfertigungen. Es gibt nur ein kleines Problem – das Auto liegt in Einzelteilen vor Ihnen. Sie können also nicht einsteigen und losfahren.

Genauso wie dieses Auto sind auch die Einzelintelligenzen vieler Menschen nicht »zusammengeschraubt«. Ein NLP-Leitsatz sagt hierzu: »Jedes menschliche Individuum hat die Fähigkeiten, die es braucht, um seine Ziele zu erreichen.« Unser Problem besteht nur darin, daß die Fähigkeiten entweder brachliegen oder in wichtigen Situationen nicht eingesetzt werden. Geschichten über Menschen mit hoch entwickelten Einzelintelligenzen sind jedem bekannt. So herrscht vielfach die Vorstellung, ein Künstler lebe in der Regel in einem »Beziehungschaos«, habe Schulden oder leide an einer tragischen Drogensucht. Seine Kreativität bezieht sich auf seine künstlerische Arbeit und nicht auf gut funktionierende soziale Beziehungen.

Es gibt Menschen, die haben phantastische Eingebungen zu den Fehlerursachen ihres Computers, leiden jedoch an einem Blackout, wenn es um Ideen für eine positive Gestaltung ihrer Ehe geht. Bekannt ist auch der »zerstreute Professor«, der in seinem Fachgebiet penible Genauigkeit walten läßt, aber nicht weiß, wo er seine Socken hingelegt hat. Frauen verhandeln selbstbewußt beim Einkaufen über Preise und versinken vor Angst im Boden, wenn sie bei ihrem Vorgesetzten die völlig berechtigte Gehaltserhöhung einfordern sollen. Übergewichtige klagen darüber, sich selbst beim Essen nicht kontrollieren zu können. In anderen Lebensbereichen sind sie jedoch geborene Buchhalter. Bei Alkoholgenuß können Sie eindrucksvolle Demonstrationen innerer Möglichkeiten erleben. Es gibt Menschen, die wirklich »wie ausgewechselt« wirken, wenn sie etwas getrunken haben. Der Stille wird redselig, der Jähzornige anhänglich und lammfromm, der Diskrete erzählt gewagte Witze, der Müde wird munter, und der Arbeitssüchtige schläft ein. Hier zeigen sich die Persönlichkeitsteile, die in dem Menschen auch ausgeprägt sind, aber im »nüchternen Klima« nicht gedeihen können.

Wir haben es in unseren Trainingssitzungen schon oft erlebt, daß bei Klienten ein Teil der Persönlichkeit mit der Vielfältigkeit seiner Aufgabenstellung überfordert ist. Er benötigte zur optimalen Realisierung seiner guten Absicht die Hilfe kompetenter Teampartner. Diese sind zwar im System vorhanden; die Zusammenarbeit ist jedoch unzureichend oder gar nicht organisiert.

Bei einer Seminarteilnehmerin erfüllte der Lebensfreudeteil seine Aufgabe aus qualitativer Sicht sehr gut. Im Umgang mit der Quantität jedoch hatte sie Schwierigkeiten, die sich aus mangelnden Kontrollmöglichkeiten ergaben. Die anderen Teile ihrer Persönlichkeit beherrschten die verschiedenen Lebensbereiche perfekt. Sie waren gute »Manager«. Jedoch schien der Lebensfreudeteil noch keinen dieser »Manager« kennengelernt zu haben. Katerstimmungen waren die Folge dieses Organisationschaos, die auch dem Lebensfreudeteil keinen Spaß machen. Er brauchte hier die Unterstützung der fachkundigen »Manager-Teile« des Persönlichkeitssystems.

In diesem Fall gingen wir mit den gleichen Mitteln vor, die Ihnen aus den Kapiteln zuvor schon vertraut sind. Die Seminarteilnehmerin stellte sich zunächst den Lebensfreudeteil bildlich vor. Als gedankliche Hilfe wählte sie das Theater. Der Lebensfreudeteil war durch eine üppige Frauenerscheinung in bunten Gewändern besetzt. Sie sprach den so personifizierten Teil innerlich an und würdigte zunächst die wirklich gute Absicht des Lebensfreudeteils für ihr Seelenwohl.

Dann überlegte sie, in welchem Zusammenhang sie einen besonders effektiven »Manager« besaß. Bei ihr war es der finanzielle Bereich, in dem sie genau kalkulierte. Hier trat in ihrer Persönlichkeit der kontrollierende Umgang mit der Quantität, den Geldmengen, als ausgesprochene Stärke auf. Sie stellte sich diesen Aspekt ihrer Persönlichkeit auch als einen Teil vor. Im Gegensatz zu der bunten Gestalt des Lebensfreudeteils malte sie sich ihren Manager-Teil typischerweise als seriös angezogenen Mann aus.

Dann suchten wir gemeinsam eine Geschichte, in der sich die beiden Teile kennenlernen konnten. Die Idee kam spontan von der Seminarteilnehmerin. Sie machte die beiden Teile in Gedanken einfach als Künstlerin und Künstler-Manager miteinander bekannt. Der Lebensfreudeteil war offensichtlich über die planende Unterstützung seines neuen Managers äußerst erleichtert. Dieser wiederum befand sich durch diese zusätzliche Aufgabe so richtig in seinem Element. So war wieder eine unbewußte Schleife gestartet. Schon am nächsten Tag erzählte uns diese Frau, am Abend zuvor nach zwei »lebensfreudigen« Gläsern Sekt überraschend rechtzeitig und gezielt die »Kurve ins Bett« gefunden zu haben.

Bei einer mangelnden Koordination der inneren Fähigkeiten ergibt sich der Verlust an persönlicher Stärke nicht durch den Streit der Persönlichkeitsteile, sondern durch deren verhindertes Zusammenwirken. Das »Persönlichkeitsunternehmen« arbeitet also nicht energiebewußt. Die gegenseitige Unterstützung liegt brach, und gemeinsame Ziele werden durch unkoordinierte Einzelleistungen der Teile nur mühsam erreicht.

Die große Krankenkasse AOK vollzog 1990 in Hamburg und anderen Bundesländern einen bemerkenswerten organisatorischen Wechsel in der internen Zusammenarbeitsstruktur. Sie hatte das Ziel, insgesamt beweglicher zu werden. Zu den wichtigsten Maßnahmen zählte ein neues firmeninternes Kommunikationssystem, in dem jeder mit jedem, unabhängig von Position oder Aufgabe in der Abteilung Kontakt aufnehmen kann. So können Anrufer von außen problemlos für jede Fragestellung sofort zum »Fachmann« weiterverbunden werden. Wer schon einmal versucht hat, mit Unternehmensvertretern abteilungsübergreifende Ideen zu besprechen, weiß um den Wert dieser Einrichtung. Denn häufig hat die eine Abteilung mit der anderen nichts zu tun. »Ich könnte versuchen, Sie weiterzuverbinden, aber ich weiß nicht, ob das die richtige Stelle für Ihre Frage ist und ob die Weiterverbindung überhaupt klappt.« Dann knackt es im Telefon und Sie »verhungern« in der Leitung. Viele Mitarbeiter sehen ihr Unternehmen nicht in einem Zusammenhang, sondern verstehen ihre Abteilung als »Firma in der Firma«. Das geht auf Kosten des Umsatzes, wie viele Beispiele aus der Wirtschaft zeigen.

Auch Sie verschenken persönliche und berufliche Gewinne, wenn Ihre wertvollen Persönlichkeitsteile nicht nach dem Grundsatz handeln: »Gemeinsam sind wir stark.« Gehen Sie einmal nach innen, und denken Sie sich eine Metapher aus, die Ihre Teile zueinanderbringen kann. Zunächst schaffen Sie eine konferenzähnliche Einrichtung, in der alle Teile sich regelmäßig vollständig versammeln können. Lassen Sie Ihrer Phantasie freien Lauf. In der Regel reichen die Vorstellungen unserer Seminarteilnehmer vom Konferenzraum bis hin zu romantischen Plätzen in der Natur. Sogar im Petersdom hat es schon Teilekonferenzen gegeben. Ein wichtiges Thema dieser Versammlung ist dann die »Fähigkeitenbörse« der Teile. Anbieter und Nachfrager können sich hier finden und zur Teamarbeit ergänzen. Weiterhin machen Sie sich eine Vorstellung von der Alltagskommunikation: Können sich alle Teile räumlich erreichen? Oder wäre es besser, wenn alle ein Haustelefon hätten? Lassen Sie Ihre Phantasie spielen.

Eine Seminarteilnehmerin berief auf unsere Aufforderung hin innerlich eine Konferenz ihrer Teile zu einem bestimmten persönlichen Thema ein. Dabei bereiteten ihr die Teile eine Überraschung: Sie erhielt die Antwort, man wolle sich erst in zwei Tagen mit dem gestellten Thema befassen. Es sei schließlich das erste Mal, daß sich alle Persönlichkeitsteile von Angesicht zu Angesicht träfen, und man möchte sich erst einmal in Ruhe kennenlernen. Erst dann überprüften die Teile die vielfältigen Einsatzmöglichkeiten ihrer Fähigkeiten. Der Kreative Teil übernahm auch hier wieder eine wichtige Funktion. Generell ist er der Moderator der Konferenz. Mit seinen weitreichenden Fähigkeiten übernimmt er dann die energiebewußte Koordination der vorhandenen Kraftquellen der einzelnen Teile für das Gesamtsystem.

Bedenken Sie beim Thema Energiebewußtsein: Sie haben Fähigkeiten, die Sie nur nicht als solche erkennen. Richard Bandler macht darauf aufmerksam, daß »Zwänge« eigentlich etwas sehr Nützliches sind – sofern sie für den Erfolg eingesetzt werden. Einer unserer Klienten hatte eine Abneigung den jeweils aktuellen Fachtexten gegenüber, die er im Rahmen seiner Umschulung regelmäßig durcharbeiten mußte. Er war durchaus keine zwanghafte Persönlichkeit, doch auf unsere Nachfrage fiel ihm sofort ein, daß er kein Staubkörnchen auf dem Teppich zu Hause ertragen konnte. Er mußte sich einfach bücken, um es aufzuheben – ob er wollte oder nicht. Wir baten dann ganz einfach diesen korrekten und scharfsichtigen »Staubkörnchenteil«, mit seinen besonderen Fähigkeiten beim Lesen der Fachtexte mitzuhelfen. Schon eine Woche nach dem Start dieser unbewußten Schleife konnte dieser Mann seine Fachtexte zügig und zeitsparend lesen. Jeder Mensch hat irgendeinen kleinen »Zwang«, den er gewinnbringend in den beruflichen Kontext integrieren kann.

Für diesen Abschnitt bieten wir Ihnen zwei Übungen an. Die Übung A ist gewissermaßen eine Vorbereitungsmaßnahme. Die Teile werden miteinander bekannt gemacht. Übung B macht den konkreten Problemfall zum Thema. Vielleicht denken Sie schon jetzt einmal darüber nach, ob Ihnen zum Erreichen Ihres Zieles irgendeine Fähigkeit fehlt, die Sie in ganz anderen Lebensbereichen durchaus haben.

## Übung A: Die »Teile-Party«

① Stellen Sie sich in Gedanken eine gutfunktionierende Alltagskommunikation Ihrer Persönlichkeitsteile, wie etwa per Haustelefon oder durch räumliche Verbindungen, vor.

② Bestimmen Sie einen schönen Party-Ort, an dem alle Persönlichkeitsteile in Ihrer Vorstellung zusammentreffen können. Dieser Ort sollte sich auch für weiterführende Gespräche gut eignen.

③ Wenn Sie das erste Treffen innerlich stattfinden lassen, geben Sie Zeit und Raum für die »Teile-Party«.

④ Bitten Sie den Kreativen Teil darum, mit seinen Fähigkeiten wie ein talentierter Gastgeber dafür zu sorgen, daß sich alle Persönlichkeitsteile richtig kennenlernen können.

## Hinweis zur Übung:

● Auch hier reicht es völlig aus, wenn Sie eine Minute nach innen gehen und eine unbewußte Schleife starten. Es ist

nicht erforderlich, alle Einzelheiten inhaltlich mitzuerleben.

## *Übung B: »Die Fähigkeiten-Börse«*

Für diese Übung haben wir ein Beispiel mitgeschrieben. Sie
setzen bitte entsprechend Ihre entsprechenden Persönlichkeitsteile ein.

① Denken Sie an eine Situation, in der Sie mit sich selbst
   unzufrieden sind oder sich überfordert fühlen.
② Definieren Sie, welcher Teil Ihrer Persönlichkeit Hilfe
   braucht.

**Beispiel:** Ihr Anerkennungsstil hat Sie motiviert, sich auf eine
attraktive Stelle zu bewerben. Die in Aussicht gestellte Position würde eine erhebliche Steigerung Ihres persönlichen und
beruflichen Ansehens bedeuten. Nach dem Einreichen Ihrer
Unterlagen werden Sie sogar zu einem Vorstellungsgespräch
eingeladen. Sie befürchten insgeheim, bei diesem wichtigen
Gespräch unsicher zu wirken. Der Anerkennungsteil braucht
also unterstützende Teampartner.

③ Gehen Sie innerlich auf Ihre eigene »Fähigkeiten-Börse«:
   Sie suchen Sie sich jetzt aus der Erinnerung eine zweite
   Situation, in der Sie genau so waren, wie Sie es sich für die
   zukünftige Situation wünschen.
④ Überlegen Sie, welcher Teil Ihrer Persönlichkeit in dieser
   zweiten Situation dominant ist.

**Beispiel:** Beim Squash fühlen Sie sich selbstbewußt und sicher.
Selbst wenn Sie verlieren, bleiben Sie von Ihren Fähigkeiten
überzeugt und deuten das verlorene Spiel als Ausnahme. Hier

ist also Ihr Selbstwertteil stark. Es wäre schön, wenn Sie sich beim besagten Treffen innerlich ebenso selbstsicher fühlen würden.

⑤ Machen Sie sich ein Bild vom Anerkennungsteil und vom Selbstwertteil.

**Beispiel:** Der Anerkennungsteil im Anzug oder Kostüm, der Selbstwertteil sportlich gekleidet.

⑥ Sie bringen die beiden Teile in einer Metapher zusammen. Die Teile planen gemeinsam Ihr Erscheinungsbild im »Vorstellungsmatch«.

**Beispiel:** Die beiden führen in Ihrer Phantasie während eines Spaziergangs ein intensives Gespräch.

⑦ Sie bedanken sich bei dem Selbstwertteil für seine Hilfeleistung.

⑧ In Gedanken nehmen Sie beide Persönlichkeitsteile mit zu dem wichtigen Termin.

## Hinweis zur Übung:

● Auch hier reicht es für den Erfolg völlig aus, sich vorzustellen, daß beide Teile jetzt koordiniert zusammenarbeiten.

# »Tausendundein Fähigkeiten«

In dem Märchen »Tausendundeine Nacht« erzählt das Mädchen Scheherazade einem grausamen Sultan so lange Geschichten, bis er sein eigentliches Anliegen – nämlich sie umbringen zu lassen – vergessen hat. Mit nur einer Geschichte im »Handwerkskoffer« hätte sie ihn auch nur eine Nacht faszinieren können. Die Vielfalt der Möglichkeiten hat ihr also das Leben gerettet.

Wenn Sie Ihr Ziel erreichen wollen, gehören dazu die entsprechenden Fähigkeiten und das richtige Handwerkszeug. Wir widmen uns nun den Fähigkeiten und Kraftquellen, die Ihren Teilen zur Verwirklichung der jeweiligen guten Absicht zur Verfügung stehen. Hiermit ist sowohl die »Arbeitsplatzausstattung« als auch das Können der Teile gemeint. Nur diese Grundlagen gewährleisten, aus der guten Absicht auch ein gutes Ergebnis zu machen, den Willen in die Tat umzusetzen. Für die Mitarbeiter in einem Unternehmen sind diese Voraussetzungen ein absolutes Muß. Was nützt hier ein guter Buchhalter mit einem Holzperlenzähler? Wie weit bringt es heute eine gutmotivierte Sekretärin ohne jegliche Computerkenntnisse? Der gute Manager sorgt für das richtige Handwerkszeug Ihrer Mitarbeiter.

Werden Sie Manager in Ihrer eigenen Persönlichkeitswelt, und beherzigen Sie das Bedürfnis all Ihrer Teile nach einer guten Ausbildung und einem zumindest zweckmäßig eingerichteten Arbeitsplatz. Wir kennen so manchen »echten« Manager, der innerhalb weniger Jahre in diversen Unternehmen innovativ tätig war, jedoch schon seit zehn Jahren das Rauchen aufhören will und es einfach nicht schafft. Für einen dieser Klienten war das Rauchen über viele Jahre die bestmögliche Entspannungsstrategie seines Gesamtsystems. Befragt nach der guten Absicht des Rauchens, meldete sich der Energiehaushaltsteil zu Wort. Dieser registrierte zwar die Unerwünschtheit seiner Arbeit, kannte aber nach den vielen Jahren keine anderen Möglichkeiten zur Erreichung seiner guten Absicht. Er befürchtete, keine Entspannungsmöglichkeiten mehr zu haben, und fuhr fort, das Rauchen zu organisieren. Das Ziel war also, neue Wege zu finden, mit denen der Energiehaushaltsteil eine genauso wirksame Entspannung erreichen konnte – allerdings ohne Nebenwirkungen. Die anderen Teile sollten dabei helfen und nicht nur »nörgeln«.

Sie kennen die erforderliche Veränderungstechnik schon aus dem Kapitel »Die Kraft des Unbewußten nutzen«. Im folgenden muß der Kreative Teil mit dem Energiehaushaltsteil zusammengebracht werden, damit über neue Wege beraten werden kann. Bei dem besagten Manager waren nicht nur neue Wege notwendig. Er hatte mit dem Blick nach innen festgestellt, daß sein Energiehaushaltsteil auch in »erbärmlichen Räumlichkeiten« arbeitete. Also sorgte er in der Phantasie zunächst für einen angemessenen Arbeitsplatz mit hellen großen Fenstern. Allein das erhöhte die neuen Möglichkeiten dieses Teils erheblich.

Machen Sie sich hier noch einmal bewußt, wie wichtig die ganzheitliche Veränderung im Persönlichkeitsunternehmen ist. Sicherlich müssen auch in richtigen Unternehmen Veränderungen oft radikal sein. So werden beispielsweise unwirtschaftliche Geschäftszweige geschlossen, wenn sich ein Unternehmen »gesundschrumpfen« soll. Jedoch geht man immer systemerhaltend vor. Stellen Sie sich nun vor, eine Führungskraft plant, bei einer solchen Veränderung jede zweite Abteilung zu schließen: die Telefonzentrale, die Buchhaltung, den Fuhrpark. Bei diesem Beispiel schmunzelt man in der Regel. Warum schmunzelt niemand, wenn Menschen persönliche Veränderungen in diesem Stil vornehmen?

## *Übung:*
## *Neue Wege*

① Bestimmen Sie wieder eine Befindlichkeit oder ein Verhalten, das Sie an sich ändern möchten.
② Finden Sie heraus, welcher Persönlichkeitsteil hierfür zuständig ist, und benennen Sie diesen Teil mit einem Namen, der seine gute Absicht würdigt.
③ Bringen Sie diesen Teil mit dem Kreativen Teil zusammen. Bei einer inneren Konferenz erarbeiten die beiden:
  – drei neue Wege, die der effektiven Verwirklichung der guten Absicht dienen, die im Gesamtsystem gutgeheißen werden und keine unangenehmen Nebenwirkungen haben.
  – einen zweckmäßigen und in der Phantasie freundlich ausgestatteten »Arbeitsplatz«.
④ Sie verabreden innerlich einen sinnvollen Zeitrahmen für die Veränderung.
⑤ Sie bedanken sich bei den beiden Teilen. Die unbewußte Schleife ist gestartet, und Sie konzentrieren sich wieder auf den Alltag.

## *Hinweis zur Übung:*

● Wählen Sie den Zeitrahmen realistisch. Es kann beim Rauchen beispielsweise ein dreiviertel Jahr dauern, bis die neuen Wege zur wirksamen Alternative werden und die Zigarette nicht mehr schmeckt. Sie sichern mit einer angemessenen Zeitvorstellung die Stabilität der Veränderung ab.

# Lebendigkeit oder
# »Der Weg ist das Ziel!«

Wir Menschen sind lebendige Wesen und stehen in einem ständigen Austausch mit der Umwelt. So kann sich niemand den Luxus leisten, in dem Glauben zu leben, er müsse sich nicht mehr verändern. Was nützt Ihnen der »Stand Ihrer Persönlichkeit« von vor zehn Jahren, wenn sich um Sie herum alles gewandelt hat? Ein toter Gegenstand, wie beispielsweise ein Auto, ist nach der Produktion fertig und baut in der Qualität von da an nur noch ab. Der Mensch hat die Chance, sich ständig zu verändern. Wir Menschen verfügen sogar über Zellgewebe, das sich ständig erneuert – denken Sie nur an das Organ Haut. Oder machen Sie sich noch einmal die Ausbaumöglichkeiten des menschlichen Gehirns bewußt.

Lebendigkeit oder Flexibilität gibt Stabilität. Denken Sie an die Wolkenkratzer, die besonders beweglich konstruiert sind, damit sie »biegsam« einem Sturm standhalten können. Viele Menschen halten an alten Verhaltens- und Denkweisen fest, obwohl eine Veränderung dringend erforderlich wäre. Alle aktuellen Erkenntnisse sprechen für einen Wandel. Da jedoch das alte Verhalten und die alte Denkweise schon seit vielen Jahren als Gedächtnisspur im Gehirn stabil sind, entstehen **Einwände gegen den Aufwand der Veränderung – nicht gegen die Veränderung selbst.** Die gute Balance zwischen der inneren Welt und den äußeren Faktoren gerät in Gefahr.

Im Sinne des »**Denk dich nach vorn**«-Trainings bleiben diese Menschen auf ihrem Lebensweg stehen. Sie bewegen sich nicht mehr vorwärts, sie gehen nicht mehr mit der Zeit. Sie tragen ihren Skianzug im Hochsommer oder die Badehose bei Frost.

Sicher mußten Sie schon öfter Räume Ihres Hauses oder Ihrer Wohnung renovieren. Oft sind die ersten vier Qualitätsmerkmale des »magischen Sterns« für eine gute Zusammenarbeit durchaus gewährleistet:

① **Einigkeit**: Alle sind sich einig, daß das Zimmer hübscher werden soll. Sogar Freunde und Bekannte wollen mithelfen.

② **Teamgeist**: Ist vorhanden, die Gruppe hat sich in dieser Zusammensetzung schon öfter als gutes Team bewährt.

③ **Energiebewußtsein:** Die Aufgaben können so an die verschiedenen Helfer verteilt werden, daß jeder mit seiner speziellen Fähigkeit gezielt zur Geltung kommt. Selbst die Oma, die nicht mehr so recht zupacken kann, wird zum Kaffee-Kochen eingesetzt. Die anderen müssen für diese Dinge also ihre Arbeit nicht unterbrechen.

④ **Fähigkeiten:** Jeder bringt umfassende und vielfältige Renovierungs-Erfahrungen mit. Auch das Arbeitsmaterial und die Arbeitsmittel sind in ausreichender Menge vorhanden.

⑤ **Lebendigkeit** oder **Flexibilität:** Das ist jetzt der springende Punkt! Man muß anfangen, der ganze perfekte Plan muß umgesetzt werden. Obwohl alle anderen Punkte stimmen, erfüllt dieser Gedanke alle Beteiligten mit Grauen. Aus der Erfahrung weiß man: Wenn wir erst einmal dabei sind, ist alles nur noch halb so schlimm. Vielleicht fängt man an zu überlegen: »Nun lebe ich schon jahrelang in diesem Zimmer, dann wird es auch noch ein halbes Jahr länger gehen!« Das gleicht dem gängigen Argument gegen nötige Veränderungen: »Das haben wir doch schon immer so gemacht, warum soll jetzt alles anders werden?« Die Begründung, schon immer so gewesen zu sein und bestimmte Dinge schon immer so gemacht zu haben, reicht vielen Menschen als stichhaltiges Argument gegen eine sinnvolle Veränderung aus.

Stellen Sie sich vor, jemand erleidet Schiffbruch. Er droht im Meer zu ertrinken, aber da wirft man ihm schnell einen Rettungsring zu. Der Mann erreicht das rettende Ufer und beschließt: »Von nun an werde ich immer einen Rettungsring tragen; so kann ich nie mehr ertrinken.« Er trägt ihn viele Jahre an Land und wird in seinem Entschluß bestätigt: »Die Maßnahme hat sich rentiert, ich bin seitdem tatsächlich nie mehr in Gefahr gewesen zu ertrinken.« Der Rettungsring stört zwar an dem Arbeitsplatz, in der U-Bahn und beim Zusammensein mit der Freundin, aber das nimmt er gern in Kauf. Wird er auf den störenden Ring angesprochen, sagt er: »Diesen Ring lege ich deshalb nicht mehr ab, weil ich ihn schon viele Jahre trage.« Der Mann kann einfach nicht mehr von seinem Rettungsring ablassen.

Die Abneigung gegenüber Veränderungen resultiert häufig aus der Angst vor dem Chaos und dem Unbekannten, das eine Entwicklung begleiten kann. Jede Neuordnung bringt die alte durcheinander. In den letzten Jahren hat sich als neues wissenschaftliches Gebiet die **Chaos-Forschung** etabliert. In einem entsprechenden Beitrag aus dem GEO-Sonderheft zu diesem Thema heißt es: »Eines Tages geht der Patient nicht mehr zum Arzt und sagt: › Mit mir ist etwas nicht in Ordnung‹ , sondern: › Mit mir ist etwas nicht im Chaos.‹ « Man hat nämlich herausgefunden, daß viele organische Funktionen des menschlichen Körpers chaotisch verlaufen müssen, um die Gesundheit zu gewährleisten. So kann beispielsweise eine unflexible, erstarrte Reaktionsweise des menschlichen

Stoffwechsels üble Folgen haben und zum schmerzvollen Knochenschwund führen.

**Erst die Fähigkeit zum Chaos und zur Flexibilität ermöglicht uns gesunde Reaktionsmuster auf äußere Einflüsse –** und das nicht nur in medizinischer Hinsicht. Da wir die Welt um uns fast täglich in vielen Dingen neu vorfinden, ist die lebendige Veränderung unsere einzige Chance, um immer wieder in eine positive Seelenbalance zu kommen.

## *Übung:*
## *Die Veränderungsabteilung*

① Sie stellen sich Ihre Persönlichkeitswelt wie einen richtigen Betrieb vor.

② Malen Sie sich aus, bei einer Betriebsbesichtigung käme man auch zu der Abteilung, in der der »**Veränderungsingenieur**« arbeitet. Er bedient eine leistungsfähige Computeranlage.

③ In Ihrer Phantasie sorgen Sie für die Gewährleistung folgender Details:

- Die Computeranlage hat den »aktuellen Stand« Ihrer Verhaltens- und Denkmöglichkeiten gespeichert.

- Wie in einer Nachrichtenzentrale kommen ständig die neuen Botschaften aus der Außenwelt und werden sorgfältig verwertet, statt ungelesen in den Papierkorb zu wandern.

- Stimmen die Daten der Außenwelt auf besorgniserregende Weise nicht mit dem aktuellen Verhaltens- und Denkrepertoire überein, leuchtet eine Kontrollampe auf.

④ Wenn die Kontrollampe leuchtet, informiert der Veränderungsingenieur den Kreativen Teil über die äußeren Veränderungsgrößen.

⑤ Der Kreative Teil beruft eine Konferenz der Teile ein. Gemeinsam wird die Reaktion auf die äußere Veränderung organisiert.

⑥ Wenn sich die Teile versammelt haben, bedanken Sie sich bei allen Beteiligten. Die unbewußte Schleife ist gestartet.

## Hinweise zur Übung:

- Vielleicht entwickeln Sie auch eine eigene Geschichte für den Veränderungsingenieur. So stellte sich ein Seminarteilnehmer diesen Teil weniger technisch vor. Er sah ihn im Korb des »Ausguckmastes« seines »Persönlichkeitsschiffes«. Der Veränderungsingenieur rief der Mannschaft hinunter, wann die Segel anders gesetzt werden mußten, wann Land oder ein Piratenschiff in Sicht war.

- Wiederholen Sie diese Übung einmal im Monat. Notieren Sie sich dazu einen bestimmten Tag im Kalender. Auch hier benötigen Sie nur eine Minute voller Konzentration zur Abwicklung dieser mentalen Aufgabe.

- Nach einer Gewöhnungszeit werden für Sie Lebendigkeit und Flexibilität zu einer stabilen Grundhaltung werden.

- Es kann auch sein, daß Sie mit zunehmender Flexibilität »Persönlichkeitsteile in Rente schicken« und neue dafür einstellen wollen. Veranstalten Sie dann innerlich ein Fest, das die »Altgedienten« in vollen Ehren entläßt. Sie können noch als Berater fungieren oder vielleicht sogar ein Denkmal für besondere Verdienste bekommen. So kann man ehemalige Verhaltens- und Denkweisen in positiver Erinnerung behalten, und dennoch mischen sie sich nicht störend in das aktuelle Geschehen. Der Rettungsring würde also einen Ehrenplatz an der Wand erhalten, ohne immer getragen werden zu müssen. Im Notfall kann er dann wieder eingesetzt werden.

# Erfolg mit Methode:
# Eine Zusammenfassung des
# »Denk dich nach vorn«-Trainings

Wir fassen nun die bisher erarbeiteten Inhalte zusammen. Schon nach wenigen Tagen der bewußten Beschäftigung mit dem »Denk dich nach vorn«-Training können Sie diese Selbstorganisations-Methode zielgerecht einsetzen.

Zunächst haben Sie für sich eine Möglichkeit entwickelt, Ihre Gedanken mit Hilfe einer Entspannungstechnik nach innen zu richten. Sie beherrschen entweder schon eine Entspannungsmethode, oder Sie haben unsere Methode »Die Sinneskanäle als Kraftquellen« erlernt. Der Zustand der nach innen gerichteten Konzentration ermöglicht Ihnen das Starten unbewußter Schleifen. Auch die Minuten vor dem Einschlafen können Sie hierfür sinnvoll nutzen. Am besten ist es, wenn Sie sich wie anfangs vorgeschlagen, eine Trainings-Notiz für ein bestimmtes persönliches oder berufliches Projekt erstellen.

Für eine gelungene Zielorganisation sind zwei Voraussetzungen erforderlich:

## 1. »Kann ich Erfolg haben?«

Diese Frage wird durch den Schritt »Erfolg haben will gelernt sein« beantwortet. Sie wissen jetzt, wie Sie ein persönliches

Ziel »gehirngerecht« denken können. Sie verbinden mit jedem Sinneskanal einen Inhalt, der mit Ihrem Zielzustand übereinstimmt. Vermeiden Sie auf jeden Fall Negationen. Formulieren Sie positiv.

Visuell (eine Farbe, ein Bild) ...
Auditiv (Stimmen, Klänge, Geräusche, eine Melodie) ...
Kinästhetisch (Körpergefühl genau beschreiben) ...
Geruch oder Geschmack (der mit dem Ziel assoziiert werden kann)

Notieren Sie sich den oder die wichtigsten Zilequalitäten, und besorgen Sie sich einen Zielanker.

Weiteres Handwerkszeug für das gehirngerechte Zieldenken:
– Mit Hilfe des »Drehbuchmenüs« drehen Sie sich einen positiven Zukunftsfilm.
– Sie bauen das Ziel auf der Zeitlinie auf, »färben« es anziehend ein und assoziieren sich mit dem Zielzustand im Sinne einer »Probefahrt«.
– Wichtig ist auch der körpereigene Kraftquellenanker.
– Positive Eigenmotivation: Sie machen sich noch einmal die von Ihnen gewählte Stimme Ihres inneren Begleiters bewußt. Diese Stimme gibt Ihnen die Kraft, auch »Durststrecken« zu überwinden.

Mit diesem Zieltraining wird Ihr Gehirn angeregt, entsprechende neuronale Verknüpfungen zu erstellen. So entwickeln Sie ein fest verknüpftes Zielprogramm, das durch seine Stabilität dann »in Fleisch und Blut« übergeht.

## 2. »Darf ich Erfolg haben«?

Ein stabiles Engramm durch die Verknüpfung von Gehirn-zellen allein reicht für die mentale Zeilprogrammierung nicht aus. Es muß auch mit den bereits vorhandenen Engrammen vereinbar sein und in die Gesamtpersönlichkeit integriert werden können. Sind die neuen Engramme »schwer einbau-bar«, präsentieren sich die bereits vorhandenen als Erfolgs-blockade. Im Schritt »Die Kraft des Unbewußten nutzen« haben Sie gelernt, wie Sie die Blockadendynamik durch die eigene Kreativität und die innere Versöhnungsbereitschaft zur kooperativen Zielenergie umwandeln können.

Sie wissen, wie man mit der Metapher der Persönlichkeitsteile arbeitet. Die wichtigste Rolle kommt hier dem kreativen Teil zu. Sie haben für sich die äußere Erscheinung dieses Teils bestimmt. Dann haben Sie einen Ort festgelegt, an dem der kreative Teil »wohnt«, sowie einen Konferenzort, an dem sich alle Persönlichkeitsteile treffen können. Diese beiden Orte können auch identisch sein.

In diesem Schritt haben Sie den »magischen Stern« kennen-gelernt. Er symbolisiert die fünf wesentlichen Qualitätsmerk-male für die Zusammenarbeit Ihrer Persönlichkeitsteile.

All diese Bausteine können Sie zu einer unbewußten Schleife zusammenfassen:

**Ich definiere ein Ziel, präsentiere es der Teilekonferenz und bitte den kreativen Teil, das Ziel im Sinne des »magischen Sterns« mit allen Persönlichkeitsteilen gemeinsam zu or-ganisieren.**

Vergegenwärtigen Sie sich: Zur Konferenz treffen sich alle Persönlichkeitsteile. Der kreative Teil »schwört« alle im Sinne der Einigkeit auf Ihre Gesamtpersönlichkeit ein. Einwände sind willkommen und werden durch Verhandlungen im Sinne des Teamgeistes integriert. Mit Energiebewußtsein für die vorhandenen Fähigkeiten werden Teile gefunden, die von

Ihrem Können her das Ziel zu verwirklichen in der Lage sind. Persönlichkeitsteile mit alten oder störenden Verhaltensweisen finden neue Wege zur Realisierung ihrer guten Absicht. Vielleicht übernimmt der Motivationsteil die Aufgabe, für die Flexibilität und den allgemeinen Veränderungswillen zu sorgen.

Sie selbst achten darauf, sich zwei Zeitvorstellungen zu machen:

① Wie lange wird die Konferenz dauern, bis ein praktikables Ergebnis erarbeitet wird?
Wie auch auf tatsächlichen Tagungen kann die Erarbeitung guter Konzepte länger, oft sogar einige Tage dauern.

② Wie lange wird die Phase der Realisierung dauern?
Es ist abzusehen, daß wichtige Veränderungen trotz guten Willens nicht von heute auf morgen umgesetzt werden können. Auf unseren Seminaren werden von den Teilnehmern Umsetzungszeiten für wichtige berufliche und persönliche Erfolgsprojekte von bis zu einem Jahr genannt.

Wenn Sie beide Zeiträume zusammen berücksichtigen, haben Sie die sogenannte **Neurostatzeit** definiert. **Das Ziel ist jetzt in der Neurologie Ihres Gehirns stabil und ganzheitlich etabliert.** Es ist eingestellt, so wie man bei einen Thermostaten eine bestimmte Temperatur einschaltet. Bedenken Sie den Backofeneffekt: das einmalige Einschalten der Temperatur ist nur ein kurzer Handgriff, vergleichbar mit dem Start der unbewußten Schleife. Die Entwicklung der Zieltemperatur verläuft dann nach physikalischen Gesetzmäßigkeiten über einen gewissen Zeitraum. Sie können für die endgültige Zeitbestimmung auch noch einmal mit der Zeitlinie arbeiten. Diese Schritte sichern den »Erfolg mit Methode«. Sie etablieren ein neuronales Programm, das dann als Neurostat (wie der Thermostat beim Backofen) die gewünschte Veränderung unbewußt und automatisch umsetzt.

# Kurzzusammenfassung für Ihre persönliche Erfolgstrainings-Notiz

## 1. »Erfolg haben können« – das gehirngerechte »Erfolgsprogramm«

Ziel (vielleicht codieren):

V (visuell)_____

A (auditiv) _____

K (kinästhetisch – wie Körper fühlen)_____

G/O (Geruch/Geschmack)_____

M (Motorik, der körpereigene »Erfolgsschalter«)

_____

Motivationsstimme (der innere Begleiter)

_____

Zielanker_____

## 2. »Erfolg haben dürfen?« – der »Magische Stern«

Kreativer Teil (Vorstellung) _____

Konferenzort _____

Wichtige Teile _____

Neurostat-Zeit _____

- Einigkeit
- Teamgeist
- Lebendigkeit
- Fähigkeiten
- Energie-
  bewußtsein

## *Hinweise zur Kurzzusammenfassung:*

- Nachdem Sie die unbewußte Schleife gestartet haben, denken Sie nur noch gelegentlich an die Konferenz und konzentrieren sich wieder auf den Alltag. Sie können sich in größeren Abständen »einschalten«. Es reicht, wenn Sie zur Aktivierung der Konferenz Ihren Zielanker immer oder möglichst oft dabeihaben.

- Denken Sie bitte daran, beim Einberufen der Konferenz den richtigen Tonfall zu benutzen. Bedanken Sie sich schon für kleinste positive Ergebnisse. Das regt das Gehirn und den Organismus an, die Entwicklung zu verstärken.

- Lassen Sie auch hier wieder individuelle Vorstellungen zu. So sieht der Vorsitzende eines großen Sportvereins seine Teile am Strand nicht miteinander sprechen, sondern zusammen tanzen, während die Konferenz seine Erfolgsprojekte entwickelt.

- Natürlich können Sie der Konferenz auch zumuten, zwei oder drei Projekte parallel zu bearbeiten. Auch ein Unternehmen bewältigt verschiedene Tagesordnungspunkte. Legen Sie sich dann bitte pro Erfolgsprojekt eine Trainingsnotiz an.

# Meine Teile und ich:
# Gemeinsam bin ich stark

Wenn Ihnen die Arbeit mit dem gehirngerechten Erfolgsdenken und dem »magischen Stern« in Fleisch und Blut übergegangen ist, wird sich ein wichtiger seelisch-körperlicher Effekt einstellen: Sie werden eine Steigerung Ihrer Selbstsicherheit und somit Ihrer Überzeugungskraft erzielen. Selbstsicherheit entsteht, wenn sich alle Persönlichkeitsteile über ihre jeweiligen Ziele einig sind, sei es durch aktive Beteiligung oder durch kompromißbereite Toleranz wie beispielsweise ein Stillhalteabkommen. Die ganzheitliche Integration aller Persönlichkeitsteile in die Gesamtpersönlichkeit wird sich über die Körpersprache bemerkbar machen, die willentlich nur schwer in allen Ausdrucksmöglichkeiten zu aktivieren ist und von den Mitmenschen eher unbewußt wahrgenommen wird. **Je stärker die Selbstsicherheit, desto größer sind die unbewußte Ausstrahlung und die Überzeugungskraft einer Persönlichkeit.**
Das Ausmaß der Integration aller Persönlichkeitsteile in die Gesamtpersönlichkeit drückt sich auf der körperlichen Ebene am deutlichsten in der Körperhaltung eines Menschen aus. **Generell ist die Körperhaltung um so symmetrischer, je selbstsicherer wir eine Meinung vertreten.** Dies ist gewährleistet, je mehr Teile unserer Persönlichkeit unsere Einstellung zu einem Thema gemeinsam unterstützen.

Nicht von ungefähr sind religiöse Vorbilder in ihrer Haltung bildlich meist **körpersymmetrisch** dargestellt, das heißt, die linke Körperhälfte verhält sich deckungsgleich zur rechten. Selbstverständlich ist es für Sie nicht erforderlich, die Ausstrahlung eines Heiligen zu bekommen. Doch persönliche Selbstsicherheit wirkt auf das Umfeld überzeugender und natürlicher als jede einstudierte Phrase oder äußere Aufmachung. Die Überzeugungskraft von Menschen, an denen sich andere gern orientieren, wird durch die innere Übereinstimmung aller Teile der Gesamtpersönlichkeit ermöglicht. Die integrierte, selbstsichere Persönlichkeit übt deshalb eine Faszination auf andere aus, weil sie für all jene Menschen ein nachahmenswertes Modell darstellt, die »mit sich selbst uneins« sind.

Vor allem in Problem- und Entscheidungssituationen versagen einstudierte Verhaltensschemata. Spontane und kreative Ideen sind nun gefragt. Hier zeigt es sich, wie gut Ihr »inneres Team« bereits in der integrierten Zusammenarbeit erprobt ist. Aus diesem Grund sollten Sie wichtige bevorstehende Entscheidungen und Ereignisse mit Hilfe einer imaginären Konferenz Ihrer Persönlichkeitsteile mit dem Kreativen Teil durcharbeiten. Das Ergebnis wird eine selbstsichere Ausstrahlung in der jeweiligen Situation sein. Der »magische Stern« ist ein lebendiges Modell für die Persönlichkeitswelt, das Ihnen eine optimale Reaktion in schwierigen Situationen ermöglichen wird. Die Erfahrung hat gezeigt, daß Menschen, die dieses Training verinnerlicht haben, auch viel aufrechter zu ihrer eigenen Meinung stehen können. »Vorher dachte ich, mein Harmoniebedürfnis sei eine Schwäche. Heute ist es meine größte Stärke. Es hat sich aber auch eine Kleinigkeit geändert. Früher tat ich alles für eine äußere Harmonie auf Kosten eines inneren Chaos. Heute ist mir meine innere Harmonie so wichtig, daß ich dafür auch mal die Verwirrtheit oder das Unverständnis meiner Mitmenschen in Kauf nehme.

Bisher ist noch keiner davon gestorben, und meine Umgebung gewöhnt sich daran, daß man an mir nicht mehr einfach so vorbeidenken und -handeln kann«, faßte eine Klientin ihre Entwicklung zur Selbstsicherheit zusammen.

Zusätzlich zu den schon vorgestellten Übungen können Sie noch den nachfolgenden »**Selbstsicherheits-Test**« nutzen. In diesem Test wird das Wissen über die Körpersymmetrie als Qualitätsanzeiger für die Güte Ihrer Lösungen genutzt. So beklagte sich einer unserer Seminarteilnehmer über seine Ungeduld den Mitarbeitern gegenüber. Wir baten ihn, sich so hinzusetzen, daß die linke und die rechte Körperhälfte dasselbe tun, und mit geschlossenen Augen eine Reise in die Zukunft zu machen. Während dieser Probefahrt sollte er eine geduldige Zusammenarbeit mit den Mitarbeitern testen. Nach kurzer Zeit baten wir ihn, die Augen wieder zu öffnen. Spontan schlug er die Beine übereinander und berichtete später, daß er gar nicht anders konnte, als diese Körperhaltung einzunehmen – obwohl wir ihn gebeten hatten, symmetrisch sitzen zu bleiben. So zeigte sich im Körperausdruck direkt der Einwand gegen diese Veränderung.

Daraufhin erarbeiteten wir noch eine Reihe von wichtigen »Sicherheitsmaßnahmen« für die geplante Veränderung.

## Übung:
## Der »Selbstsicherheits-Test«

① Denken Sie bitte an eine zukünftige Situation, in der es für Sie mehrere Verhaltensmöglichkeiten gibt. Sie haben sich noch nicht für eine Lösung entschieden. Die Situation fordert also Ihre Entscheidung heraus.

② Sie denken jetzt auf folgende Weise an eine der Ihnen bekannten Lösungen (Lösung A):
Setzen oder stellen Sie sich bitte körpersymmetrisch hin.

Denken Sie für zwei Minuten an Lösung A. Was sehen hören, fühlen, riechen und schmecken Sie, wenn Sie an diese Lösung denken?

Versuchen Sie während dieser Zeit die Körpersymmetrie beizubehalten. Beobachten Sie dabei, wie leicht Ihnen diese Körperhaltung fällt. Nehmen Sie die Impulse wahr, die Ihre Haltung verändern wollen.

③ Bewegen Sie sich kurz, um diese Erfahrung zu »neutralisieren«.

④ Verfahren Sie jetzt genauso mit der nächsten Lösung (Lösung B) sowie mit den weiteren Möglichkeiten.

⑤ **Schenken Sie der Lösung die meiste Beachtung, die Ihre Körpersymmetrie am stärksten unterstützt!** Denn hier zeigt sich in der Körpersprache die größte Selbstsicherheit!

Überprüfen Sie, ob Sie bei den anderen Lösungen vielleicht etwas Wichtiges übersehen haben.

## *Hinweis zur Übung:*

● Mißverstehen Sie diese Übung nicht dahingehend, sich krampfhaft symmetrisch hinsetzen zu müssen. Gerade der spontane Körperausdruck gibt Ihnen wertvolle Hinweise über Ihr Unbewußtes und mögliche Einwände Ihrer Persönlichkeitsteile.

## Schritt 4:
## Die Wirkung des »Denk dich nach vorn«- Trainings auf Ihre Mitmenschen

Die Schritte 1 bis 3 erläutern Wege und Möglichkeiten der Kommunikation mit sich selbst. Sie haben gelernt, in Ihrer eigenen Persönlichkeitswelt eine Atmosphäre zu beleben, die viele Erfolge möglich machen wird. Sie pflegen jetzt auch einen positiven Umgang mit sich selbst.

Der nächste Schritt ist nun die aktive Gestaltung der Beziehung zu Ihren Mitmenschen. Daher bieten wir Ihnen über die Selbstorganisation hinaus in Schritt 4 noch einige Kommunikationsübungen für den positiven Umgang mit anderen.

# Von der erfolgreichen Persönlichkeit zu erfolgreichen und erfüllenden Beziehungen

*»Willst du das Land in Ordnung bringen,*
*mußt du erst die Provinzen in Ordnung bringen.*
*Willst du die Provinzen in Ordnung bringen,*
*mußt du erst die Städte in Ordnung bringen.*
*Willst du die Städte in Ordnung bringen,*
*mußt du erst die Familien in Ordnung bringen.*
*Willst du die Familien in Ordnung bringen,*
*mußt du erst die eigene Familie in Ordnung bringen.*
*Willst du die eigene Familie in Ordnung bringen,*
*mußt du erst dich in Ordnung bringen.«*
Orientalische Weisheit
(PESESCHKIAN, *»Auf der Suche nach Sinn«*)

Mit der letztgenannten Grundlage dieser Weisheit für eine Veränderung von Beziehungen haben wir uns bisher beschäftigt. Unsere Definition des Menschen, der sich selbst in Ordnung bringt, ist die der »aktiven Persönlichkeit«. »Aktive Persönlichkeit« – weil alle Persönlichkeitsteile in Ihrem inneren System ihren Platz aktiv und in Zusammenarbeit mit den anderen Teilen ausfüllen. So besteht die größte Chance, die Menschen ihrer Umgebung durch eine lebendige Ausstrahlung einfach »anzustecken«.

# Wie kann ich bewußt eine positive »Wellenlänge« zwischen mir und meinen Mitmenschen erzeugen?

Um tatsächlich eine »Kettenreaktion« wie in der obigen orientalischen Weisheit auslösen zu können, müssen die »Verbindungen« zwischen Ihnen und den anderen Menschen in Ordnung sein. Nicht umsonst spricht man davon, einen »Draht« zu anderen zu haben. Selbst bei drahtloser Kommunikation muß doch zumindest die »Wellenlänge« stimmen, damit die Informationen so aufgenommen werden, wie sie gemeint sind.

Sitzen Sie in einem Restaurant, können Sie intuitiv erraten, ob die Personen an den Nebentischen untereinander einen »guten Draht« haben oder nicht. Dazu müssen Sie den Inhalt der ausgetauschten Worte und Sätze nicht einmal verstehen. Kommunikationspartner drücken ihre »Wellenlänge« **nonverbal** über die Körperhaltung (Nähe, Distanz) und **verbal** durch das Sprechtempo und die Lautstärke aus. Im NLP und beim »**Denk dich nach vorn**«-Training wird die »gute Wellenlänge« mit dem Fachbegriff »**Rapport**« bezeichnet.

Aus dem Alltag kennen Sie solche Beispiele, ohne bewußt darüber nachzudenken. Haben Sie schon erlebt, wie ein Erwachsener spontan seine Stimmlage ändert, wenn er sich über einen Kinderwagen beugt? Er paßt sich den kindlichen Tönen an. Genauso beugen sich Erwachsene im Gespräch mit Kindern oft herab oder gehen entsprechend in die Knie, um auf

Augenhöhe Kontakt aufzunehmen. Hier wird Rapport zur Körpergröße aufgebaut. In bestimmten Kulturen wird noch der Volkstanz gepflegt. Gemeinsame rhythmische Bewegungen und der gleiche Gesang stärken den Rapport der Gruppe. Obgleich wir üblicherweise keinen Volkstanz aufführen, stellen wir körperlich mit unseren Mitmenschen bei der Begrüßung die Wellenlänge durch Händedruck oder Kopfnicken her. Auf der inhaltlichen Ebene werden bei gutem Rapport oft ähnliche Formulierungen gewählt. Sagt der eine Gesprächspartner: »Ich sehe da noch einen Berg Arbeit auf uns zukommen«, wird der andere sprachlich auch mit einem Bild reagieren: »Wir müssen uns einfach bemühen, den Überblick zu behalten!« Eine Antwort auf einer anderen Sinnesebene, wie beispielsweise dem Fühlen, wäre: »Wir werden uns eben bemühen, die Last gemeinsam zu tragen.« Hier wird ein ganz anderer Sinneskanal angesprochen, der Rapport ist nicht so optimal.

Eine positive Wellenlänge ist in der Regel vorhanden, wenn sich zwei Gesprächspartner spontan sympathisch finden. In Ihrem Leben werden Sie in der Regel so vielen verschiedenen Menschen begegnen, daß nicht bei jedem Kontakt sofort die gute Wellenlänge garantiert ist. Das liegt an der unterschiedlichen Lebensgeschichte und den unterschiedlichen kulturellen Hintergründen der Menschen. Oft sind Sie darauf angewiesen, den guten Rapport in der Kommunikation erst einmal herzustellen, denn Rapport ist die Voraussetzung für eine gelungene zwischenmenschliche Kommunikation. Und eine solche ist oft für Ihre Lebenserfolge eine absolute Voraussetzung.

Es kann sich schon störend auswirken, wenn ein bedächtig sprechender Norddeutscher und ein redefreudiger Schwabe ein unterschiedliches Sprechtempo bei der Unterhaltung an den Tag legen. Beide Gesprächspartner haben intuitiv das Gefühl, es »stimme« etwas nicht. Dies ist im wahrsten Sinne des Wortes richtig, wird aber meist nicht registriert. Unnötigerweise beurteilt man den Wortinhalt oder gar den kompletten Menschen negativ.

Machen Sie sich bewußt, ob Ihre Stimme irgendeine Besonderheit aufweist: Sprechen Sie schneller oder langsamer als andere? Lauter oder leiser? Das Wissen um die Wirkung Ihrer Stimme hilft Ihnen, sich auf Gesprächspartner mit einem anderen Sprechrhythmus sensibel einzustellen, indem Sie diesen Menschen in Tempo und Lautstärke etwas entgegenkommen.

Menschen verschiedener Kulturkreise haben häufig eine recht unterschiedliche Auffassung vom richtigen Maß der Nähe in der Kommunikation. So kann es sein, daß Sie stets instinktiv zurückweichen, wenn Ihnen jemand »auf die Pelle rückt«. Das macht die Situation aber nur schlimmer, da jetzt derjenige, der eine größere Nähe für richtig hält, alles dafür tut, die Entfernung wieder zu verringern.

Eine Vorgesetzte bat uns als Beobachter zu einer Teambesprechung. Obwohl sie sehr überzeugend auftrat und eine natürliche Autorität ausstrahlte, hatte sie stets das Gefühl, bei ihren männlichen Mitarbeitern nicht anzukommen. Sie gab sich in einer Besprechung große Mühe, den Mitarbeitern ein bestimmtes Thema zu erläutern. Die Kommunikationspartner saßen alle zurückgelehnt in ihren Stühlen. Die besagte Frau erklärte ihr Anliegen, indem sie sich sitzend nach vorn lehnte und lebhaft sprach. Wir baten sie nach der Sitzung, sich beim nächsten Treffen ebenfalls im Stuhl zurückzulehnen und langsamer zu sprechen. Schon nach kurzer Zeit raffte sich einer der Gesprächspartner aus seinem Stuhl auf, beugte sich nach vorn und fing an, etwas lebhafter zu reagieren. Bald darauf zogen die anderen mit. Jetzt beugte sich unsere Klientin wieder nach vorn und konnte von da an die Wellenlänge spielend halten.

Ein weiterer Weg, die richtige Wellenlänge herzustellen, führt über die Angleichung des Sprachniveaus an das des Gesprächspartners. Achten Sie darauf, ob Ihr Gegenüber eher einen volkstümlichen, umgangssprachlichen oder einen »gewählten« Sprachstil benutzt. Auch gebildete Menschen benutzen in bestimmten Situationen einen volkstümlichen Ton, in dem sie einen Dialekt sprechen oder auf Modeausdrücke wie »toll« oder »echt gut« zurückgreifen.

Sagt zu Ihnen jemand: »Das ist ein starkes Auto«, dann antworten Sie bitte nicht betont vornehm. Gehen Sie auf die gewählte Sprache des anderen ein. Ein Hamburger Seminarteilnehmer erzählte uns, er verstünde sich wunderbar mit einem Münchner Kunden. Wenn die beiden sich treffen, sprechen sie kein Hochdeutsch, sondern der eine Bayrisch und der andere Missingsch, eine Form des Plattdeutschen. Beide fühlen sich pudelwohl dabei. Wenn Sie Ihre Stimme in Tonalität, Melodie, Rhythmus, Lautstärke und Tempo an Ihren Gesprächspartner anpassen sowie die Kopfbewegungen, die Körperhaltung, Atemfrequenz und Gestik des Gegenübers andeutungsweise nachahmen, dann sprechen wir vom **Angleichen.**

Wir nennen den Small talk bei »**Denk dich nach vorn**« auch den **Wellenlängen-Talk,** da Gespräche über das Wetter, Hobbys oder die Familie hervorragend zum Aufbau von Rapport geeignet sind. Nutzen Sie diese Gesprächsphase für die Angleichung an das Gegenüber. Drücken Sie sich in denselben Sinneskanälen aus, sprechen Sie in seinem Atemrhythmus, und kopieren Sie auch seine Körperhaltung. Selbstverständlich sollen Sie nicht mit dem Gegenüber ein »Ballett« aufführen. Es reicht durchaus, dem Trend des anderen zu folgen.

Es empfiehlt sich, erst mit wichtigen Gesprächen und Verhandlungen zu beginnen, wenn die gute Wellenlänge sichergestellt ist. Das erkennen Sie daran, daß sich alle an der Kommunikation beteiligten Personen gleich verhalten: gemeinsames Lachen, gleichzeitiges Wechseln der Sitzhaltung und vieles mehr. Sie können die gute Wellenlänge testen, indem Sie sich selbst wie zufällig an der Nase kratzen, einen Arm heben oder sich vor- und zurücklehnen. Folgt der andere Ihrer Körpersprache, sind Sie sich der guten »Wellenlänge« sicher.

Natürlich gehört zu einem gelungenen Angleichen auch das Sprechen über bestimmte Inhalte – wie Interessen oder Sorgen des Gegenübers. Wenn durch gezieltes Angleichen die gute Wellenlänge etabliert wurde, können Sie in der Kommunikation in die Phase des Führens übergehen: Sie dürfen wieder Ihrer »natürlichen Art« freien Lauf lassen. Der Gesprächspartner wird Ihnen auf der Basis des Rapports folgen, und es wird sich im weiteren Verlauf unbewußt ein Kompromiß im Kommunikationsstil ergeben. So ersparen Sie sich ein nervenaufreibendes Kräftemessen mit individuell unterschiedlich sozialisierten Menschen.

Bei Verhandlungen mit Gruppen können Sie den Rapport so einsetzen, daß Sie zu allen Beteiligten eine positive Wellenlänge herstellen. Am wichtigsten in der Gruppe sind nicht die Menschen, die Ihnen auf Anhieb sympathisch sind, sondern die, zu denen sich spontan keine gute Wellenlänge einstellt. Denken Sie an die Situation einer mündlichen Prüfung. Während Sie dann mit dem einen sprechen, können Sie über die Körperhaltung die anderen aus der Prüfergruppe erreichen. So haben diese ebenfalls das Gefühl, mit Ihnen in einem positiven Kontakt zu stehen.

Ein Schüler bereitete sich auf eine Bewerbungsphase vor, innerhalb derer er mit vier verschiedenen Mitarbeitern des Unternehmens hintereinander Testgespräche führen sollte. Er berichtete nach dem erfolgreichen Verlauf dieser Gespräche, bei jedem einzelnen eine ganz andere Rapporttechnik benutzt zu haben. Bei dem einen lehnte er sich zurück, bei dem nächsten stützte er sich auf den Schreibtisch, kam dem

Gesprächspartner entgegen; bei der nächsten Dame bemühte er sich, entgegen seines natürlichen Sprechtempos, sehr schnell zu sprechen. »Das Erlebnis mit der Unterschiedlichkeit der Gesprächspartner hat mich fast mehr fasziniert als der Ausbildungsplatz«, sagte er später.

Eine Grundschullehrerin wollte Tips zum Umgang mit dem Unterrichtsstreß. Wir empfahlen ihr, sich bei schwierigen Schülern beim Klassenrundgang nicht von oben über den Tisch zu beugen, sondern sich hinunterzuhocken oder einen Stuhl hinzuschieben, um mit dem Schüler in Augenhöhe zu sprechen. »Dadurch werden die Schüler zwischendurch richtig ruhig«, berichtete sie als Ergebnis. »Es ist, als würden sie mich das erste Mal in der Stunde bewußt registrieren.«

Zwei Mitarbeiter einer Werbeagentur teilen es sich während der Präsentation ihrer Werbeideen vor einer großen Kunden-Gruppe jeweils auf, wer zu wem aus der Gruppe Rapport hält. Sie sind mittlerweile so versiert in der Wahrnehmung, daß sie sich ohne Worte verständigen können. Auch vor den kritischsten »Nörglern« verlaufen die Präsentationen wesentlich erfolgreicher als noch vor unserem Seminar.

Die Fähigkeit, eine positive Wellenlänge zu den verschiedensten Menschen bewußt herzustellen, zählt zum Qualitätsmerkmal »Lebendigkeit« im »magischen Stern« Ihrer Persönlichkeit. Sie können nach einem gelungenen Austausch mit anderen Menschen immer wieder Ihren persönlichen Stil kultivieren, Sie sollten ihn jedoch in der Kommunikation nie zu einer starren Mauer zwischen sich und anderen werden lassen.

Die gute Wellenlänge hat den besonderen Vorteil, die Merkfähigkeit der beteiligten Menschen für die gesprochenen Inhalte zu erhöhen. Bei einer gut hergestellten Wellenlänge müssen Sie sich kaum anstrengen, Ihre Botschaft zu versenden. Der andere steht schon bereit, sie aufzufangen. Menschen im guten Rapport sind sehr verzeihlich gestimmt. Sprechen Sie peinlicherweise den Gesprächspartner mit falschem Namen an, ist dieser geneigt zu antworten: »Ach, das macht doch gar nichts!« Bei mangelndem Rapport wird Ihnen so etwas sofort als übler Fehler ausgelegt.

Nun können Sie auch ermessen, warum wir bei der Selbstorganisation so viel Wert darauf legen, daß Sie Ihre Persönlichkeitsteile in einem angemessenen Tonfall ansprechen und die Stimme Ihres inneren Begleiters pflegen. Denn auch zu sich selbst müssen Sie eine gute Wellenlänge herstellen, wenn Ihre Persönlichkeitsteile Ihren Willen kooperativ in die Tat umsetzen sollen.

Sehen Sie sich die folgende Auflistung der möglichen Beobachtungen an, die Sie in der Kommunikation mit anderen Menschen machen können.

# Die Ausdrucksmöglichkeiten
# unserer Körpersprache

**Atmung**
- Tempo (langsam oder schnell)
- Atemtiefe (flach oder Bauchatmung)

**Muskelspannung (stark oder locker)**
- Mimik
- bestimmte Körperregionen (z.B. Schulterpartie)

**Puls**
- Tempo (Beobachtung möglich an: Stirn- oder Halsschlagader, Wippen des Unterschenkels bei übergeschlagenen Beinen)

**Pupillen**

**Körperhaltung**
- Körpersymmetrie

**Körperbewegung**
- individuelle Bewegungen wie Nicken, Fußwippen, Daumenwackeln

**Stimme**
- Sprechtempo
- Satzmelodie
- Tonhöhe

# Kennzeichen einer guten Wellenlänge

Gleichzeitiges Lachen über dieselben Inhalte.

»Körperballett«
- gleiche Körperhaltung
- gleichzeitiges Wechseln der Körperhaltung

Übereinstimmende Gestaltung von räumlicher Nähe und Distanz.

Impuls, in gleicher Augenhöhe zu kommunizieren.

Gemeinsam benutzte Sinneskanäle in der Sprache.

Ähnliche Art zu sprechen
- volkstümliche oder gewählte Sprache
- gemeinsames Sprechtempo

Hohe Merkfähigkeit der besprochenen Inhalte.

Versöhnlicher Umgang mit »Schnitzern«
- z. B. falsch ausgesprochener Name

# Achtung! Die Verfolgung der Erfolgreichen

Sie wissen nun Ihre innere Harmonie zu fördern und mit anderen Menschen eine positive Wellenlänge herzustellen. Jetzt ist zu erwarten, daß die anderen auf Ihre persönliche Ausstrahlung reagieren und alles nur noch erfreulich ist.

Genau das dachte auch eine übergewichtige Klientin, die mit Hilfe unseres Trainings abnahm. Sie nahm nicht nur ohne irgendwelche Diäten ab, sondern gewann erheblich an Lebensfreude und positiver Ausstrahlung. Sie hatte Freude an sich selbst gefunden und fand es, wie viele andere auch, faszinierend, von seinen Persönlichkeitsteilen Antworten auf ihre Probleme zu erhalten. Antworten, die sie zuvor stets außerhalb des eigenen Ichs gesucht hatte. Die Familie freute sich über ihre Veränderung, wir freuten uns, die Klientin freute sich.

Aber nicht alle freuten sich mit ihr. Eines Tages kam sie ganz bedrückt in die Sitzung: die beste Freundin hatte sich wiederholt ganz fremd und komisch zu ihr benommen. Zuvor hatte die gleiche Freundin, selbst schlank, sie stets beim Abnehmen motiviert und sie bei gescheiterten Versuchen getröstet. Wir fanden heraus, daß das Verhältnis sich jetzt ins Gegenteil verwandelt hatte. Zuvor war unsere Klientin immer das »Sorgenkind« gewesen, gegen das die Freundin immer ein sehr vorteilhaftes Bild machte, schon gar durch die überlegene

Rolle der Trösterin. Jetzt, wo es unserer schlankgewordenen Klientin offensichtlich gutging, wurde aus der Freundschaft für die andere Konkurrenz. Sie benörgelte die angebliche Oberflächlichkeit unserer Klientin, und beim Anblick ihrer tollen neuen Kleider und Hobbys entglitt ihr ganz offensichtlich das mühsam aufgesetzte Lächeln. Unsere Klientin war ganz verzweifelt. »Ich habe ihr nichts getan und bemühe mich wirklich sehr um diese Freundin. Es ist fast so, als wäre sie genervt über meine Fortschritte.«

Unsere Klientin hatte den Neid der Freundin zu spüren bekommen. Wie kann das bei Menschen, die sich zuvor mochten, passieren? Nicht nur diese Frau, sondern jeder Mensch, der sich weiterentwickelt, der ein Ziel erreicht oder dem es einfach nur besser geht als zuvor, muß mit dem Neid anderer rechnen. Dabei kommt die Mißgunst oft von Menschen, von denen man sie nie erwartet hätte. Die meisten Menschen sind völlig überrascht, bei Erfolg Ablehnung zu erleben. Dementsprechend schlecht sind sie auf diese Situation vorbereitet. Machen Sie sich bewußt, daß ein wahrer Freund, der Sie wirklich mag, allen Grund hat, sich mit Ihnen über Ihren Erfolg und Ihre Fortschritte zu freuen. Überprüfen Sie für sich, ob Kritik und Kommentare zu Ihren Erfolgen von Ihren Mitmenschen wirklich gutgemeint sind. »Bist du dir auch ganz sicher, nach Paris zu gehen? Also ich würde das meiner Familie nicht zumuten.« Auf diese Art und Weise kann Ihnen der Spaß am Erfolg schon verdorben werden. Sogar Eheleute können oft den Erfolg des Partners nur zähneknirschend verkraften.

Die Erklärung hierfür ist, daß sich eigentlich jeder Mensch Erfolg wünscht. Solange Sie den Erfolg nicht haben, übt das auf Menschen mit unerfüllten Wünschen eine gewisse Beruhigung aus. Schon wenn Sie nur glücklich wirken oder das Rauchen aufgegeben haben, präsentieren Sie anderen Menschen Erfolg. Sie werden so zum »Mahnmal« des Mißerfolges anderer, denn Sie leben Ihren Mitmenschen vor, daß man Ziele erreichen kann. Auf diese Weise können Sie andere mit Erfolg unabsichtlich verletzen, da Sie sie schmerzlich daran erinnern, ihre Ziele noch nicht erreicht zu haben.

Der Erfolgreiche begibt sich in den Augen anderer Menschen auf eine höhere Stufe. Dieser Abstand wird als störend erlebt, vor allem dann, wenn Erfolglosigkeit die Beziehung zuvor zusammengeschweißt hat, wie bei dem Beispiel der beiden Freundinnen. Aber auch fremden Menschen können Sie ein Dorn im Auge werden.

Nun gibt es zwei Möglichkeiten, auf einen erfolgreichen Menschen zu reagieren. Die erste Möglichkeit besteht in dem Versuch, denjenigen wieder auf die niedrigere Stufe hinunterzuziehen. So haben die weniger Erfolgreichen keine Veranlassung mehr, selbstkritisch darüber nachzudenken, weshalb sie ihre Ziele nicht erreichen. Die zweite Möglichkeit ist das Interesse, hinter das Geheimnis des Aufstiegs zu kommen. Es gibt also Menschen, die nicht mit Neid und Abwehr, sondern mit Offenheit auf den Erfolg anderer reagieren. Sie begeben sich in der Regel in die Nähe des Erfolgreichen und versuchen, von ihm zu lernen. Solche Menschen sind wesentlich sympathischer als die Neider, denn sie lassen den Status der anderen unberührt und versuchen, denselben Level zu erreichen. Reagiert der Erfolgreiche nun nicht mit Angst, hat er alle Chancen, im Erfolg Gesellschaft zu haben und nicht zu vereinsamen. Konzentrieren Sie sich also auf Menschen, die gut mit Ihrem Erfolg leben können. Die Neider hingegen sollten Sie enttarnen und sich im Zweifelsfall sogar von ihnen distanzieren. Sie rauben Ihnen zuviel Energie. Einen gewissen Schutz vor Mißgunst bietet die »Wellenlängen«-Technik aus dem Kapitel zuvor. Sie bewahrt Sie davor, den Eifersüchtigen glücklich anzustrahlen und so den Nied zu provozieren. Einen weiteren Schutz bietet Ihnen die nun folgende Übung. Sollten Sie selbst einmal Neid spüren, bedanken Sie sich bei

Ihrem Unbewußten für dieses Signal. Eigentlich will Ihnen der eigene Neid nur zeigen, von wem Sie lernen können. Wie Sie erfolgreiche Strategien anderer übernehmen können, erklären wir im nächsten Kapitel.

## Übung: Schutz vor dem Neid

Sie kennen den Begriff »**Aura**«. Nach fernöstlichem Verständnis ist eine Aura ein Energiebereich, der den menschlichen Körper umgibt. In unserer Kultur sprechen wir von der Ausstrahlung eines Menschen.

① Stellen Sie sich vor, von einer schützenden Aura umgeben zu sein. Sie könnte ein Licht in einer bestimmten Farbe oder ein mentaler Umhang sein.

② Machen Sie sich bewußt, welche Vorteile eine Aura im Vergleich zu einer »inneren Mauer« hat. Positive Energien werden nämlich von der Aura zu Ihnen durchgelassen und nur negative Einflüsse wie von einem elektrischen Feld abgestoßen.

③ Suchen Sie sich einen Anker, der Sie in Alltagssituationen schnell an Ihre Aura erinnern kann. Immer, wenn Sie darauf schauen oder ihn anders wahrnehmen, verstärken Sie in Sekundenschnelle die Aura.

## Hinweise zur Übung:

● Versehen Sie Ihren Badezimmerspiegel mit einem kleinen Aufkleber, der Sie schon am frühen Morgen beim Zähneputzen daran erinnert, die Aura »anzuziehen«.

● Diese ganz einfache Übung hat gemäß der Aussagen unserer Klienten für die persönliche Selbstsicherheit einen erstaunlichen positiven Effekt.

# Wie kann ich mir von erfolgreichen Vorbildern »eine Scheibe abschneiden«?

Viele unserer Fähigkeiten haben wir uns von Kind an durch das sogenannte Modellernen angeeignet. Denken Sie an all die Selbstverständlichkeiten wie die Muttersprache, das Essen oder den aufrechten Gang. Im späteren Entwicklungsverlauf begeben sich Kinder durch das Rollenspiel (Vater, Mutter, Kind, Westernheld oder Prinzessin) gezielt in die mental-körperlichen Zustände bestimmter Modelle hinein. Sie eignen sich so deren Verhaltens- und Befindlichkeitsprogramme an. Wenn Sie einem kleinen Jungen beim Westernheldimitieren zusehen, wissen Sie genau, was wir damit meinen.

Sicher haben Sie schon einmal beobachtet, wie auch ein erwachsener Mensch von einem anderen etwas »annimmt« – beispielsweise eine Gangart, eine bestimmte Art zu lächeln oder einen Dialekt. Das Modellernen erfolgt in der Regel intuitiv und unbewußt. Die Fähigkeit, sich von einem anderen Menschen »eine Scheibe aubzuschneiden«, ist von Kindesbeinen an ausgeprägt.

Bedenken Sie einmal die Vielzahl der Modelle, die Ihnen im Laufe Ihres Lebens begegnet sind. Hierzu zählen nicht nur Menschen wie die Eltern, Geschwister, Freunde, Kollegen oder Nachbarn, sondern auch Romanfiguren, Persönlichkeiten des öffentlichen Lebens, Schauspieler oder Stars. Wenn Sie nun überschlagen, wie viele mögliche Modelle Sie internal

»gespeichert« haben, ohne diesen »Input« für sich zu verwerten, bekommen Sie einen Eindruck davon, was »ungenutzte Potentiale« eines Menschen sind.

In den Vereinigten Staaten wurde bereits in den sechziger Jahren das sogenannte **»Master-Modelling«** (die Meisternachahmung) für das Verkaufstraining entwickelt. Das Prinzip ist eigentlich ganz einfach: Besonders gute Verkäufer wurden auf ihr »Erfolgsverhalten« hin beobachtet. Meistens leisteten diese Menschen intuitiv hervorragende Arbeit und konnten die Frage nach ihrem Erfolgsrezept nicht bewußt beantworten. Man denke nur an die Geschichte des Mannes, der den Eskimos erfolgreich Kühlschränke verkaufte. Und das offensichtlich zur vollsten Zufriedenheit des neuen Kundenstammes, der fleißig nachbestellte.

Es ist relativ einfach, über das Lernen am Modell seine eigenen Möglichkeiten zu entfalten. Auch unsere Sprache weist schon auf das Spektrum hin. So können wir etwas »mit den Augen des anderen sehen«, uns »in jemanden hineinversetzen«, uns »von jemandem eine Scheibe abschneiden« oder »von jemandem etwas annehmen«. Dabei geht es wirklich nur darum, von einem anderen Menschen etwas über dessen Erfolgsstrategien zu lernen, nicht aber der andere zu werden.

Einer unserer Klienten ist von Beruf Ingenieur. Wie so viele Vertreter seines Berufsstandes wurde er plötzlich befördert und befand sich von heute auf morgen in einer Vorgesetztenposition. Dieser Ingenieur hatte sein Studienfach aus technischem und erfinderischem Interesse heraus gewählt und nicht, weil er davon träumte, viel mit Menschen zu tun zu haben. Als Führungskraft wirkte er still und schüchtern. Das wurde natürlich sofort von den Mitarbeitern bemerkt und ausgenutzt.

Auf die Frage, ob er jemanden kenne, der so sei, wie er gern an seinem Arbeitsplatz wirken möchte, reagierte er zunächst zurückhaltend. Dann entschied er sich für Humphrey Bogart.

Tatsächlich war Bogart für ihn ein wirklich gutgewähltes Modell, denn man kennt ihn aus seinen Filmen ja eher schweigsam, aber dennoch eine überzeugende Autorität ausstrahlend.

Beim Test konnte er bestimmte Szenen mit Humphrey Bogart sehr gut innerlich reproduzieren. Dann baten wir ihn, sein Modell gedanklich an seinen Arbeitsplatz zu schicken. Auf unsere Anleitung hin ließ er in seiner Vorstellung Humphrey Bogart mit jedem einzelnen ihm unterstellten Mitarbeiter reden. Er sollte beobachten, was genau das Vorbildhafte an Bogart war. Dem Klienten fielen drei Dinge auf: die leicht zusammengekniffenen Augen, das lässige Anlehnen an Tische und Wände sowie das lockere Standbein-Spielbein-Stehen mit einer Hand in der Hosentasche.

Wir übten dann vor dem Spiegel diese Merkmale in Haltung und Mimik ein, bis sie für seine Person völlig authentisch wirkten. Besonders wirkungsvoll war die neue Art, andere anzusehen. Zuvor hatte er seine Augen immer weit geöffnet, das leichte Zusammenkneifen wirkte dagegen undurchdringlich, ja richtig »markig«. Von nun an nahm unser Klient Humphrey mit zur Arbeit. Schon nach kurzer Zeit konnte er bei den Kollegen einen Zuwachs an Respekt für sich verbuchen.

## *Übung: »Vormachen – nachmachen!«*

① Bestimmen Sie eine persönliche Problemsituation, in der Sie eigentlich lieber erfolgreich sein möchten.

② Gibt es eine Fähigkeit oder Ausdrucksmöglichkeit, die Sie in dieser Situation gerne hätten und die Ihnen bisher nicht zur Verfügung stand? Bitte benennen Sie diese fehlende Kraftquelle.

③ Kennen Sie ein Vorbild, das diese Fähigkeit besitzt? Machen Sie sich diesen Menschen lebhaft bewußt, wie Sie ihn schon oft erfolgreich handeln oder auftreten erlebt haben.

④ Gehen Sie innerlich in die Rolle eines Filmregisseurs. Drehen Sie innerlich folgenden Film: Wie würde sich dieser Mensch in Ihrer eigenen Problemsituation verhalten, und wie würde er wirken? Beobachten Sie Ihr Modell aus verschiedenen Perspektiven. Nehmen Sie wahr, welche Eigenschaften in Mimik, Gestik und Sprache die besondere Wirkung dieses Vorbilds unterstreichen.

⑤ Anstelle des Modells setzen Sie jetzt *sich selbst* im Film als Hauptdarsteller ein. Wir nennen Ihre eigene Person hier »Person X«. Sie behalten beim Hinschauen die Perspektive des außenstehenden Regisseurs. Geben Sie Person X dort im Film die entsprechenden Regieanweisungen, die aus der genauen Beobachtung des Modells resultieren: Sprache, Mimik, Tempo, Gang usw.

⑥ Zur Verstärkung stellen Sie sich beide – das Modell und Person X – im Film vor. Der Film ist ja schließlich in Vorbereitung und es kann noch tüchtig geübt werden. Das Modell spielt vor, und die eigene Person spielt hinter dem Modell stehend parallel nach.

⑦ Beim nächsten Durchgang – quasi bei der nächsten Klappe – spielt Person X allein. Sie setzt alles ein, was sie vom Modell gelernt hat.

⑧ Wenn Ihnen so richtig gut gefällt, was Sie da sehen, gehen Sie selbst in den Film hinein. Werden Sie Person X und spielen Sie bei der nächsten »Klappe« sich selbst, »angereichert« mit den Fähigkeiten des Modells.

⑨ Bestimmen Sie zum Schluß noch einen körpereigenen Anker, der Sie ab jetzt immer an dieses Erlebnis erinnern soll. Am besten berühren Sie dazu mit der Fingerspitze der einen Hand einen Fingerknöchel der anderen. Oder Sie reiben Daumen und Zeigefinger aneinander. Benutzen Sie diesen Anker, wenn Sie sich so richtig gut in der neu-alten

Rolle fühlen. Später löst dann diese Berührung Ihre neuen Ausdrucks- und Befindlichkeitsmöglichkeiten aus.

## Hinweis zur Übung:

- Wenn Sie allein sind, probieren Sie ruhig auch vor dem Spiegel.

# Körpersprache: Mit dem Körperausdruck Gespräche lenken

Unter dem Stichwort »Wellenlänge« haben Sie bereits einen Einblick in die Bedeutung der nichtsprachlichen Kommunikation im zwischenmenschlichen Kontakt bekommen. Sie können mit den Mitteln der Körpersprache auch die Motivation Ihrer Familienangehörigen und anderer wichtiger Mitmenschen steigern.

Wie wichtig das ist, zeigt folgendes Beispiel. Eine Klientin klagte immer wieder über Eheprobleme, die regelmäßig beim Thema »Geld« auftauchen. Paargespräche lehnte der Mann aber ab. Er wollte mit diesem »psychologischen Quatsch« nichts zu tun haben. Sie könne das gerne machen, wenn es hilft, aber er würde »solche Leute« niemals an sich heranlassen. Die Frau hat ihren Mann trotz der Probleme sehr gern, denn in vielen anderen Lebensbereichen verstehen die beiden sich prächtig. Eine Trennung würde für sie daher nicht in Frage kommen. Sie würde gern etwas für eine bessere Eheatmosphäre tun. »Vielleicht mache ich auch irgend etwas falsch, das gebe ich ja gerne zu – nur weiß ich nicht, was genau mein Fehler ist. Wie geraten wir nur immer in diesen Streit hinein?« Da der Mann nicht mitkommen wollte, war die Frage nach dem eigenen Fehler von unserer Seite aus nicht zu beantworten. Aber wir konnten anders helfen.

Ein gravierender Fehler, den Familienangehörige immer wieder machen, ist die Technik, den anderen »auf dem falschen Fuß« zu erwischen, wenn wichtige Themen angesprochen werden. Andersherum gedacht ist es demnach erfolgversprechender, den anderen bei wichtigen Gesprächen und Anliegen auf dem »richtigen Fuß« zu fassen zu kriegen. Wenn Sie das erreichen möchten, besteht Ihre Aufgabe darin, sich über den Verlauf einiger Tage oder auch Wochen die individuellen mental-körperlichen Zustände der für sie wichtigen Person zu sensibilisieren.

Für das Ziel sind hier zwei Zustände wichtig:

1. Der »Zustimmungs-« oder »Begeisterungszustand« oder einfach ausgedrückt der **»Ja-Zustand«.** Ihr Mitmensch zeigt den »Ja-Zustand«, indem er von einer Sache spricht, die seine Zustimmung findet oder ihn begeistert, wie beispielsweise ein Kinofilm, ein Auto oder ein tolles Restaurant. Bei Kindern wären die »Ja-Zustände« bei Themen wie »Mountain-Bike«, »Disney-Land« oder »Barbie-Puppe« interessant.

2. Die »Zweifels-« oder »Ablehnungsphysiologie«, der **»Nein-Zustand«.** Auch hier bekommen Sie Ihre Information über einen Menschen, indem er über Inhalte spricht, die seine Skepsis oder Ablehnung zum Ausdruck bringen. Das kann beispielsweise in einer Unterhaltung über einen ungeliebten Nachbarn oder Lehrer zum Ausdruck kommen. Viele Menschen lassen sich auch wunderbar ablehnend über bestimmte Fernsehsendungen aus.

Unsere Klientin entließen wir mit der Aufgabe, den Ehemann eine Woche lang nur auf die nichtsprachlichen Anzeichen des Ja- und Nein-Zustands hin zu beobachten. Wir machten sie mit den vielen Möglichkeiten der beobachtbaren Körpersprache aus der Liste auf Seite 245 vertraut.
Dadurch geriet unsere Klientin nicht ins »Schwimmen«, als

der Mann sich beim nächsten Gespräch über Geld wie gewohnt ablehnend zeigte. Sie hatte ja die Aufgabe, ihn ganz genau zu beobachten. Hierbei entdeckte sie deutliche Unterschiede. Beispielsweise zeigt ihr Mann im »Nein-Zustand« eine ganz deutliche Stirnfalte, die im »Ja-Zustand« kaum zu sehen ist. Im »Nein-Zustand« gestikuliert er vorzugsweise mit der linken, im »Ja-Zustand« fast nur mit der rechten Hand. »Zuerst konnte ich diesen deutlichen Unterschied gar nicht glauben«, berichtet sie. »Da lebt man mit einem Menschen jahrelang zusammen und achtet nicht auf diese deutlichen Merkmale!«

Während eines wichtigen Gespräches ist Ihnen die Kenntnis der unterschiedlichen Ja- und Nein-Zustände des Gegenübers eine entscheidende Hilfe. Es kann sein, daß Ihr Partner, Kind oder Freund einen Tag hat, an dem er oder sie ohnehin schon im Nein-Zustand ist, weil die Person mit dem »linken Bein« aufgestanden ist. Sie können diesem Menschen dann kommen, mit was Sie wollen, er wird einfach nicht mit der erforderlichen Offenheit oder Bejahung an das Thema herangehen. Vielleicht wird er sogar über seine Worte Bereitwilligkeit und Zuversicht ausdrücken; Sie können jedoch an den Zeichen der Körpersprache deutlich erkennen, wie es wirklich um ihn bestellt ist. Fangen Sie deshalb mit Ihren Lieben erst dann wichtige Gespräche an, wenn sie sich offensichtlich im »Ja-Zustand« befinden. Das gleiche gilt für den Chef, wenn Sie mit ihm über eine Gehaltserhöhung sprechen möchten.

Natürlich sparen Sie viel Energie, wenn Sie selbst in der Lage sind, den »Ja-Zustand« des anderen durch die Kommunikation hervorzurufen. Deshalb sollten Sie die oben genannten wichtigen Zustände auf jeden Fall selbst ankern und somit auslösen können. Hierzu eignen sich vor allem nichtsprachliche Anker wie Körper- oder Kopfbewegungen, aber auch elegant in das Gespräch eingestreute Anker wie bestimmte

Worte, auf die der Gesprächspartner Ihrer Erfahrung nach mit dem »Ja-Zustand« reagiert. Für unsere Klientin bot sich eine einfache Möglichkeit des Ankerns, denn sie ist eine lebhafte Frau, die viel mit den »Händen spricht«. Ist ihr Mann im positiven Ja-Zustand, spielt sie – auch hörbar – mit den Fingern der rechten Hand. Beim Nein-Zustand bewegt sie die linke von der Geste her öfter nach links unten. Die Ankertechnik wirkt dann so: Das Unbewußte des Gegenübers verknüpft schon nach wenigen Tagen die eigenen Zustände mit den Bewegungen des Ankernden zu einer Assoziationskette. Daher kann die Bewegung beim Kommunikationspartner später schnell und unbewußt die entsprechende mentalkörperliche Verfassung auslösen.

»Ich mache jetzt nicht mehr den Fehler, gleich mit der Tür ins Haus zu fallen, ohne wahrzunehmen, was mit ihm los ist. Wir sprechen über allgemeine Dinge, ich klopfe spielerisch mit den Fingern, und er wird wie durch ein Wunder immer fröhlicher. Letztens begann ich dann, über eine Anschaffung zu sprechen.›Das überlasse ich dir, du wirst das schon richtig machen‹, antwortete er freundlich, und ich wäre fast vom Stuhl gefallen! Vielleicht habe ich vorher mit diesen Themen schon selbst so vergrätzt begonnen, daß wir beide gar keine Chance hatten, einen Ja-Zustand füreinander zu entwickeln.« Ähnlich positive Erfahrungen berichten uns auch Mütter von »Hausaufgabenmuffeln«. »Ich berührte meine Tochter eine Woche lang immer leicht am linken Oberarm, wenn sie begeistert über ihre Barbiepuppen-Ausrüstung sprach oder intensiv damit spielte. Nach einer Woche strich ich ihr über den Arm und schlug vor: »Willst du jetzt vielleicht erst einmal deine Schularbeiten machen? Ich helfe dir auch. Statt eines mauligen Knurrens hörte ich ein nettes, fröhliches › na gut‹«. Wenn das Gegenüber absolut im Nein-Zustand ist, sollten Sie sich mit einem »Neutralisierer« helfen: Durch einen überraschenden Wechsel zu einem anderen Gesprächsthema oder eine andere Veränderung wie beispielsweise den Wechsel des Gesprächsortes können Sie die Stimmungslage vorübergehend ausgleichen und dann den Ja-Zustand leichter auslösen. Auch das Ankern des Nein-Zustands ist von Bedeutung, wenn der Kommunikationspartner allzu begeistert oder überzeugt von einer Sache ist, die wiederum Ihre wohlbegründete Zustimmung nicht findet. Die Klientin aus obigem Beispiel wollte gern öfter als ihr Mann verreisen. Sollte es nach ihm gehen, wären sie jeden Urlaub im trauten Heim. »Als er wieder von den Vorzügen des Zuhause-Bleibens schwärmte, habe ich dabei einfach seinen Nein-Zustand durch den entsprechenden Anker mit der linken Hand aktiviert. Das war aber auch wirklich reine Notwehr!«

Nur wenn Ankertechniken in einem Rahmen der Menschlichkeit (magischer Stern!) stattfinden, werden sich die Kommunikationspartner auch langfristig gerne an den Kontakt erinnern. Selbstverständlich muß der Urlaub des Ehepaares dann auch zu einer schönen Erinnerung werden und die beiden nicht bettelarm machen. Lieber eine sanfte Beeinflussung als ein ewiger kräfteverzehrender Streit, der unter Umständen sogar unnötigerweise zur Trennung führt. Das Zusammenleben in der Familie bedeutet ohnehin einen ewigen Kompromiß zwischen den einzelnen – im positiven Sinne! Das Geheimnis einer glücklichen Familie ist nicht das absolute Gleichsein, sondern die Bereitschaft, sich gegenseitig Wünsche zu erfüllen. Wünsche sind hier erlaubt, und keiner befürchtet, sich beim Wünsche-Erfüllen einen Zacken aus der Krone zu brechen.

**Machen Sie sich bewußt: Es gibt keine zwischenmenschliche Kommunikation, in der nicht manipuliert würde.** Schon wenn Sie einem anderen die Hand zur Begrüßung reichen, manipulieren Sie ihn dahingehend, die Ihre auch zu ergreifen. **Mißtrauen Sie Menschen, die behaupten, sie würden nicht manipulieren, das sind in der Tat die gefährlich-**

**sten.** Wenn ein Ehepaar immer wieder in Streit gerät, ist das auch eine böse Manipulation, ob sie gewollt ist oder nicht. Menschen beeinflussen sich ständig gegenseitig, sonst gäbe es gar keine lebbaren Beziehungen. Deshalb ist es wichtig, daß Sie als Mitmensch die Manipulation nicht dem Zufall überlassen, sondern für Ihre Einflußmöglichkeiten auf andere Menschen bewußt die Verantwortung übernehmen und sie positiv gestalten. »Aber da kann doch dann viel Mißbrauch mit betrieben werden«, zweifelt eine Seminarteilnehmerin. »Ja, dann dürfen die Kinder in der Schule auch nicht Rechnen lernen, sie könnten mit diesem Wissen ja später Scheckbetrüger werden«, erwiderte ein anderer. Recht hat er ...

## *Übung: Gezielter Einsatz Ihrer Körpersprache*

① Sie entscheiden sich innerlich für einen Ihnen bekannten Menschen, mit dem Sie diese Technik erproben wollen.

② Phase A: Sie ist eine reine Beobachtungsphase. Sie nutzen verschiedene Situationen und Small talks, um bei dem Kommunikationspartner den Ja-Zustand und den Nein-Zustand erkennen zu können. Reden Sie gezielt mit ihm über Themen, an denen Sie seine positive und negative Reaktion beobachten können.

③ Überlegen Sie für sich selbst zwei Anker, die Sie unauffällig einsetzen: einen für den »Ja-Zustand«, einen für den »Nein-Zustand«. Dies können Bewegungen sein, Gesten oder Berührungen mit der Hand oder bestimmte Worte, die an die Ja- oder Nein-Zustand-Themen erinnern.

④ Phase B: Setzen Sie jetzt die Anker über einen längeren Zeitraum jeweils beim Ja- und Nein-Zustand ein.

⑤ Phase C: Setzen Sie jetzt die Anker gezielt zur nonverbalen Motivation ein. Denken Sie dabei auch an die »Wellenlängen-Technik«.

## Hinweis zur Übung:

● Sie werden bei der Beschäftigung mit dieser Ankertechnik feststellen, daß Sie oft auch intuitiv Ihre Gesprächspartner in den Ja-Zustand bringen, indem Sie beispielsweise ganz einfach über Hobbys mit ihnen sprechen. Diese Technik ist daher nur für schwierige Kommunikationspartner oder konfliktbeladene Themen gedacht.

# Hilfe bei schwierigen Gesprächspartnern

»Ich hatte zu meiner Kollegin noch nie so ein dolles Verhältnis. Aber seitdem sie meine Vorgesetzte ist, wird das für mich
ein echtes Problem, da ich sie natürlich nicht mehr links liegen
lassen kann. Das Schlimme ist: ich bin in ihrer Gegenwart
auch nicht so selbstbewußt wie sonst. Mir ist schon komisch,
wenn ich sie nur sehe. Das möchte ich gern ändern.« Wir
fragten diese Klientin, ob sie immer mit Vorgesetzten diese
Probleme hat. »Nein, eigentlich nur mit dieser Frau. Ich weiß
auch nicht, warum die mich so einschüchtert.« Wir baten sie,
die Augen zu schließen und sich an die Vorgesetzte zu erinnern. Mit unserer Hilfe überprüfte sie diese Frau mit der
»inneren Lupe«: »Wie ist ihre Frisur, wirkt die beängstigend?
Wie reagieren Sie auf die Augenpartie, die Nase, die Mundpartie, die Gestalt, die Gesten, ihre Sprache und den Tonfall?«
Man konnte deutlich beobachten, wie die Klientin bei dem
Stichwort Mund sichtlich in sich zusammensank. Bei allen
anderen Details blieb sie gelassen. Wir überprüften, ob sie eine
derartige Mundpartie schon einmal bei einem anderen Menschen in ihrem Leben kennengelernt habe. Ihr fiel nach kurzem Nachdenken eine alte Lateinlehrerin ein. »Die hatte
dieselben komischen Wulstlippen.« Das sagte sie keineswegs
im Scherzton, sondern offensichtlich unbehaglich. Die Schul-
erfahrung liegt heute schon dreißig Jahre zurück. »Könnte

diese Vorgesetzte Sie denn quasi auch ›sitzenlassen‹?«
»Wenn ich ehrlich bin, überhaupt nicht! Man ist schon jahrelang mit meiner Arbeit zufrieden. Trotzdem rutscht mir immer das Herz in die Hose, wenn sie etwas zu mir sagt.«
Bestimmte Kleinigkeiten an anderen Personen können in uns derartig starke negative Gefühle auslösen, daß wir die harmlosen Seiten dieser Menschen völlig vergessen oder verdrängen. Wir haben diesen »Lupen-Test« schon oft durchgeführt und immer wieder festgestellt, daß an der problematischen Person höchstens zwei bis drei Merkmale den Schrecken ausmachen – der weitaus größere »Rest« wirkt in der Regel völlig harmlos und neutral. So können uns Kleinigkeiten, wie ein Dialekt, eine Frisur, eine Nasenform, eine Geste in tiefe Abgründe hinein »hypnotisieren«, die oft ihre unbewußte Wurzel in unserer Lebensgeschichte haben. Wir neigen dazu, derartig negativ besetzte Anker in unserer Wahrnehmung überzubewerten. So kann es schnell zu voreiligen Ängsten kommen, die mit dem Menschen vor uns noch nicht einmal etwas zu tun haben müssen.
Wir baten die Klientin, sich ein völlig harmloses Merkmal an ihrer Vorgesetzten herauszusuchen. Es sollte sie auch daran erinnern, daß diese Frau niemals im Leben ihre Lateinlehrerin sein kann. »Sie hat eine rot gefärbte Streichholzfrisur, die sieht sogar ganz witzig aus. Meine Lateinlehrerin hatte einen Dutt und wäre niemals im Leben darauf gekommen, sich die Haare zu färben.« Wenn sie jetzt dieser Frau begegnet, nimmt unsere Klientin ganz bewußt diese Frisur wahr. Dabei muß man nicht gezielt auf die ausgewählte Körperstelle starren. Schauen Sie jetzt auf diese Buchseite. Fixieren Sie den Blick. Nehmen Sie gleichzeitig wahr, was Sie noch alles links und rechts im Raum wahrnehmen können, ohne daß Sie dort direkt hingucken. Genauso können Sie zu einem Menschen Augenkontakt halten und trotzdem seine Haare gezielt wahrnehmen.

Besonders nachhaltig wirkt die beschriebene Technik bei Menschen, die Ihnen nicht wohlgesonnen sind. Gerade hier müssen Sie sich sofort einen neutralisierenden Anker suchen. Ein Arzt, der sich mit Vertretern der Kassenärztlichen Vereinigung vor Gericht auseinandersetzen sollte, hatte Angst, sich zu unüberlegten Äußerungen hinreißen zu lassen. Hier fanden wir heraus, daß es einen Mann gab, auf den er besonders »allergisch« reagierte. Beim Suchen eines »Enthypnotisierungs-Ankers« fiel ihm auf, noch nie bewußt die überdurchschnittlich großen Ohren seines Kontrahenten registriert zu haben. Schon beim Gedanken daran mußte er lachen. Bei der Verhandlung blieb er souverän und gelassen. Später schickte er uns sogar ein Bild von seinem »Ohren-Gegner« mit dem Kommentar: »Sagen Sie selbst, sieht er nicht aus wie ein Troll?«

Die neutralisierende Ankertechnik ist im Grunde nichts anderes als der altbewährte Tip, den man Kindern mit auf den Weg gibt: »Hast du Angst vor dem Lehrer, stell ihn dir in langen Unterhosen und einer Nachtmütze auf dem Kopf vor.« Selbstverständlich geht es nicht darum, das Gegenüber in der Öffentlichkeit zu entwürdigen. Sie sollten schon den äußeren Anschein wahren. Wenn Sie jedoch innerlich schmunzeln können, ermöglichen Sie bei sich einen mental-körperlichen Zustand, in dem Sie viele Ideen haben und von der Grundlage her gelassen bleiben. Diese Verfassung garantiert Ihnen einen kreativen Umgang auch mit unsympathischen Kommunikationspartnern. Weiterhin schützt Sie diese »Enthypnotisierung« vor ungerechtem Empfinden und Verhalten Personen gegenüber, die letztlich nichts gegen Sie haben.

*Übung:*
*»Enthypnotisierung«*

① Denken Sie an eine Person, die Ihnen unsympathisch ist, Sie einschüchtert, Sie wütend macht oder in Ihnen ängstliches Unbehagen auslöst.

② Stellen Sie sich die Person X in Gedanken vor. Gehen Sie alle Details durch. Was ist »harmlos«, was »gefährlich« oder »unangenehm« – die Frisur, die Augenpartie, die Nase, die Mundpartie, die Gestalt, der Körper, die Art der Bewegung oder die Stimme bzw. der Tonfall?

③ Werten Sie die Wirkung der Anker aus. Was wirkte neutral oder gar witzig? Was löste Ihren »Problemzustand« aus?

④ Wo in Ihrem Leben haben Sie vielleicht schon einmal einen Menschen (Person Y) mit diesen Ankern bzw. negativen Merkmalen kennengelernt?

⑤ Welche positiven Anker bei Person X lassen Sie ganz sicher sein, daß es sich niemals um Person Y handeln kann? Suchen Sie sich den besten Anker heraus. Bestimmen Sie auch einen harmlosen Anker, wenn Sie keine Person aus der Lebensgeschichte gefunden haben.

⑥ Gibt es vielleicht noch eine hilfreiche Phantasie, die Sie zum Schmunzeln bringt (z.B. eine vorgestellte Pudelmütze auf dem Kopf)?

⑦ Ankertest: Denken Sie jetzt an die problematische Person X, und achten Sie dabei gezielt auf den »Enthypnotisierungsanker«.

⑧ Sie testen so lange, bis Sie mit einem sicheren Gefühl an Person X denken können.

## Hinweis zur Übung:

● Sollten Sie es mit Gruppen zu tun haben, schauen Sie sich die Mitglieder bitte einzeln an. Sie werden feststellen, daß nur ganz wenige Personen aus der Gruppe Ihnen ein unangenehmes Gefühl machen. Manchmal ist es unserer Erfahrung nach letztendlich wirklich nur einer, den Sie als problematisch erleben. Mit diesem Menschen durchlaufen Sie dann die Übung. Denken Sie auch daran, sich dann denjenigen aus der Gruppe zu vergegenwärtigen, der Ihnen am sympathischsten ist. Dieser Mensch sollte für Sie die absolute Hauptperson in der Gruppe sein und nicht der Unsympathische.

# Der gezielte Einsatz der Sprache

Zum Bereich der Kommunikation gehört auch der bewußte Einsatz der Sprache. Er hilft Ihnen, das Gesprächsziel zu erreichen. Es gibt zahlreiche sprachliche Bilder, die unsere Wahrnehmung über die Sinneskanäle spiegeln. Vergegenwärtigen Sie sich hierzu noch einmal unsere Abkürzungen für die verschiedenen Sinneskanäle:

V . . . visuell (sehen)
A . . . auditiv (hören)
K . . . kinästhetisch (wie Körper fühlen)
O . . . olfaktorisch (riechen)
G . . . gustatorisch (schmecken)

Es kann also sein, daß ein Mensch es »schwer hat« (K). Ein anderer »sieht« die Sache aus einer ganz anderen »Perspektive« (V). Vielleicht schätzen Sie einen »harmonischen« (A) Feierabend und mögen keinen »Krach« (A) in der Familie haben. Ihr Nachbar könnte da einen ganz anderen »Geschmack« (G) haben und nimmt jeden »Mißklang« (A) auf die »leichte Schulter« (K). Dafür haben Sie aber beruflich einen besseren »Überblick« (V) und zusätzlich einen guten »Riecher« (O) für günstige Käufe.
Bandler und Grinder haben festgestellt, daß gute Gesprächs-

parnter sich in der Wortauswahl dem Sinneskanal des Gegenübers anpassen. Wenn also Ihr Freund sich kinästhetisch (über das Fühlen) ausdrückt und sagt: »Das wird nicht leicht sein«, sollten Sie nicht visuell antworten: »Wir müssen die Sache nur von der richtigen Seite sehen.« Bleiben Sie im gleichen »Kanal«, und antworten Sie: »Wir müssen die Sache natürlich auch richtig anpacken.« Selbstverständlich werden im Gesprächsverlauf die Sinneskanäle oft gewechselt. Bei zentralen Sätzen in wichtigen Gesprächen sollten Sie jedoch bewußt auf Ihre sinnesspezifische Wortwahl achten. So fühlt sich der Kommunikationspartner in seinem Denken richtig verstanden.

Auf der folgenden Seite haben wir für Sie Antwortbeispiele aufgelistet, die den benutzten Sinneskanal Ihres Gesprächspartners berücksichtigen. Diese Beispiele zeigen Ihnen Antwortmöglichkeiten auf sinnesspezifische Sätze und sensibilisieren Sie für zielgerichtete Formulierungen.

## *Hinweise zu diesen Beispielen:*

- Die beiden letzten Antworten enthalten das Wort »nicht«. Erinnern Sie sich daran, daß das menschliche Gehirn ein »Nein« oder »Nicht« im Gespräch nicht entsprechend umsetzen kann. So erfüllen auch diese beiden Sätze den erwünschten Zieleffekt.

- Diese Aufzählung bietet Ihnen natürlich nur einen kleinen Ausschnitt aus den vielfältigen Formulierungsmöglichkeiten dieser Art. Sicher fällt Ihnen noch mehr dazu ein.

- Machen Sie es sich leicht, und planen Sie zunächst nur zweimal am Tag eine entsprechend gezielte Antwort zu geben. Vermeiden Sie es am Anfang, komplette Gespräche mit diesen Sprachmustern zu gestalten.

# *Beispielliste*

| | |
|---|---|
| Das sind ja dunkle Aussichten. | Wir werden schon Licht in die Sache bringen! |
| Ich sehe schwarz. | Ein bißchen farbiger könnte es wirklich sein. |
| Das ist mir zu hoch. | Was passiert, wenn wir es auf den Boden stellen? |
| Ich fühle mich ganz unten. | Dann betrachte es von oben. |
| Das zieht mich so runter. | Was könnte Sie oben halten? |
| Ich frage mich, ob das so stimmt. | Aber diese Sache klingt doch richtig gut! |
| Das stinkt mir. | Aber irgendwie ist es doch ein ganz duftes Projekt. |
| Das ist nicht nach meinem Geschmack. | Haben Sie denn noch gar nicht wahrgenommen, daß die Sache auch eine Schokoladenseite hat? |
| Ich kann den Druck nicht mehr aushalten. | Nehmen Sie's auf die leichte Schulter. |
| Ich habe keinen Durchblick. | Wir werden Klarheit schaffen. |
| Ich will keinen Krach riskieren. | Vielleicht kommt die Lösung auf leisen Sohlen. |
| Das liegt mir schwer im Magen. | Leicht ist das sicher nicht zu verdauen. |
| Das läßt mich kalt. | Du kannst dich also nicht für diese Sache erwärmen. |

# Wie geht es weiter? So nehmen Sie die neuen Erfahrungen mit in den Alltag

Setzen Sie das »**Denk dich nach vorn**«-Training fort, indem Sie sich zunächst Ihr persönliches Erfolgsthema-Projekt über einen Zeitraum von ungefähr zwei Wochen vornehmen. Machen Sie sich eine Trainings-Notiz, und schaffen Sie sich unauffällige Anker. Für die Anwendung der verschiedenen Techniken empfehlen wir, jeweils nur ein oder zwei für Erfahrungen im praktischen Alltag zu intensivieren: Achten Sie beispielsweise ein oder zwei Tage lang nur auf Wellenlänge, Angleichen und Führen. Beobachten Sie in der nächsten Phase vielleicht die gehirngerechte sprachliche Formulierung von Zielen – bei sich selbst und bei anderen. Arbeiten Sie dann eine Weile bewußt mit der Präsentation von Zielen auf der Zeitlinie, und üben Sie sich dann gezielt im Weisheitsdenken. Richten Sie sich dabei eher nach Ihrem Interesse an den einzelnen Techniken als nach der Reihenfolge im Buch, denn es ist so konzipiert, daß Sie jederzeit auch »quer« wieder einsteigen können. Der Text vor jeder Übung dient dann als Auffrischung der mentalen Basis für die jeweilige Technik.

Wir führen regelmäßig »**Denk dich nach vorn**«-Training durch, in denen wir die verschiedenen Themen des Buches trainieren. Zudem bieten wir auch Einzelsitzungen zu den verschiedenen Trainingspunkten an. Als Grundlage wird im Einzeltraining auch dieses Buch herangezogen. Sie geben uns dann an, welches der Themen Sie noch vertiefen möchten. Gern nennen wir Ihnen auch kompetente NLP-Trainer, die diese Methode gut beherrschen, in Ihrer Nähe.

Betrachten Sie das »**Denk dich nach vorn**«-Training wie jede andere nützliche Fertigkeit, die Sie sich im Laufe der Zeit für Ihr privates oder berufliches Leben angeeignet haben. Mit diesem aktivieren Sie in sich den gelebten Erfolg. Um den Inhalt in sich zu verankern, gehen Sie noch einmal durch diese letzte Übung:

## Übung: Mein bunter Alltag – Zukunftsgestaltung

① Denken Sie an die letzte Zeit, in der Sie mit dem Lesen dieses Buches eine Reihe von Erfahrungen gemacht haben.

② Stellen Sie sich diese Zeit aus der Perspektive des mentalen Hubschraubers auf der inneren Zeitlinie vor, und markieren Sie diese Tage oder Wochen in der Phantasie mit einer bestimmten Farbe oder einer Farbkombination.

③ Malen Sie sich innerlich aus, auf welche Art und Weise diese Farbe in Ihre Zukunft »reicht«:
   – Färbt sie diese insgesamt leicht ein?
   – Ergeben sich eher verstreute Farbpunkte im Zukunftsbereich?

④ Verschmelzen Sie sich jetzt mit der Zeitlinie noch einmal an den Anfang, als Sie die erste Seite lasen: Hinter Ihnen ist die Vergangenheit, vor Ihnen die Zukunft.

⑤ Bewegen Sie sich jetzt in Gedanken richtig körperlich durch den zuvor markierten Zeitraum, und nehmen Sie inventiv die Erfahrung wahr, sich durch die Zeit zu bewegen: V, A, K, O – mit allen Sinne.

⑥ Nehmen Sie aus dieser Perspektive die Zukunft vor sich wahr.

## Hinweis zur Übung

- Diese Übung eignet sich für alle Zeiträume, Erlebnisse und erlernte Inhalte, die Sie besonders wichtig finden und deshalb unbedingt behalten wollen.

# Literaturverzeichnis

Anochin, P. K.: **Beiträge zur allgemeinen Theorie des funktionellen Systems,** Jena 1978.

Andreas, C./Andreas, S.: **Gewußt Wie,** Paderborn 1988.

Bandler, R./Grinder, J.: **Neue Wege der Kurzzeit-Therapie,** 9. Aufl. 1991, Paderborn 1981.

Bandler, R./Grinder, J.: **Reframing,** Paderborn 1985.

Bandler, R.: **Veränderung des subjektiven Erlebens,** Paderborn 1990.

Besser-Siegmund, C.: **Easy Weight – Der mentale Weg zum natürlichen Schlanksein,** Düsseldorf 1988.

Besser-Siegmund, C.: **Sanfte Schmerztherapie mit mentalen Methoden,** Düsseldorf 1989.

Besser-Siegmund, C.: **Coach Yourself,** Düsseldorf 1991.

Bierach, A. J.: **NLP: die letzten Geheimnisse der Starverkäufer,** Landsberg 1989.

Birkenbihl, V. F.: **Kommunikationstraining,** Landsberg 1989.

Blanchard, K./Spencer, J.: **Der Minuten Manager,** Reinbek 1983.

Blickhan, D.: **Denken, Fühlen, Leben,** Landsberg 1989.

Dilts, R.: **Changing Belief Systems with NLP,** Meta Publications, California 1990.

Erickson, M. H.: **Lehrgeschichten,** (Hrsg.: Rosen, S.), Hamburg 1985.

Ernst, H.: **Das Geheimnis der Träume,** in: **Psychologie Heute,** März 1991, München 1991.

Etzioni, A.: **Die aktive Gesellschaft,** Opladen 1975.

Gazzangia, M. S.: **Das erkennende Gehirn,** Paderborn 1989.

Hooper, J./Teresi, D.: **Das Drei Pfund Universum,** Düsseldorf 1988.

Kohn, A.: **Mit vereinten Kräften,** Weinheim und Basel 1989.

Demuth, A. (Hrsg.): **Unternehmenskultur/Imageprofile '90,** in: **Imageprofile – das dt. Image Jahrbuch,** Hrsg. manager-magazin, Jg. 1990, Düsseldorf 1990.

GEOWissen, **Chaos und Kreativität,** Hamburg 1990.

Gerken, G.: **Management by Love – Mehr Erfolg durch Menschlichkeit,** Düsseldorf 1990.

Gomez, P./Probst, G. J. B.: **Vernetztes Denken im Management,** in: **»Die Orientierung Nr. 89«,** Schweizerische Volksbank, Bern 1987.

Lehrl, S./Fischer, B.: **Selber Denken macht fit,** Vless, Ebersberg o. J.

Naisbitt, J./Aburdene, P.: **Megatrends 2000,** Düsseldorf 1990.

Ornstein, R./Thompson, R. F.: **Unser Gehirn: Das lebendige Labyrinth,** Reinbek 1986.

Peseschkian, N.: **Auf der Suche nach dem Sinn,** Frankfurt/Main 1985.

Peseschkian, N.: **Der Kaufmann und der Papagei,** Frankfurt/Main 1985.

Pümpin, C./Kobi, J. M./Wüthrich, H. A.: **Unternehmenskultur,** in: **»Die Orientierung Nr. 85«,** Schweizerische Volksbank, Bern 1985.

Satir, V.: **Selbstwert und Kommunikation,** München 1975.

Stahl, T.: **Triffst Du 'nen Frosch unterwegs,** Paderborn 1988.

# Anhang

Wenn Sie Informationen erhalten oder Kontakt zu den Autoren aufnehmen möchten, wenden Sie sich bitte an:

Cora Besser Siegmund
Harry Siegmund
Diplom-Psychologen
»Luna Learning Institut«
Jakobikirche 9
2000 Hamburg 11
Telefon 040/32 70 90
Telefax 040/32 70 90

## ● Einzeltraining »Denk dich nach vorn«

Sollten Sie Interesse an einem Einzeltraining zum Thema »Denk dich nach vorn« bei den Diplom-Psychologen Cora Besser-Siegmund und Harry Siegmund haben, so können Sie telefonisch einen Termin im LUNA LEARNING INSTITUT vereinbaren.
Einzelsitzungen mit Übungen zu diesem Thema können auch andere NLP-Trainer durchführen. Eine Übersicht über NLP-Trainer in ganz Deutschland bietet folgendes Buch:

»WER TRAINIERT NLP? Die NLP-Trainer und -Trainerinnen im deutschsprachigen Raum«, Paderborn 1992.
Kompaktkurs »Denk dich nach vorn«
Ein Kompakt-Kurs zum Thema »Denk Dich nach vorn« wird regelmäßig von den Autoren in Hamburg angeboten. Termine und Preise erhalten Sie unter der Anschrift auf Seite 276.

## ● NLP-Ausbildung

Für Menschen, für die in ihrem Beruf eine gut funktionierende und effektive zwischenmenschliche Kommunikation wichtig ist (z. B. Therapeuten, Ärzte, Berater, Verkäufer) bietet das LUNA LEARNING INSTITUT regelmäßig Ausbildungen zum NLP-Practioner und NLP-Master Practioner an.
NLP ist in vielen Bereichen des täglichen und beruflichen Lebens einsetzbar. Neben der Psychotherapie und psychologischen Beratung wird es auch zunehmend in Wirtschafts- und Kommunikationstrainings, im Unterricht und in der Medizin angewendet. Das praktische Training mit vielen Beispielen aus Therapie, Pädagogik und dem Berufsleben wird Ihre persönlichen und beruflichen Fähigkeiten erweitern.

## ● Coach Yourself

Coach Yourself ist ein neues Trainingskonzept für Führungskräfte, das die Diplompsychologen Cora Besser-Siegmund und Harry Siegmund aus ihrer langjährigen Tätigkeit in der Seminararbeit und im Einzelcoaching entwickelt haben. Es eröffnet dem Manager die Möglichkeit, sein Wissen und seine Fähigkeiten im Alltagskontext zu verwirklichen. Dieses Training wird als offenes Seminar, firmenintern und als Einzelcoaching angeboten.

Zu diesem Thema ist 1991 im ECON Verlag das Buch »Coach Yourself – Persönlichkeitskultur für Führungskräfte« von Cora Besser-Siegmund und Harry Siegmund erschienen.

Informationen über Coach Yourself sowie über Kreativitäts-, Verkaufs- oder Kommunikationstrainings können Sie ebenfalls bei den Autoren unter der Anschrift auf Seite 276 anfordern.

# Sachregister

Camille Volaire
**Self-Lifting**
TB 20557-9
Originalausgabe

Schönheit und jugendliche
Ausstrahlung auf natürliche
Weise erhalten oder gar wie-
dergewinnen – kein Problem!
Mit der neuen und sensationell
einfachen Methode des Self-
Lifting können auch Sie nach
nur 10 Wochen um zehn Jahre
jünger aussehen – ohne chirur-
gische Eingriffe oder Hormon-
präparate.

»Die Übungen sind gut erklärt
und außerdem lustig. (...) Wir
können bezeugen: Das funktioniert! Wir haben die Wangen
der Autorin getestet: so fest
wie Äpfel!«

*Marie Claire*

Camille Volaire
SELF-LIFTING
In 10 Wochen um 10 Jahre jünger
ECON

**ECON TASCHENBÜCHER**

ECON

Peter Grunert
**Apfelessig**
Heilung aus der Natur
160 Seiten
TB 20584-0
Originalausgabe

Eine der Hauptursachen für
viele Zivilisationskrankheiten
ist Kaliummangel. Reiner
Apfelessig gilt als eines der
besten natürlichen Lebens-
mittel und hat durch seinen
hohen Kaliumgehalt eine große
heilende Wirkung. Hautkrank-
heiten, Herzerkrankungen,
Blasenentzündungen und viele
andere Krankheiten können
durch die Einnahme von 1–2
Löffeln Apfelessig gelindert
oder sogar geheilt werden.

Peter Grunert

*Apfelessig*

Heilung aus der Natur

Ratgeber          ECON

**ECON TASCHENBÜCHER**

ECON

Mireille Jochum-Guillou
**Algen**
Gesundheit aus dem Meer
180 Seiten
TB 20583-8
Originalausgabe

Hauterkrankungen, allergische
Reaktionen und Mangeler-
scheinungen nehmen in unserer Zeit immer mehr zu.
Bekämpft werden sie fast ausschließlich mit Medikamenten.
Welche ausgezeichneten Heil-
erfolge mit Algen erzielt wurden, beschreibt die Autorin
Mireille Jochum-Guillou in diesem Buch. Sie ist Leiterin des
Instituts für Meeresforschung
in Saarbrücken.

**ECON TASCHENBÜCHER**

ECON